慶應義塾保険学会特別企画

保険理論の展開

Noriaki Niwata
庭田範秋

慶應義塾大学出版会

慶應義塾保険学会特別企画　庭田範秋著『保険理論の展開』の復刊にあたって

このたび、慶應義塾保険学会は、特別企画として、慶應義塾大学名誉教授・庭田範秋博士の代表的著作であり、学問的評価の非常に高い名著『保険理論の展開』（有斐閣、初版一九六六年）を復刊することにした。庭田先生は、これまでに約五〇冊に及ぶ書物をはじめ、膨大な数の学術論文を発表され、戦後のわが国保険学界において偉大な功績を残された碩学である。また、慶應義塾保険学会の第二代理事長としても、三十年以上にわたり学会の発展に大変に尽力された。

本書の初版が発刊された当時は、わが国の保険学の歴史において、最も華々しい生き生きとした時代であったといえよう。その中心的課題は、「保険とは何か」、つまり保険本質論であった。学問を志す人間にとって、本質論を考究することは、学問の原点であり真髄でもあるが、多くの保険学者が、この問題に熱心に取り組み、激しい学説論争が展開された。その中心的存在であったのが、庭田先生である。

その後、保険学界における学問的関心は、保険本質論から次第に離れていった。それは、国民生活において、保険制度の存在感が増すに伴い、保険にかかわる問題が複雑化・多様化し、それらに対する実際的な解明が求められるようになったためであろう。学問として保険学は、しばらくの間、その方向性を見失ったかのような印象があったのであるが、ここに来て、再び、保険の本質を考えなければならないという気運が見られる。その背景には、科学技術や金融理論などの新たな手法を取り入れて高度に発展を遂げた保険が、伝統的保険では捉えきれない様相を呈していることにある。保険業の将来を考えるとき、われわれは、いま一度、「保険とは何か」を問い直さなければならない。

本書が取り上げる主題は、保険利潤の源泉を究明することである。理論的には、金融とは異なる性質を多くもつ保険が、どのようにして利潤を生み出しうるのかを通じて、保険の本質を考察しようとしたものである。変化の著しい時代の保険業において、改めて本書に触れるとき、庭田先生の学問への並々ならぬ熱意と深い洞察力に感銘を受ける。本書は、現代保険業が直面する諸問題に対する示唆に富んだ内容が述べられており、発刊されて五十年近くが経ちながらも、一向に色褪せることなく、未だに輝きを放していることに、驚愕を禁じえない。

今回の特別企画は、本書を現代に甦らせることで、庭田先生の永年にわたる学問的偉業を称えるとともに、いま一度、保険学の原点を振り返り、これからの保険学ならびに保険業の発展を見直す機会としたいと考えたことにある。

なお、本書の復刊にあたっては、株式会社有斐閣より出版の許諾をいただいた。また、その手続きには同社総務部の伊藤真介氏にお骨折りをいただいた。さらに、慶應義塾大学出版会編集部の木内鉄也氏には、本企画の立案から編集まで、全面的にお世話になった。記して謝意を表したい。

慶應義塾保険学会は、二〇一二年に設立六十年をむかえる。今後とも、産学協同の学会の基本理念を大切に、更なる研鑽に励むことを誓いたい。

二〇一〇年三月

慶應義塾保険学会理事長　堀田一吉

はしがき

本書の主要目的は、現代社会における保険の経済的諸現象を科学的に分析することである。それは社会の構成要素としての制度の一つである保険、つまり保険制度を研究の対象とする。そしてその場合、保険資本の運動法則とその形態の追求を中心として、そこでの保険料、保険資金、保険金の相互的関連を明らかにせんと努めた。かかる視角からすれば、保険と社会経済との交流、保険の社会経済における位置づけ、保険が社会経済にあって果たす機能が問題とされてくるのである。このような保険の研究は、保険制度が発達すればするほど、ますます重要となるであろう。

本書は、まず第一章において保険学の方法につき論じた。そしてそのことのうちに、わが国保険学の反省せらるべき点を指摘しながら、現代における保険学の主要課題がなんであるかを考えたのである。さらにこれに続いて、その第二章では、従来からの法律論的保険学への一批判として、被保険利益論と保険本質論の接合を図る代表的見解を論評したのである。法律論的視点と経済論的視点との折衷的立場にあって保険学を組み立てることは、不可能ではないにしてもきわめて困難であると思われた。

第三章から第六章まででは、主要な経済学説に保険がいかに登場してくるかを分明にした。そこでは社会経済における危険の存在が、しかも時間的経過を契機として出現してくるのであって、この間に保険がその作用を開始する。それは主として利潤ならびに利子の問題をめぐって展開されるのであり、その内容は貨幣経済のそれであった。

第七章は、保険そのものにいかなる形で危険が生じてくるかにつき考察した。そして保険における危険に対して種種なる方策が立てられて、その結果は保険における安全が確保せられるに至ることになり、保険経営の安全性としてもっとも顕著にそれは示されるのである。保険の限界論もまたそこでの内容となっている。

第八章と第九章は、実際に保険を担当して保険制度の主体となっている保険企業の経営に際して、その利潤はどこから生じてくるのであろうかの問題、つまり保険利潤の源泉について論じた。これはわが国保険学界の中心的論争点であり、保険業界においても最大の関心事であろう。

本書の最終章である第十章では、保険の金融理論の構想を提示した。本書の冒頭から説き進めてきた理論は、実はここに到達するためのもので、保険資本と保険資金の経済的分析こそ保険学の中核となるべきものである。従って第十章は本書の結論に当たる部分であるとともに、今後の保険学研究の出発点ともなるべきところのものである。

さて本書は拙著『保険経済学序説』の続編にして、そこでの内容をさらに展開させたものである。前書においては「保険と価値形成」の問題を解明しながら、主として保険学説の変遷過程を論述したが、本書では保険企業の経営の観点にも触れて、「保険利潤の源泉」の追求を行ない、これらの成果を契機としつつ、最終的には保険の金融理論確立の必要性に思い至ったのである。この間にあって、経済学と経営学の主要理論と保険の組成ならびに運営の原理、つまり保険技術論との一体化に努力したのであるが、かくすることによって保険学が正しい発展を期しうると信じたからである。将来の研究方針もこの線に沿うものである。

ここに本書『保険理論の展開』の公刊に際し、日頃御指導を仰いだ恩師園乾治博士、惜しまざる御協力をいただいた野口祐教授に厚く謝意を表します。また本書に公刊の機会を与えられた有斐閣、ことに池淵昌氏と野村修氏ら編集部の方々には、その御援助と御労苦に対し心より御礼申し上げるところであります。

昭和四十一年一月

庭田範秋

目次

第一章　保険学方法論

一　方法論

真理を求めてそれに到る精神の合理的な歩みについての考察——これを方法という。ここでは知識を得るための方法のことで、知識の獲得という目的を遂げるためのその手段、道具、それを実施する順序、それらの工夫、その技術など、つまり一切の〃はからい〃のことである。知識の獲得という目的達成に要する計画的・組織的な作業の総称が方法で、このような方法について、その可能性と合理性とを検討し、これを基礎づけるための理論が方法論（method, methodology, Methode, Methodologie, Methodenlehie méthode, méthodologie）である。方法は、科学の認識目的である真理の獲得のために、認識主体である科学者が科学を展開する仕方・手続を意味し、方法論は、このような方法にはいかなるものがあるか、多くの方法の相互間の関係はどうか、それぞれの方法の当該科学全体に対する意味と重要性などの問題の考察を意味するのである。

知識は〈ひとりみずから在る〉というものではなく、〈どのみち見付かる〉というものでもない。知識がいかなるものかも、その在り方も、初めに常識的に考えられるほど分明ではない。それゆえに知識へ行き着くための方法が考察せられるのであり、方法論によって知識へ行き着くまでの筋道が示されて、知識はそのよりどころが得られるのである。目的としての知識は、その手段を考えずには得られないのであり、この意味で方法と知識とは一体なのである。方法は、〈ひとりみずから在る〉ところの〈どのみち見付かる〉知識へ行き着く巧拙などではなくて、自然や外物にそのまま備わって存在するものではない知識を、知る能力の反省、知る順序の工夫、知るための手段や道具の検討などをあらかじめ用意をして、この知る働きによって精神の上に成り立たせる、かかる真の知識を求める行為である。そして方法についての反省を重ねるうちに、知識がいかにして得られるかだけでなく、知識とはいかなるものであるかも思考せられた。近来の方法論は、外的な反省としての方法論を排し、方法は内容の内的自己運動の形式についての意識であるとするものが現われ、方法は理論に対してその外的な補助手段のみに止まらず、その内容の必然的発展の筋道であるとするものが多くなった。

科学の方法論をもっとも広義にとらえると、認識目的を確立する目的論と、対象を規定する対象論と、この対象を科学的に加工・操作する方法を検討するところのいわゆる方法論とより成る。このいわゆる方法論は、科学の体系を合理的にするための体系論と、体系の各部面においてこれに照応する対象を加工・操作する具体的な仕方を論ずる狭義の方法論に分けられる。方法論の主題は、知識獲得と科学自体の成立の過程に関するものである。

これを経済学方法論について考察してみる。経済学方法論のもっとも重要な問題は、経済学(1)の方法の妥当性を吟味することである。経済学は社会科学の専門の分野として、その研究対象の範囲を明白に限定し、その範域に現われる現象の間に成立する秩序を経済法則を通じて把えようとするものである。その方法は、経済現象の基礎となる一般的な・根本的な基本概念に定義を与え、事物の一般的分類を規定し、さらにかかる基本概念の作用様式を把える分析方法を含むところのものである。経済学は、定義と分析方法をもって、その理論体系を作り上げているのである。そして経済学の方法が、たとえ理論体系の内部において整然とした推論を成り立たせていても、それが現実に適応しにくいものであれば、その方法の妥当性について疑問が提出され、そこに重要な方法論の問題が生じてくるのである。方法の社会的妥当性についての批判的検討がそこでの主要課題となる。

理論の応用のないところに深刻な方法論的反省は生じない。けれども理論の応用がそのまま方法論になるわけではなく、理論の応用そのもののうちに別の理論的な問題が潜んでいるとの反省が生じたところに、方法論の本来の問題が生ずるのである。これはまた経済的な諸現象が、在来の理論体系をもってしてはもはや解決し難い矛盾を露呈した時に、新たな科学が要請せられて、これを契機として経済学方法論が活発となってくるのである。経済学方法論は、経済学的認識の反省そのものである。

（注1）「政治経済学あるいは経済学は生活上の日常業務における人間の行為の研究である。」(Marshall, A., *Principles of Economics*, ninth《variorum》edition with annotations by C. W. Guillebaud, 1961. p. 131)

「経済学がとりあつかうのは、物ではなくて、人と人との間の関係であり、結局階級と階級との間の関係である。だからこの関係は、いつも物に結びつけられており、物として現われる。」(Marx, K., *Zur Kritik der politischen Ökonomie*, Erstes Heft. Volksausgabe. Besorgt vom Marx-Engels-Lenin-Institut, 1934. pp. 200〜201)

二　保険学の生誕

科学一般の方法・方法論についての見解は、保険学にも適用される。保険学(insurance science, Versicherungswissenschaft, science d'assurance) は、まずそれ自体の固有の研究対象を定めることより始められる。それは経済学の一分科として位置づけられ、社会科学の専門的な個別科学としてその研究対象の範域を限定し、その範域に現われる諸現象の間に成立する秩序を、法則的に把握せんとするものである。それは経済社会におけるさまざまな保険の問題を系列化し体系化するものである。経済的秩序の作用様式を把えたところの経済法則は、経済学の固有の問題領域であって、この領域において経済学の方法が用いられ、方法はこの領域にあって妥当する。この経済学の固有の問題領域の一部である保険の問題が、いかに経済法則に従って経済秩序のうちに現象を呈するか、それ自体の現象のうちにいかに経済法則が貫徹されているかを究明するのが、経済学の一分科としての保険経済学である。ただ一言、保険学といわれた場合には、それはこの保険経済学を指すと解すべきものである。経済現象としての保険現象の基礎となる基本的な範疇に定義を与え、さらにその範疇の作用様式を把える分析方法を、保険学の方法は含んでいる。保険経済学は明らかに定義と分析方法をもって、その体系を構築しているべきものである。方法のない理論はありえないのであるから、その定義と分析方法がいかなるものであるかを、保険経済理論のすべてが明らかにしようとしているといっても、それは過言ではない。その方法の説明は理論のうちに当然含まれているのである。そして保険経済学にとっての方法論的な問題は、ただ単に保険経済理論に現われた方法を説明することではなくて、その方法の妥当性を吟味することである。妥当性は明らかに理論と現実との間の関係にかかわることであり、方法が理論体系の内部において整然とした推論を成り立たせていても、それが現実に適応し難いものであれば、ここでもその方法の妥当性について疑問が提出されるのである。ここに方法論の問題が生じ、保険学あるいは保険経済学の方法論の問題は、保険理論あるいは保険経済理論と保険現実あるいは保険経済現実との交渉のうちに起こる。

そもそも保険学は、商業学より分岐したものと認めうるのである。初期の商業学は、商品の流通過程に直結して発生する商取引を主題として問題が提起され、かかる商取引の記録や計算の技術とともに、取引の対象となる商品そのものの研究がまた行なわれた。そして商取引が元来契約を伴うために、その研究が法律の問題としても取り上げられ、それに加えて商取引には商品の運搬、保管、保険等々がつきまとうために、それらの研究がこれまた実務本位に展開せられた。そして保険自身も契約を伴う法律的性格を強くもつ取引の一種として、商業学の各論的研究対象となったのである。かくて商業学より派生しながら法律的性格を一段と強くして今日に至っている。

しかもそれだけではなくて、そこには自然科学的知識の必要も認められて要請せられた。保険数学や保険医学などがそれである。結局現代においては、保険学には保険法、保険商取引、保険数学、保険医学などの各種の知識が混在せられていて、一種の集合科学の体を成している。(2) そこにおいては保険学の科学的性格の基礎づけが困難であり、概念に混乱を生じ、分析の錯誤ならびに不徹底をきたしている。集合科学であるためにそれは知識の寄せ集めとなって、また科学の体系における所属が不定となり、従って保険学と近接科学との関係が断絶されてしまっている。理論としても、その応用としても多くの問題を保険学は提出していて、ここに保険学方法論の登場すべき理由がある。ただただ〈方法論自体が科学にとって第二義的である〉、〈方法論は不生産的である〉、〈方法論の盛況は一つの不幸である〉とくり返しても、この言辞は保険学には当てはまらない。保険学はその方法論を現在もっとも強く必要としているからである。

（注２）　マーネスは保険学を、法律、経済、数理、医術等の集合せられた集合科学（Konzentrationswissenschaft oder Sammelwissenschaft）とした（Manes, A., „Wissenschaft", *Versicherungslexikon*, 1. Aufl., 1909. S. 1562)。

三　保険学の対象

人間の社会生活場裡において、各個人の生活上の諸欲望を満たすための諸物財を造出し、授受し、消費する反復的ならびに継続的な過程の全体を意味し、いわゆる生産、流通、分配、消費の連結によって形成される循環全体を含むものとしての経済は、これを社会的・物質的総再生産過程と規定しうる。経済学はもっとも広い意味では、人間社会における物質的生活資料の生産、交換、分配、消費の条件と形態とに関し、それらを支配する諸法則を解明する学問であるが、われわれが住んでいる社会が資本主義社会であることから、経済学はなによりもまず資本主義社会の構造とその客観的な発展法則を究明することが先決とされる。近代資本主義社会の経済的運動法則を分明にすることが経済学の目的であり、従って経済学の対象は、〈資本制的生産様式、および、これに照応する生産＝ならびに交易諸関係である〉。それは特定の、歴史的に規定された社会の経済の特殊な構造とその特殊な運動形態とを研究し、それゆえに経済学は歴史的科学と性格づけられる。経済学の対象は歴史的・社会的に制約されている。

歴史的・社会的現象であるところの保険の経済現象を研究対象とするのが保険学であり、現実的な意義からもっとも重要であるのが資本主義経済であることから、保険学は資本主義社会における保険の経済的諸現象を解明せんとするものである。それがよしんば過去の社会の経済的諸現象を解明する部分を有したとしても、その過去につながる現在の解明が終局の目的であり、またそれがきたるべき社会の経済的諸現象に言及するところがあったとしても、それはどこまでもこの両者の比較の上に現在をよりよく特徴づけて浮き彫りにするためなのである。しかもきたるべき社会は空想のものであっても想像のものであってもならない。それは予測のものであり、予定のものであり、既定のものであり、必然のものであり、あるいはすでにその一部分は、また現実のある場所においては現存するものでなければならないのである。社会主義経済社会の保険の経済的諸現象の解明はかかる立場でなされなければならない。

保険学の科学としての独立性を主張するならば、保険は経済現象であるから、それを研究対象とする学問としての保険学は保険経済学であるとされるのである(3)。これは、保険学を集合科学として、保険という社会事象を研究対象とし、法学、経済学、経営学、社会学、統計学、数学、医学、工学等々の種々の学問的視角から研究する諸科学の単なる総称であるとの、独立の科学性を否定する立場とは相違する。それによれば、保険法学は法学の、保険経済学は経済学の、保険経営学は経営学の、保険社会学は社会学の、保険統計学は統計学の、保険数学は数学の、保険医学は医学の、保険工学は工学の、それぞれ各一分科を形成しているということになっている。正しくはもちろんそうではなくて、独立の科学性を主張する立場である。

保険学つまり保険経済学の内容は、保険資本の運動法則の分析でなければならない。それは資本主義的生産様式の経済的運動法則を明らかにする過程であって、保険資本の運動法則を明らかにし、保険現象の発現実態を明らかにすることである。

（注3）ヘルマンは「保険学は経済学の継子（ままこ）である」(„Das Versicherungswesen ist das Stiefkind der Volkswirtschaftslehre.") と嘆いている (Herrmann, E., *Die Theorie der Versicherung vom wirtschaftlichen Standpunkte*, 2. Aufl., 1869. S. 1)。

保険学を経済学と規定した先覚者はフュルセであったが、かれは「保険経済についての理論」を保険学とした。しかしそこでの経済学は家庭経済学を意味して、まことに不徹底な保険経済学となった。そして真の保険経済学、つまり「社会経済的な保険の本質把握」はローテによってなされたといえる (Hülsse, F., „Versicherungswissenschaft und Versicherungskunde", *Zeitschrift für die gesamte Versicherungs-Wissenschaft*, 1917. S. 48 ; Rothe, B., *Grundlegung zu einer sozialökonomischen Theorie der Versicherung*, 1931. S. 22)。

四　保険学の方法(4)

体系論的構想に基づいて、経済的諸現象を加工し、操作して法則を発見する仕方が方法である。この方法には多種あるが、それが方法である限り、法則を定立し、理論を構成することを目的としているものである。このことを達成する場合に、その性能がどうであるかに従って方法の優劣が定められるのである。

保険経済学にあっては、まず演繹的方法（deductive method, deduktive Methode, méthode déductive）と帰納的方法(inductive method, induktive Methode, méthode inductive）が考えられる。前者は先験的・抽象的であり、後者は経験的・具体的である。前者の代表的なものが形式論理学における三段論法で、一つ以上の命題から、それを前提として、経験に頼らずに、もっぱら論理の規則に基づいて必然的な結論を導き出す思考の手続である。これは経験によらないところに問題が認められるが、これに対立する手続としての後者では、個々の特殊な事実から一般的結論を導き出す推理形式がとられ、感覚的に確実な多くの事物や現象を集め、これらの比較からそれらに共通の性質を導き出して、そこから一つの一般的原理を得ようとする。この意味において経験科学の方法とされている。帰納法は演繹によって裏づけられないと無力であり、ここに保険学の方法としては、保険に関する多数の個々の具体的材料を集めて、事物の本質的な性質や連関をとらえたところの一般的な発展法則に基づいてそれを整理することによって、限られた数の事例から一般的な結論を導くことができるのである。帰納と演繹との不可分な統一が、保険学の方法として是認されるものである。

巨視的方法（macroscopic method）と微視的方法（microscopic method）がある。保険に関する多数の個別的な経済主体が集まり、市場のメカニズムを通して互いに作用・反作用しながら、全体としてなんらかの規則性を示す場合、この規則性を発見し、全体としての保険に関する経済体系の運動を明らかにしようとするのが巨視的方法による分析である。それは保険経済の全般的な循環を、集団的な経済主体の想定のもとで、集計的な量として把えて分析するものである。これに対して微視的方法による分析では、保険における個々の経済主体の合理的行動から出発して、そこに理論が築き上げられる。個々の経済主体の合理的経済行動に関する分析である。つまり市場において、保険を需要し、あるいは供給する経済主体を大別すれば、一群の保険需要者と一群の保険供給者を得る。これらの経済的決意およびその行動を分析し、保険における経済活動を推し進めている個々の保険者や個々の被保険者・保険加入者がどんな原則に従っているかという視角から、個別単位を基準として、経済全般の動きを分析するものである。巨視的分析は経済の集計的な諸量の間に規則性を見出して、もって国民経済の総体的な動きを明らかにしようとする。微視的分析は個々の経済主体の行動の分析から出発し、経済の個別的な諸量の間に規則性を見出しながら、経済全般のつりあいを部分の積み上げから構成しようとするのである。伝統的な経済分析の焦点であった価格機構の働きが、十分な形では作用しえなくなったという事実によって巨視的分析が登場したが、経済の内部的なメカニズムの解明という問題面については、微視的方法が依然として有効であるといえる。ところで、微視的分析の中心は完全競争のもとにおけるそれであって、この点よりして保険にこの方法を適用するには一つの問題が生ずる。すなわち保険においては市場のメカニズムを通しての価格機構の働きが十分なものではないからである。保険における独占と保険の特殊性がこのことを結果するのであって、純保険料はもとより、付加保険料においても、需要供給の法則は必ずしも妥当しないのである。

静態的方法（static method）と動態的方法（dynamic method）がある。保険経済全体を静止的なものと仮定して、その内部的構造と法則を明らかにしようとするのが静態的方法であり、保険経済全体を動く状態において考察し、運動態としての構造の変化を、具体的・現実的に把握しようとするのが動態的方法である。静態とは経済学上の分析において、もっとも抽象度の高い状態の設定である。与件が一定で変化しない状態、つまり与件がすべて時間を含まず、同時的な相互依存関係にあるものとしての静態である。これに対して動態とは、経済における長期的諸量および短期的な諸量が時間とともに変化する世界、つまりすべて時間を含み、時間の関数として表示されているものがこれである。概して静態的分析は均衡または秩序を対象とし、動態的分析は発達または変動を対象とするものとみられている。前者は静止における状態すなわち静態であり、後者は変動における状態すなわち動態である。

一般にみて、静態的法則はこれを規定する根本条件の一定を前提とする。かかる条件不変の想定は短期をとってみるときにのみ現実に近いものでありうる。死亡率、危険率、経費率、利子率等々を一定不変とおさえて、その上でしかもなお長期的契約関係に入ることにより、経済的制度として組織化されうる保険においては、すでにここに経済理論上の矛盾が発見できるであろう。保険が経済変動や経済変化に適応力の弱いのはこのゆえである。動態的法則はかかる条件が変動することを前提としている。ただそれを理論化のうちにとり入れる以上は、変動の方向や速さ等について一定の想定が与えられなければならないが、かかる想定のもとにおいていかなる事象が生ずるかを考察するのである。この事象の生起は長期をまってのみ期待しうるのであり、それは想定したところの条件変動には長い期間を要するのを常とするからである。しかるに保険においては死亡率、危険率、経費率、利子率等々の条件変動に関する方向や速さ等を一定に想定して理論化のうちにとり入れているとはなし難い。この意味において、経済制度としての保険が長期的考察の対象となりながらも、動態的分析の適用を受け難い結果をきたすことになるわけである。短期的そして静態的分析は、保険においてはその長期性のゆえに、長期的そして動態的分析は、保険の仕組の基礎となる諸率の固定的・不変動性のゆえに、それぞれ活用に問題を生ずるのである。

さて経済学には近代経済学といわれる一大学派が存在するが、そこでの方法論は、総じて経済学に対して過度の精密性を要請した代償として、現実への近接の可能性を減縮し、抽象のための抽象に走り、理論体系を観念的・形式的に数学化してしまうきらいがあった。その抽象が歴史的社会科学のものである限り、歴史的社会の特定質を捨てさるような抽象は明らかに誤謬である。近代資本主義社会の基本的な特定質を捨てさって、経済諸量の関数関係を把握してみても、近代資本主義社会は理解されないし、結局人間社会の分析にはならない。それは過度の抽象と評せられるであろう。近代経済学は抽象的な資本主義の論理的構造を説明するが、実在的な資本主義の現実的構造の追求においては、やや不足するところがあるとされている。これを保険学に利用する場合にもかかる点に関しては十分に配慮されてからなされることが緊要であろう。

（注4）保険学の方法に関しては拙著『保険経済学序説』（昭和三十五年十月、慶応通信）の「第一章　保険経済学の方法」および「第十二章　保険本質論の新課題」を参照されたい。また近藤文二著『保険学総論』（昭和十五年六月、有光社）の「第一編　序論」、印南博吉著『保険の本質』（昭和三十一年三月、白桃書房）の「序論」、および南出弘著『損害保険の学び方』（昭和四十年四月、改訂再版、保険文献〔情報・資料〕サービスセンター）の「第六章　保険の学問――保険学の体系とその対象――」等に述べられている。

五　保険学の性格

保険学は、保険の経済現象を研究対象とすることはすでに述べたところである。この保険学は、まず保険の経験的な経済現象を研究するから、その性格の第一は経験科学であることである。保険学は、一定の条件ないし仮設のもとに理論を展開する。その条件ないし仮設は経験を離れた任意のものであってはならず、どこまでも経験より得られたそれでなければならない。従ってこの条件ないし仮設に基づく保険理論は、特定の経験部分を中心とする現実の経済的諸関係を明らかにする。ゆえに保険学は経験科学であるといわれるのである。そして保険学が立脚している経験的知識は、実証的なるそれであるとされる。経験よりえられる一定の条件ないし仮設であり、この一定の条件ないし仮設は経験を離れたところの任意のものではないからである。

次に、保険学は社会科学であるとされる。保険の経済現象が一つの社会現象であることを前提としているからである。保険は孤立的個人のところでは生まれない。保険学は経験科学にして、現実の経験と大いにかけ離れた条件ないし仮設に止まることは許されず、その出発点となる条件ないし仮設はまったくの任意ではありえないのである。経験による制約は、社会的な保険経済を逸脱する研究を許さないのであって、そこから生まれる諸結果も社会的な事実に妥当しなければならない。保険学は社会的要素を含む。保険経済は社会的なものとして現存し、歴史的に一定の具体的形態をとって現われる。保険経済は、一般文化に物質的基礎を与えながら、それみずから一つの社会文化となり、一定の発達水準と特質を有し、これを研究対象とする保険学は社会科学であるということになる。そして現代では社会経済が国民経済に、主としてその領域を限定されていることから、保険学も国民経済的でなければならず、国民経済という社会経済が中心的な保険の活動舞台となりながら、各国の国民が互いに接触し、形成するところの世界経済の問題が、最近の傾向として経済学において重要となりつつあるのにつれて、保険学も世界経済的領域を徐々に広めつつあると指摘できるであろう。

さらに、保険学は、その研究対象が保険に関する経験事実であることから、それは終局において歴史的な経験事実として歴史科学となる。それは特定の歴史的発展段階においてのみ経験する事実をめぐって成立する。保険の経済現象は、一つの社会現象そして歴史現象として、他のもろもろの文化現象とともに現われるからである。保険学は、時代的な一定の条件のもとの保険経済の経験事実の歴史的関係を解明するから、それは歴史科学であるということになる。それは資本主義経済社会の歴史的過程としての発生・発展・消滅の過程のうちに、保険つまり保険経済の発生・発展・消滅の過程を把握する。この消滅という語を崩壊とか没落と置いても、また発展的解消とか別の社会経済体制への移行という語と置き換えても、この場合問題ではない。要は資本主義経済社会における保険が保険学の対象であって、よって保険学は歴史科学であると性格づけられることである。(5)

（注5）　ワーゲンヒュールは、保険の経済的概念の確立を主張しながら、しかも保険学の歴史性をまず強く主張した。すなわち「確立された概念よりは、保険の過程に対する正しい理解がまず問題である」と（Wagenführ, H., *Wirtschaftskunde des Versicherungswesens*, 1938. S. 18）。

六　保険学の理論・政策・歴史

保険経済を解明するに際し、それを構成する多種多様の現象をできるだけ同種同様の現象に整理・統合し、その構成要素と発現の法則を発見するのが保険理論である。保険学上の理論は、経験的・歴史的な保険の経済現象に関する理論であり、歴史的経験とまったく絶縁しては成立せず、かかる個々の理論によって構成される保険学は、全体として現実の実践的関心より築かれ、従って現実の経済生活の確保・安定ならびに進歩・発展に寄与する意味・意義を、必然・当然に有しなければならない。保険理論は、保険の経済現象について、それは〈かくある〉ということを説くが、そもそも一般の社会科学そのものが実際生活の必要に即応するために生じたものであって、保険学もその例外ではなく、そして保険理論は歴史的な経験現実よりまったく遊離した条件ないし仮設の上に立つ理論であってはならず、つねに終局において実践的意味・意義を求められているのである。しかもその理論たるや真に理論的であることにより、もっともよく実践に応用しうるものであり、そこに理論の社会的妥当性が立証されるのである。

保険理論は資本主義経済における流通経済に関する理論の一部にして、それは生産経済の理論に対応すべきものである。また保険理論は貨幣経済の理論であって、これは実物経済の保険理論に対置せられるであろう。このことからすれば保険の生産的機能を論ずる理論、保険を生産するとする理論、保険が商品の価値を形成するとする理論のごときはきわめて意味のないものとなるのであり、一方保険を金融・信用理論においてとらえるものは、きわめて意味のあるものとされてくるのである。

保険政策[(6)]は、保険理論実践の国家的形態である。元来理論は政策上の必要より問題を与えられる。一旦与えられた問題解決の過程において、理論はそれ自身発展するかのようにみえるが、基本的性格において政策的意味・意義を否定しえない。政策によって与えられる問題の解決のために、理論は理論として展開し続けて新しい理論を生み、かかる理論の研究は、一時政策を離れて分業的にそれ自身進められ、その結果は個々の理論の研究において、その研究者は政策との関係を十分に意識することがないにしても、なおその理論は全体として政策的意味・意義を有することには変わりない。

保険経済に関して、もっとも優れて実践的であるためには理論的でなければならず、保険経済に関する保険政策がもっとも優れて有効であるためには理論的基礎が強固でなければならない。保険理論は絶えず保険政策論に働きかけることにより、また保険政策論は保険理論に働きかけることにより、おのおの自己の存在を確実にし、両者みずからを改訂しつつ進むのである。すなわち、保険経済に関する理論は経験的であって歴史的であり、それは実践的であって歴史的な保険政策論と、その歴史性を媒介として固く結ばれるのである。保険理論は歴史的経験を離れたものでなく、保険政策論は実践的に歴史の流れのうちに現われて歴史を生成するからである。保険政策には〈かくあるべし〉という実践的問題が説かれてくる。それは実践的関心より導かれるものである。

従来の保険政策論は、保険の公共性を主張して、国家に保険の保護を求めるか、しからずんば国家が保険の指導・

監督・統制を強化する内容のものであった。しかしいうところの保険の公共性は明確にされず、企業経営の安全保障とか社会公衆の生活保障とかにその論拠が求められたとしても、かかる保険の機能あるいは効用は保険契約者・被保険者・保険金受取人に及ぶのみであって、従って保険の公共性の主張はそれほど強いものとはなりえない。保険が全体的な社会福祉の維持・増進にいかに強力に作用するかの論証をまって、保険の公共性が確認せられるであろう。それまでは保険政策の過度の実施は避けるべきである。保険はまず事業として在らねばならないということこれである。ただ保険がますます普及されて社会の全般に及ぶにつれ、その公共性は強化されることは間違いない。保険の種類によっては、きわめて直接的に全体的な社会福祉の維持・増進に役立つものも現われて、この点でもまた保険の公共性は推進された。それだけ保険政策論の重要性が増したことになる。

社会的そして物質的な総再生産過程にあって、保険がいかなる機能を果たし、保険がいかなる経済現象を呈するか、保険資本の運動法則にのっとって保険の諸経済法則を研究する保険学において、これを歴史的過程として、時間経過とともに絶えず流転していくその姿を把え、そこで一応区切られる各時期の保険経済の様相の特殊性を解明するのが、歴史的部門としての保険史である。保険史は、まず過去の各時代の社会経済裡における保険の在り方とその時代変遷につれての変化を理論的に把握して、それによって現代の保険の地位および本質を究明しようとするのである。保険史は保険学の一部門である。保険の経済現象が社会現象であるとともに歴史現象であって、保険学にはこの歴史的発展過程を研究する部門が生じて、それが保険史となるのである。

保険史を通観するに、保険はまず個人主義思想とそれによる自己責任主義の存在をまって、始めて本格的な発展をみたものと思われる。そこでは偶然の災害に見舞われても、なにびとにも救済を望めないかまたはそれを求める権利がないからである。地域的・職種的・血縁的・宗教的な相互救済制度が弱体化して消え失せつつあったときに保険は歴史上に登場したのであった。しかも物質文明の社会にして財産の私有制度が一般化した時代において、それはまた発展の契機を得た。なににもまして物質的な富財が尊ばれ、それの私有が許されたところに、もっとも積極的に保険が求められるのである。

富財の所有が単に日々の生活を可能とし、それを持続させるだけでなく、その富財の一部を資本として投ずることによってより以上の富財の獲得を可能とし、生活の向上を達成しうるとなったときに、保険の必要はさらに痛感せられたのであった。このような富財を偶然の災害より守って維持していくために保険を活用し、そして保険を利用するための費用が捻出可能となってきたために、保険が発達することができたのである。

生命保険についても、人間・労働者の肉体と生命が、それが自由主義・経済的自由のもとにおいて、契約自由の原則に従って、商品としての労働力なる存在形態をとるに至ったときに、始めて近代的な意味で、そして積極的・大々的に要求せられたのであった。この商品としての労働力の宿っている肉体と生命に貨幣数量的価値を認め、これに保険を付することによって、みずからの労働力が老齢化による価値喪失をきたすのに備え、また死亡に際しての遺族の生活を保障しながら労働力の再生産を達成しようとするのであった。資本主義経済社会が誕生してそれが徹底するにつれて、資本と労働力ならびに消費財の価値維持を図るために保険が用いられ、しかも資本主義経済は必然的に生産力を開発し向上して、その結果企業経営においても家計にあっても余裕が生じたために、保険制度を組成することができたのであった。ゆえに〈富裕は保障の母である〉とされて、この保障を提供する保険が発達したのである。保険史の正しい在り方は、保険制度の個々の事例の発達過程をたどることではなくて、経済における生産力と生産関係の推移に関連しながら、そこでの保険の生成発展を把握するにある。

（注6）　保険経済学の分野においてもっとも遅れているのは保険政策論であろう。筆者は経済政策を成長政策・安定政策・公正

- 保険政策
  - 公正政策
    - 一般経済政策の要請に順応しての政策
      - 経済生活における偶然の災害遭遇に関する運・不運の平等化
      - 保険を通じての所得再分配
      - 経済民主化に関して
        - 保険企業における分配面の民主化
        - 保険企業における資本面の民主化
        - 保険企業における管理面の民主化
        - 保険企業における支配面の民主化
      - 社会保障の補充・補完
      - 保険資金の投資に関して
        - 環元投資
        - 公共投資
    - 保険自身の公正に関する政策＝保険監督政策
      - 間接政策＝外的条件の整備・拡充
        - 経済全般の公正
        - 民主主義・社会福祉思想の発達
        - 環境整備
          - 会計・経理関係
          - 数理・統計・調査関係
          - 教育・研究関係
          - 警察ならびに裁判制度の拡充
          - 法律の整備
      - 直接政策
        - 保険者対象
          - 保険における自由競争
            - サービスの向上
            - ＝保険料低廉化
            - 経営合理化による保険料の割高是正
          - 保険者の悪徳行為取締り
          - 保険計理人の規制
          - 責任準備金
            - 積立て関係
            - 算出関係
          - 外国保険事業者に対する監督
          - 募集取締り
            - 損害保険代理店に関する規制
            - 生命保険募集人に対する規制
          - 劣勢会社に対する措置
            - 行政的再建策
            - 自主再建策
          - 主務大臣の掌握権限
            - 違反行為処分権
            - 監督命令権
            - 検査権
            - 報告徴収権
          - 保険料率に関する独禁法の適用排除
            - 標準料率
            - 協定・認可料率
          - 株式会社の株主配当の規制
          - 相互会社の社員配当の規制
          - 契約者配当の規制
            - 配当率に関して
            - 財源に関して
          - 保険料の規制
            - 変更に関して
            - 決定に関して
          - 経理支出の行政指導・役職員の報酬給与の増額調整に関して
          - 保険会社の経理規制
          - 商号または名称の取締り
          - 基礎書類記載の基礎的事項変更の規制
            - 遡及処分
            - 変更の命令
            - 変更の認可
          - 保険事業の免許申請に際しその基礎書類・保険契約内容についての書類添付
        - 被保険者対象
          - 給付・反対給付均等の原則
          - 保険関係者（医療保険における医師等）の悪徳行為取締り
          - 損害防止義務・損害防止軽減義務
          - 被保険者の悪徳行為取締り
            - 超過あるいは重複保険禁止＝保険は利得を許さずの原則
            - 故意あるいは重過失・災害誘発＝道徳的危険抑止
            - 虚偽の陳述・告知義務違反・不正行為の取締り
          - 低所得者対象の保険国営
          - 保険相談所の開設
          - 弱者としての被保険者保護
            - 苦情処理機関の設置
            - 訴訟に際しての保険者挙証責任
            - 保険約款解釈上の被保険者有利性の原則
  - 安定政策
    - 一般経済政策の要請に順応しての政策
      - 経済二重構造の解消政策への参加・協力
      - 労働者の生活安定・労資協調による社会不安の除去政策への参加・協力
      - 金融正常化政策への参加・協力
      - 景気変動緩和政策への参加・協力
      - インフレ緩和政策への参加・協力
      - 保険輸出による国際収支均衡化
      - 経済計画の順調化
      - 経済活動の円滑化・
        - 災害防止・鎮圧措置
        - 偶然の災害による経済破壊克服
    - 保険自身の安定に関する政策
      - 間接政策＝外的条件の整備・拡充
        - 経済全般の安定
        - 経済恐慌克服
        - インフレ防止
        - 環境整備
          - 衛生・厚生関係
          - 防災・発生災害鎮圧関係
          - 数理・統計・調査関係
          - 教育・研究関係
      - 直接政策
        - 保険者対象
          - 収支相等の原則
          - 保険国営
          - 国内保険事業者の新設不許可
          - 外国保険事業者の新設不許可
          - 保険カルテルの容認・助長
          - 保険審議会の開設
          - 保険協会の設置推進
          - 保険崩壊に際しての最終的国家補償
          - 国家による再保険
          - 株式発行および増資の規制
          - 財産利用の規制
          - 外国における営業の制限
          - 常務役員の兼職の制限
          - 生・損保険事業の兼営禁止
          - 他業の制限
          - 保険事業の免許
            - 資本金または基金の制限
            - 会社運営についての基礎書類・事業計画書添付
        - 被保険者対象
          - 給付・反対給付均等の原則
          - 逆選択の防止
            - 加入に際しての審査
            - 告知義務
          - 契約の失効・解約への制裁
          - 保険料徴収に関して
  - 成長政策
    - 一般経済政策の要請に順応しての政策
      - 保険資金の成長産業・企業への投資促進政策
      - 保険による予備貨幣節約と資金形成政策
      - 保険による労働力確保・開発政策
      - 保険による企業家的精神活発化政策
      - 保険による信用活発化政策
      - 新種保険政策
    - 保険自身の成長に関する政策＝保険助成政策
      - 間接政策＝外的条件の整備・拡充
        - 経済全般の成長
        - 関連産業の振興
        - 環境整備
          - 数理・統計・調査関係
          - 交通・通信・報道関係
          - 教育・研究関係
          - 貨幣・信用・金融関係
      - 直接政策
        - 保険者対象
          - 保険国営
          - 技術指導
          - 援助金下付
          - 資金提供
          - 事務費・経費等の国家負担
          - 国家機構ならびに設備・施設貸与
          - 税金軽減
        - 被保険者対象
          - 保険強制
          - 税金軽減
            - 保険金に対する
            - 保険料に対する

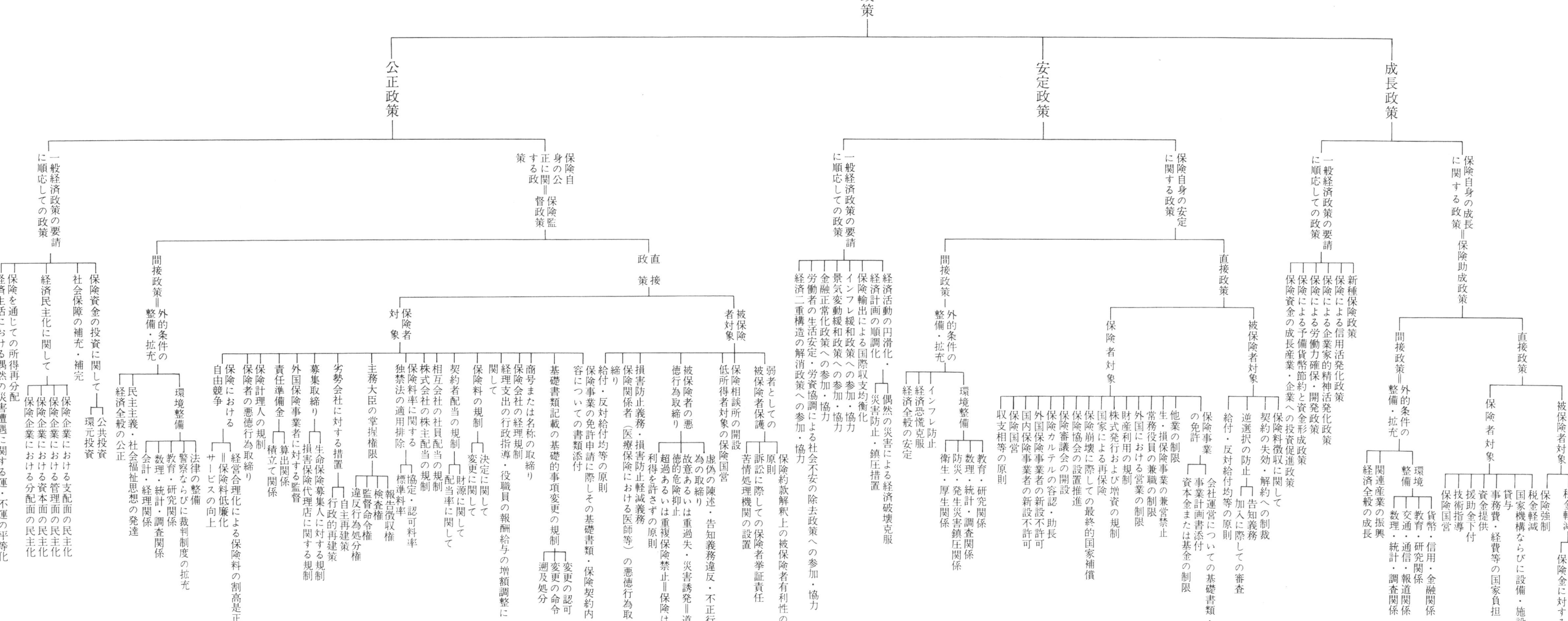

政策の三つに分けて、保険政策を次記のごとく構成した。なお、Boulding, K. E., *Principles of Economic Policy*, 1958. p. 1では経済政策を経済的進歩・安定・正義・自由の四つの目標を有するものとしていて、これは一般的とはなったが、しかしこの四つの目標を、成長・安定・公正に整理する見解も多くなってきた。ボウルディングは経済的正義のために、保険に対する規制を主張し、その性格を「敵意があるにはあるが、それは穏健な政策としてである」といっている（pp. 310〜311）。

七　保険経営学

経営学とは、社会経済を組成している個々の経済すなわち経営経済の成り立ち、構造・組織、運営・管理およびその発展等、つまり結局は個別資本の運動法則を研究する学問であり、保険経営学はその一部門・一分科である。保険経済学（Versicherungswirtschaftslehre）たる保険学は、社会経済の全体的な連関の間に生ずる保険現象を取り扱い、社会経済学的視点において、保険という社会経済事象を研究対象とする学問である。そこで駆使される手法は社会経済学としてのそれである。これに対して保険経営学は、人間社会にあって保険という目的実現のために、多数人が集まって形成するところの構成体としての保険経営それ自体を解明することを目指すものである。保険という社会経済事象を、経営経済学的視点で把握し研究せんとそれはする。このための手法は経営経済学としてのそれである。

最近、保険経営の発達が著しく、その規模が大となり、活動領域が広範囲となるや、その活動が動因となって保険の社会経済が動く場合が多いから、保険経営の在り方あるいは動きを度外視しては保険の社会経済を正しくまた十分に理解することはできない。一方、保険経営の本質・原理・実態も、全体としての保険の社会経済の理解を伴わずしては行ないえないから、従ってこの両者の研究は相互関連的な関係に在るのである。保険経営学とは、資本主義社会における保険の経営経済を主たる研究対象とする。

保険経営学の発展は、確かにそれ自体の拡張であり充実であるが、かかる保険経営学の自己運動とは別に、経営の基盤となっている社会経済と結びついて、社会経済の発展をとり入れながら、そして保険経営それ自体に固有の法則をその根本において支えている経済の法則を究明する経済学があって、相互に接近して、おのおの存在を規定し、規定されていると認められる。保険経営学も保険経済学も相互の接触を深めながら支援し合っているのである。

かつての保険経営学は、未発達の段階にあって、ほとんどその内容は態をなしていない。(7) わずかに保険企業形態論がそこに見られる。そして今ここに保険経営学について考えるに、内容は一つのある特殊な商企業経営論として、むしろ保険をいかに売るかといった商業学的な内容のものとなろう。さらにこれに加えて保険資金の運用を主としてのやはり一つのある特殊な金融企業経営論となり、それは金融論的な性格を強くもつ。つまり保険経営論は、一般の製造企業のそれとは相違して、その内容は保険マーケティング論と資金運用論の二大部分よりなって、きわめて特異なものとなるであろう。

さらに保険経営学のいま一つの特徴は、保険に関する国家の行政指導や統制取締りが厳重にして、そこには自由闊達な生新溌溂たる活動部面が展開されにくいことである。保険業法を中心とする保険企業の経営規制を述べることが、保険経営学の最大公約数的意味をなしてしまう。むしろ最近では問題の焦点が類似保険にこの経営規制を課するべきかどうかに移っていて、それほど保険経営学はその内容を国家の干渉によって乏しくされている。

(注7) メレロヴィッツは保険経営学が、たとえば工業経営学などの他の経営学に比して遅れている理由を次のように説明している。それは保険学において法律的および数学的研究方法が主流であり、また保険経営においては経費節減の必要が弱かったからである。つまり保険利潤は投資収益と有利な損害事情によって得られ、また競争が激烈でないために、正確な原価計算の

必要がなく、結局経費の問題が忘却せられていたからであると（Mellerowicz, K., *Versicherung und Betriebswirtschaftslehre*, Veröffentlichung des Berliner Hochschulinstituts für V.-W., Heft 1, 1939. S. 37)。

補注　Patzig, A., *Versicherungsbetriebslehre*, 1925. この書などが、保険経営学書の嚆矢であるとされている。

八　保険学の補助諸学

保険学は、保険の経済現象を分析して、そこに作用する法則性を発見せんとする。そのためには種々の補助学が利用される。保険学の基礎を明らかにするためには哲学が利用され、そこでは保険学の論理的性格が検討されて、その認識方法が批判される。また現実の経済活動は道徳と密接に結ばれて人間生活を構成し、実際生活において経済活動は倫理的要素を伴って現われる。経済と倫理は別々には現われず、同一の人間生活に統一されて現われるから、従って保険学と倫理学との関係も生じてくる。さらに経済活動は人間の一定の心理作用に伴って現われるものであるから、保険の経済現象の研究は、心理現象の方面からも研究される必要がある。実際生活において経済活動は心理的要素を伴って現われる。保険の心理現象は、保険の経済現象の有力なる動機となっているのである。保険の経済現象の心理的特質に重点を置く研究、たとえば保険への加入動機の分析などにとっては、とくに心理学は有力な補助学である。

人間の社会的生活ないし社会的現象すなわち人間の社会的行動、社会化形成、社会関係、社会集団、社会構造、社会組織等々を研究する社会学も、保険経済の関係・組織や制度の解明にはその知識を提供する。保険経済が社会を環境としているからである。保険の経済現象も社会現象の一つであって、それは社会的全体への連関性を有し、社会諸現象との相関関係を成すから、保険学は社会学と無縁ではありえないのである。経済生活をめぐる保険現象も、社会的生活の一部面であるわけである。

保険経済と保険法律には強い関連がある。(8) 経済学の研究は、人間の社会経済の解明にあるが、社会経済は一定の外的規制の中にあり、法律秩序もまたそれをなすものである。現代における経済現象は同時に法律現象でもある。同一人間が経済主体であり、また法律主体でもある。一つの社会組織も経済的意味を有するし、かつ法律的意味をも有する。法律は経済そのものを構成する要素ではないにしても、経済の前提となり与件となって、その変化は経済に影響を及ぼすのである。このことは保険をめぐっても現われて、保険の法律は保険経済の対外ならびに対内関係に現われて、法的関連と法的秩序を形成しているのである。社会的そして物質的な総再生産過程は一定の法律関係を伴う。そして保険経済は、それ自身必然的な運動法則を有して、一定の保険の法律は一定の保険経済の基礎の上にのみ意味を有するとしても、この両者に密接な関係が存することは事実である。いや具体的・現実的には保険法律を知らなくては、そして保険法律の保護と統制がなくしては保険企業の経営も不可能であり、社会各人といえども保険に加入して保険を活用し、保険の効用を享受することもおぼつかないのである。

このほか保険の数量関係に重点を置いて保険経済を分析すれば、数学が絶対に必要となり、統計的方法をとれば統計学が重要な補助学となる。同様に医学や工学などの自然科学も保険学の補助となることがある。

(注8) 保険学においては、とくに初期においては、法律的研究が中心であった。それは保険の本質を法律的に把握するものがあったことによっても立証せられる。たとえば保険を「……契約である」とする古い形態での損害説たる損害塡補説の主張者であるメイによってうかがえるであろう (May, J. W., *The Law of Insurance*, Vol. I, 1900. p. 2)。

九　保険学体系

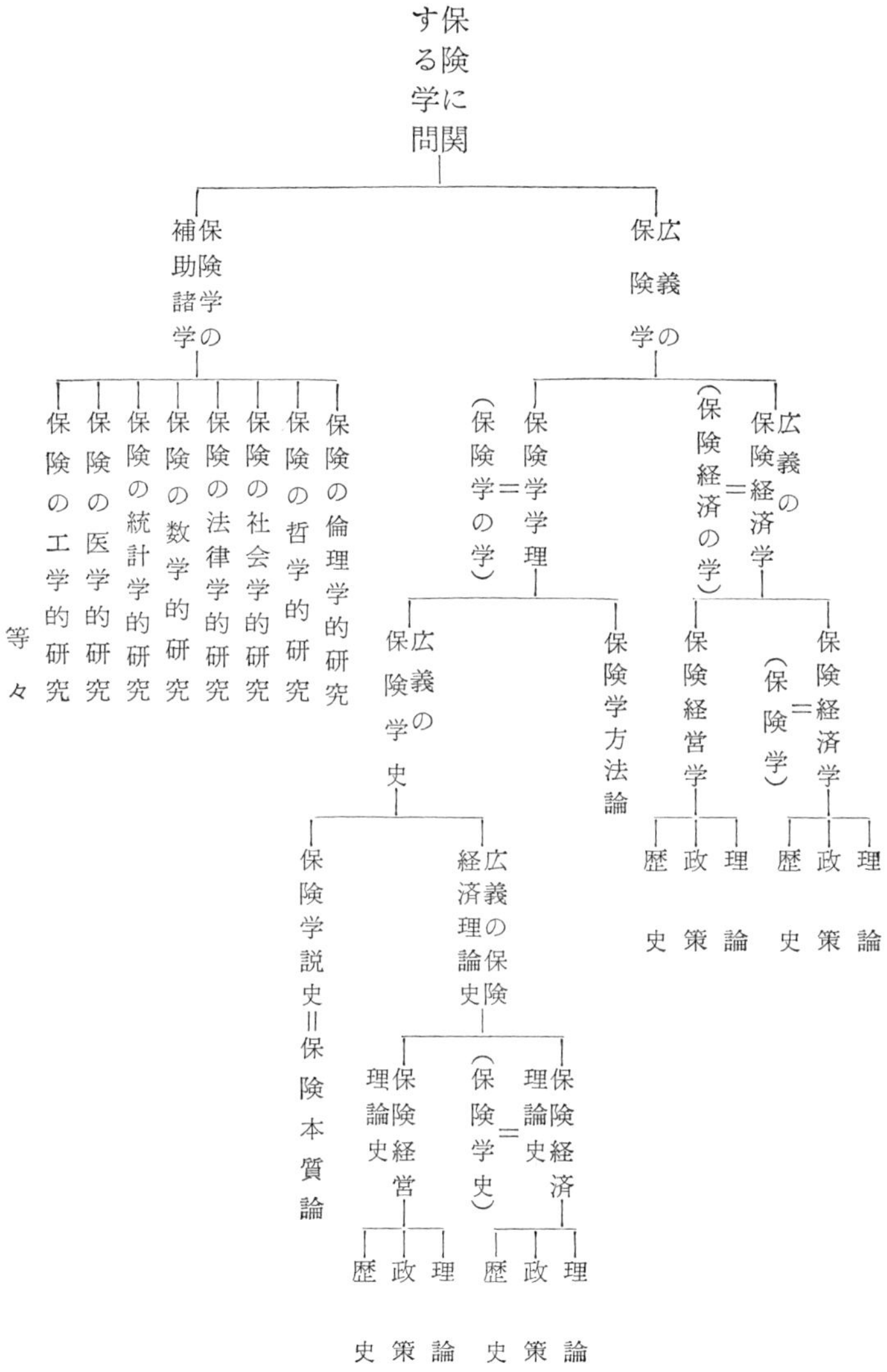

保険に関する学問
保険学の補助諸学
広義の保険学
保険の倫理学的研究
保険の哲学的研究
保険の社会学的研究
保険の法律学的研究
保険の数学的研究
保険の統計学的研究
保険の医学的研究
保険の工学的研究
等々
保険学学理
(保険学の学)
広義の保険経済学
(保険経済の学)
広義の保険学史
保険学方法論
保険経営学
保険経済学
(保険学)
保険学説史＝保険本質論
広義の保険経済理論史
歴史
政策
理論
歴史
政策
理論
保険経営理論史
保険経済理論史
(保険学史)
歴史
政策
理論
歴史
政策
理論

十　わが国保険学の反省

従来の保険学すなわち保険経済学を批評するものが、必ず口にするのが保険本質論の偏重である。これは肯綮にあたっていると同時に、保険学者に対して苛酷にすぎるものである。そもそも本質とは、一般に、ある事物が〈なんであるか〉を規定している事物の特質であるとされ、本質は現象の根底にあって、その特質と発展方向を規定するもの、つまり事物の真の姿・本体であるとされるものである。それはただ表面的・一時的に事物に付帯するにすぎない諸様態に対して、事物の基底に存するものであり、思惟の対象を定義する諸限定の総体をいうのである。かかる本質なるものを保険においても求め、それを理論的に表現したのが保険学説となるのである。変化常ならざる保険の経済現象的存在に対し、そのような現象としてみずからを現わしつつ、それ自体は常に現象の背後または内奥に潜む恒常的存在すなわち本体が本質である。あるもの、ここでは保険なるものの概念にとって、必然的で不可欠な属性、すなわち本体が本質・保険の本質である。この保険の本質に基づいてそのものの概念の内容を限定するものが保険の定義にして、保険の本質的定義を保険学説と称する。

保険学は方法論や学説研究を中心に空まわりをしていると非難されることがある。理論が、理論自体として自己完了的に発展するという一面をもっていて、このことが保険学説に関しても、学説自体の自律的発展を遂行させたということは十分にありうることである。すなわち保険学説自体として自律的に、自己目的的に発展してしまって、そこにはその時々の経済現象との関連が忘れられて、問題意識を通じて結びつく現代的意義が失われた。つまりそれぞれの時代的背景の中でそれぞれの問題意識を背負って発展するという本来の真正な発達過程を踏んでいないとするのである。なるほどこのような欠陥は確かにあったし、第一従来の保険学は方法論や学説研究を過大評価しすぎていた。

しかしまたかかる非難は、方法論や学説研究を過小評価しすぎてもいる。ほとんどの社会科学が、その創始・創成の時期には、方法論や学説研究、本質論の偏重に陥るのが学問発達上の一般的傾向であって、保険学においてもこの現象が現われたということである。ただその時々の保険の経済現象との関連が忘れられて、理論自体の具体性と実践性、歴史的認識が疎かにされたことは事実であって、これらは大いに反省されるべきところである。これをいえば、やむをえざる欠陥であったとなさるべきである。正しい保険本質論・保険学説とは、過去の理論の集積でありながらも、それぞれの時代的背景の中の問題意識によって促進され、そして再び時代によって検証されて、その結果肯定せられたものとしての保険本質論・保険学説でなければならない。つまりそれは歴史的認識の浸透したものである。強く現代史的な問題提起から影響されて、むしろその理論の展開のうちに強く時代の感覚が読みとられなければならない。このような正しい保険本質論・保険学説であって、保険の理論的興味に終始したり遊戯に堕することがそこにおいて排除されていたなら、それを尊重したとしても、偏重の非難は避けうるものである。

保険学の本質論や学説研究は、一定の方向に基づく保険研究の理論的成果の体系的認識である保険学の学として、保険学の批判を通じて、保険学そのものの内向的反省を行なうものである。そして従来の保険学における方法の不十分や不統一、論理的一貫性や精密性の欠如、研究者の利害関係や個人的動機の介入等を詮索して排除に努め、そこでの理論そのものの正しい内面的論理の新しい発展を可能とするのである。また保険学の理論は、その時々の一定の歴史的条件のもとに成立していることを明らかにして、異なる歴史的条件のもとには異なる理論、つまり異なる保険本質論と異なる保険学説が成立し、発達しなければならないことが確認され、ここに保険学発展の示唆と方向とが与えられるのである。

従来の保険学に立脚してそのうちから新しい保険学が生まれるのである。その場合に従来の保険学説に対する批判は重要な研究である。けだし批判なくして成立・発展する学問は存在しないからであり、保険本質論の研究も、その点を追究するのである。保険学の研究は、現実の変化する保険経済を研究の対象としつつ、過去の保険学ならびにその集約としての保険本質論と保険学説を改め、補足しながら進むのである。保険学はかならず過去のしかるべき学説をよりどころとし、それを現代的課題に従って発展させることにより、現実に意味あるものとなっていくのである。保険の経済的諸理論が一つの独特な体系に総合されてできあがるその最終的結果としての保険学説は、その先駆的諸学説の詳細な吟味、批判、消化によってのそれらの諸長所が折衷された上に成り立つのである。過去の保険学に負うところは少なくない。

保険に関する経済理論あるいは学説を研究するものとしての保険学説史は、保険学の学である。それは保険本質論の展開を中心に、そして終局的に意味するものである。それは保険学の史的発展を対象とする。歴史的経済生活における保険の問題と、それらの実践的解決のための方法と、その方法による保険の問題の解決ないし未解決との連関の史的展開である。問題とその解答の連関が歴史的に層を成していることをそれは教える。保険学説史の研究は、保険学の歴史的性格をもっともよく示すところのものである。保険学が現実的基礎を有して、歴史的制約がそこに存することを、保険学説史の研究が明らかにするであろう。

従来の保険学を、本質論的にすぎるとして批判して、保険学の新局面を開こうとする一派に対しては、そこで研究されていることがあまりにも実用主義的、実効主義的であって、問題解決的でありすぎるという欠点が指摘されるであろう。それは理論的であるよりは実務的でありすぎる。一つ一つの問題に当面しての解決処理法の研究であり、実務遂行上の手法研究である場合が多い。そこには原理と体系が不足していて、数多の問題が個々別々に、その時々の主義・主張に応じて、都合好く、適当に追求されている。学問としての公明・不動の価値観念が欠けているという反省は、当然になされてよい。

このほか、従来の保険学は海外文献の翻訳に終始して、わが国独自の保険に関する問題提起とその解決を怠ったとか、日進月歩の経済学の諸理論から遊離してしまって、経済学の継子（ままこ）の地位に甘んじてしまった等の諸点が反省せられる。そしてさらに、生命保険に比して損害保険の分野が、依然として法律学的研究が盛んで、経済学的研究がそこでは振るわず、生命保険と損害保険の両分野における保険学の発達に不均衡が存することも、これまた反省を要するところである。大体の傾向としては、生命保険関係者が社会保険をも込めて保険原理・総論を研究し、損害保険関係者が新種保険を含めて保険法学を研究して、そしてこの両者にはあまり学理の交流がない。この点もまた一考されてよいであろう。

現代における保険本質論あるいは保険の本質に関係深い見解につき一言する。保険本質論としての損害説は、損害保険の分野ならびに損害保険の法律論において未だにとられているが、これは生命保険には適応しないものとして否定されてよい。(9) そもそも損害説は保険契約の締結という法的行為をめぐって生じた説にして、純粋なる経済的な保険本質論ではない。次いで入用充足説に代表される一連の心理的な保険加入動機説は、これは経済学でいう心理的効用論に準ずるものにして、効用理論が効用不可測性のゆえに、そのために数量的＝貨幣額的把握が困難なるために、経済学的には批判せられたと同じように、加入動機説もかかる批判を免れない。数量化・貨幣額化せられざるものは、経済学の対象とはなりえない。(10)

必ずしも保険本質論・保険学説ではないが、保険商品説(11)は、安心感なる無形の商品を売買するうちに保険の実体を看取せんとするものと、保険という経済的な仕組を組成し、運営するところのサービス、サービス労働を提供して、つまりこれを商品として販売しつつ、保険業務を保険を必要とするものに代って遂行するものとの二つの見解が考えられる。理論的な正しさでは後者であるが、一般には前者の保険商品説が盛んである。保険実務家・業界人の保険観はほとんどこれであるが、保険の商品性にまず問題があり、長期的性格の強い生命保険にあっては、商品という実感が乏しい。これはまた保険の金融的一面を完全に忘却している。

保険技術説[12]なるものもある。この説では初期の保険は未だ十分なる保険技術をもたず、最近の高度化された保険の実施と経営では、必ずしもいわれるところの技術のみには従っておらず、また保険の種類によっては保険技術を厳格に遂行してはいないこれらのことを説明し難い。しかもこれでは社会保険や新種保険の説明に困難をきたすことがあり、たとえば新規考案の保険においては、そこには保険技術の基礎たるべき危険発生に関する大数法則すら把握され難いこともある。

保険本質論にして社会経済的視角からこれを把えたもので、現在もっとも有力視されているのが経済準備説[13]である。これは類似保険をも保険として把握可能な反面、あまりに保険の定義が広大にすぎてしまうのではなかろうか。またこの説の特徴は経済準備という語の実体からして、計画経済下における計画の立案・実施者による経済準備にも相通ずるところがある。計画経済における一定の偶然事実に対する社会的形態での経済準備として、計画経済体制にも利用可能である。さらに社会主義経済体制下における保険の本質をも規定しうるところに長所があると同時に、保険の時代的・歴史的性格すなわち資本主義社会におけるそれを分明にすることにおいて少しく弱い。

筆者は保険本質論としての予備貨幣説[14]を提唱したが、これによると保険を貨幣現象裡に把えることによって保険と保険企業の金融的・金融機関的性格をも含ませうると信じている。

予備貨幣つまり「循環の攪乱を調整するために、不時のための予備金」[15]に焦点を置いて保険を定義したのが予備貨幣説であるが、この予備金（Reservefonds）から保険を考察するのは決して今に始まったことではない。たとえばヒルファーディングは、『金融資本論』中において、Selbstversicherung（Reservefonds）として同一に論じているのである。[16]そもそも金融理論においては、保険を予備貨幣として把えることは一般に認められているところであって、わが国においても高木暢哉氏は「保険会社や信託会社などにも予備および保蔵貨幣はもちこまれる」[17]とし、「損害保険は、起りうべき固定資本の損害のための予備的貨幣資本の能率的な用意を社会的組織的に行う制度である。」[18]そして消費的家計における将来に生じうる不時の入用を漠然と予想しての予備のための預金は、予備貨幣であり、「そうした意味で金融機関におかれている消費的家計の貯蓄は少なくあるまい。そのもっとも典型的で、組織的に制度化されたものが生命保険事業にほかならない。」[19]「損害保険や単純な死亡保険の場合には、予備的性質の貨幣が保険料として払いこまれる。」[20]

さらに別の例をあげれば荒牧正憲氏は「予備貨幣というのは、不測の支出の用意のために、余分をみて保有される貨幣のことである。今日、生命保険や損害保険の対象となっている貨幣にその具体的な姿をみいだすことができる。」[21]「固定資本財における不時の損害に備えるための予備貨幣が主たる対象となる」[22]ところの損害保険として、生命保険も損害保険もともに予備貨幣で把えているのである。

（注9）　生命保険否保険説は、この点徹底していて、たとえばエルスターは「生命保険制度は……貯蓄金庫である」といい、さらにラウも、ゲバウアーも、コーンもともに生命保険を保険でないとしているのである（Elster, L., *Die Lebensversicherung in Deutschland, ihre volkswirtschaftliche Bedeutung und die Notwendigkeit ihrer gesetzlichen Regelung*, 1880. S. 28; Rau, K. H., *Grundsätze der Volkswirtschaftspolitik*, II Abteilung, 5. Aufl., 1863. S. 512, 520〜521; Gebauer, M., *Die sogenannte Lebensversicherung*, 1895. S. 12〜13; Cohn, G., *System der Nationalökonomie*, B. III, 1898. S. 671〜673)。

（注10） 前掲拙著『保険経済学序説』二四七〜二五三頁。

（注11） 保険事業は保険証券を販売する事業とし、保険企業は一種の配給機関として、このことから保険を商品とする見解は多く、モーブレイもその一人である（Mowbray, A. H., *Insurance*, 1937. pp. 344〜359)。

（注12） この説の代表者はヴィヴァンテで、かれは結局給付・反対給付均等の原則を重んじたのみであった（Vivante, G., „Allgemeine Theorie der Versicherungsverträge", *Zeitschrift für die gesamten Handelsrechts*, Bd. 39, 1891. S. 474)。

（注13） 前掲印南博吉著『保険の本質』一頁。

（注14） 前掲拙著『保険経済学序説』二八四頁。

（注15） 資本論辞典編集委員会『資本論辞典』（昭和三十六年六月、青木書店）の「予備金〔準備金〕Reservefonds」四一八頁。

（注16） Hilferding, R., *Das Finanzkapital, Eine Studie über die jüngste Entwicklung des Kapitalismus*, Zweite Auflage, 1920. S. 205.

（注17） 高木暢哉著『再生産と信用』（昭和三十二年十二月、有斐閣）三七六頁。

（注18・19） 同右書二六二頁。

（注20） 同右書三七六頁。

（注21） 川口弘・川合一郎編集『金融論講座』1貨幣・信用の理論（昭和三十九年十二月、有斐閣）の「第七章　金融機関」一六一頁。

（注22） 同右書一七〇頁。

十一　現在のわが国保険学の主要課題

現在のわが国資本主義経済社会にあって、保険学が当面している具体的な課題の中の主要なものを探ってみれば、次のごとくであろう。

㈠　保険の機能が、社会公衆の経済的厚生・経済的福祉をいかに確保し、ひいては増大させるか、そしてその結果保険が、社会全体の経済的厚生・経済的福祉の維持と向上にいかに役立っているかを、すなわち経済に対する消極的と積極的効果を論証し、実証すること。この場合、とくに労働者階級にして中間階級化した層を対象とする保険の在り方が問題とされるべきである。(23)

(二)　金融機関の一種としての保険企業の、産業資金供給の機能を、やはり理論的にと実証的にとの両面で分明にすること。この場合、保険資金の特殊性を分析し、それとの保険資本の関係を解析しながら、資本主義の高度化ならびに独占化の一般的傾向と保険資金・保険資本の関連を追求すること。そして保険資金・保険資本の経済的運動の目的であり結果となる保険利潤の問題についても、十分なる考察が払われなければならない。

(三)　経済の発展、すなわちその成長・拡大・複雑化につれて、ますます多くなる保険の種類を、保険の理論によって正確に把握すること。新種保険の研究がこれであり、その経済的機能と法的な約款を分析して、ここでは保険の概念の拡張や変更も必要となることもあろう。

(四)　社会保険・社会保障や共済あるいは大企業における自家保険などの諸制度と保険との共栄ならびに競合関係の解明と、これら諸制度に対する保険側の対策を発明すること。そもそも類似保険を保険と認めるかどうかと、これを認めた場合に本来の保険といずれがより効率的であり、正確・安全であり、そして一般的となりうるかが問われなければならない。そして行政的・法的規制を、本来の保険と同様に、あるいはどの程度に差違と変化をつけて実施するかが重要な論点となろう。

(五)　資本主義の必然的・不可避的現象であるインフレに、保険がいかに影響されるかを明確にし、恒常的インフレ現象下における保険の在り方を定めること。つまり保険におけるインフレ克服策を求めること。インフレが好況と同居してあるならばまだしも、インフレにしてしかも不況な場合には、保険は一方においては契約を増加させることに困難を感ずるとともに、他方保険金に引当てらるべき保険資金の価値を確保しておくこと、または物価上昇にスライドさせておく方策がきわめて発見困難であり、インフレの責任を国家に問うこととは別に、至急なんらかの決定的対策を考案し、そしてそれを保険学的に理論づけることが必要である。

(六) 社会において積極的需要に乏しい保険をできるだけ普及させて、保険の効用を社会各人に享受させるための方法の考案。とくに保険広告の在り方とその技術の研究、保険のP・Rについて、また保険販売員の訓練とその組織化等々がここでは研究される。そしてとくにいかなる保険がもっとも人々に需要されているかを知って、それに合った保険を提供すべきである。市場調査が必要であり、これら保険のマーケティング技術の開発が取り上げられなければならない。

(七) 元来保険料は高すぎるという批判が絶えない。これには理由があるのであって、それは営業保険料中の付加保険料部分が多すぎるからである。保険経営の近代化と合理化の推進によって付加保険料の引下げを図らなければならないが、これには保険マーケティングによる大量販売、優良危険の選択、人事管理や物財管理の適正、保険資金の高率運用等々を達成すべきで、そのための諸方法を追求すべきである。近代経営学の諸理論の保険企業経営における活用がこれである。

(八) 国家による保険監督の在り方とその限界を解明すること。保険の公共性の名のもとに、厳格をきわめる保険政策に対し、その正しい理念とそれに基づく内容を定め、かつ限界を明らかにし、自由な保険活動による保険の進歩と向上を達せしめること。このことは保険の公共性論と事業としての保険の性格との接合点の発見の問題でもある。さらに一般の経済政策と保険政策との接合点をもみつけ出して、保険政策を従来より一層広い立場で理解しなければならないのである。

(注23)　Galbraith, J. K., *The Affluent Society*, Chapter Eight, Economic Security, 1958. pp. 77～94 ガルブレイスは経済的保障と経済的進歩そして成長とは矛盾せずとし、経済的保障としての社会保障と保険の増大と生産の増大・生産性向上とは明らかに両立して相互に効果を高めあうものであるとしている。「経済的保障を高める努力は、生産を背後から押し進める力となる。」(p. 93) かれは unemployment insurance (p. 78), fire insurance (p. 86), having insured against fire, theft, and high winds, …… (p. 86), risk insurance (p. 88), universal risk insurance (p. 89), old age and survivor's insurance (p. 92) 等々に触れて、保険の経済的保障効果とそして経済社会の自動調整作用との二つの効用を力説しているのである。

第二章　被保険利益の本質と保険の本質

一　最近の保険本質論

保険本質論は、保険の法律解釈論から出発して技術論に進み、加入者の立場に立つ心理的・主観的な微視的経済論を経て、広く社会的・客観的な巨視的経済論に到達したということができよう。これは単に保険の理論が自転して発展したと見るべきでなく、本質論の変転は、実は保険なる社会の一制度の変化・発展を反映し論理化したものと認めらるべきである。現段階においては、保険の法律論または数理技術論の重要性や、同じ経済論といっても、心理的・主観的・微視的な保険本質論の存在意義はしばらく別として、保険なる現象、その大要から細部の体系的な理論的解明は、社会的・客観的・巨視的な社会経済論としての保険本質論に立脚せざる限り、とても十分にはなしえないのである。明らかに保険学は、特に保険本質論は、社会経済学の時代に突入したと確認せられるのであって、一切の保険本質論の研究者は、この現実の認知にやぶさかであってはならない。なんらかの意味で本質論と関連する保険の研究は、この大いなる事実を暗黙の前提とする。

さて、なぜ一部の保険本質論者は被保険利益を問題とするのであろうか。「そもそも、保険の本質に関して種々学説の岐れるのは、結局において、損害保険と称せらるる部門と生命保険とを統一総合する概念を構成せんとする要請と、このような企図に対して多様性に富む生命保険が構える障害とによるものである。而して、……従来損害保険の独占的概念とせられる被保険利益の概念を生命保険にも認めることによって保険の統一的把握を試みんとするものである。[1]」さらにまた、「抑も被保険利益が保険本質論との関連に於て問題となるのは、所謂損害保険と生命保険とを統一的な説明原理の下に置かんとするに際してである。而して斯かる意図に対する生命保険の領域に於ける障害の多様性こそ、保険本質に関する学説の分岐を齎らしたとも見得るであらう[2]」と。

しかしながら、被保険利益自体にはいくたの根本的な、または本質的な問題があり、保険本質論においても大いに論ぜらるべき諸点があるのであって、そして特に、被保険利益論と保険本質論と関係づけて論ずることには、極めて深刻なる疑問が存在していて、その最たるものは、被保険利益論による保険本質論は損害説であるかどうか、または心理的・主観的・微視的本質論、そのうちの特に入用充足説であるかどうかということであって、社会的・客観的・巨視的本質論の時代に、それがはたしていかなる、どの程度の役割を果たすかということは殊に研究の必要のあるところであろう。

（注1）　白杉三郎著『保険研究』（昭和二十八年三月、新紀元社）のうちの「生命保険における被保険利益について」一四七頁。

（注2）　稲葉襄著『保険学概論』（昭和二十五年七月、三和書房）の「附録　被保険利益の一考察——具体的算定の一試論——」一九六〜一九七頁。

二　保険本質論と被保険利益論

保険制度の発達が未熟で、僅かに単純な物保険の形態だけしか存在していなかった時代には、保険により保護される対象がなんであるかの説明に、特に利益なる概念を持ち出す必要はなかったのであり、事実、当時の単純素朴な取引状況のもとにあっては、簡単に物それ自体が保険されるものとみて、たいした不都合は生じなかったのである。しかるに現今では、保険の保護すべき対象を、物それ自体でなく、一定の利益とみなすことが一般となっているのであり、そしてこの利益なる概念は、保険関係の簡明な個別化を可能ならしめるとして、まずその意義を認められているのであるが、この点よりして、被保険利益論を保険本質論に活用する場合の、第一の制限条件が生ずるのである。つまりわれわれは、保険を一つの経済制度として理解せんとするものであり、広く社会経済的な意義を持つ一つの体制もしくは体系として保険を理解せんとするものであるが、つまり保険の心理的・主観的・微視的本質論に対立して、社会的・客観的・巨視的本質論を主張する立場からは、そしてそれは現在の保険学界の主潮と認められるものであるが、被保険利益論による保険本質論は、よし成立しえたとしても、保険関係の個別化をその主柱とするものであろうから、保険本質論としての意義は高く評価されることは、まずありえないであろう。

ところで「利益なければ保険なし」の法律上の諺にも示されているところの保険における利益、保険利益、すなわち被保険利益とはなにか。わが国の特に代表的なる定義によると、「被保険利益とは一定の物、即ち保険の目的に危険、即ち保険事故が発生することに因り一定人、即ち被保険者に経済上の損害を与うる虞のあるかかる人と物との関係」(3)と示されているが、ここですでに被保険利益の定義に際して、保険なる言葉の用いられていることは、保険本質論に被保険利益論を活用する場合の、第二の制限条件をなすものである。というのは、この場合の保険とは、すでに損害説によって定義せられているものだからであり、被保険利益論は、保険本質論としての損害説に立脚するものであり、社会的・客観的・巨視的本質論とは連繋するものではないのである。

被保険利益論は、その要件としては、つまり利益が保険法的保護に値するためには合法的なること(合法性)、経済的利益であること（経済性）、確定しうべき利益であること（確定性）が必要であるといわれているが、この経済性は利益に保険可能性を与える前提要件たるのみならず、さらにその可能限度を決する尺度でもある。被保険利益は、経済上の損害を与える関係であり、被保険利益は金銭に見積もりうる損害を生ずるものでなくてはならない。このことはわが国商法にも明示せられており、これはまた非経済的価値、いわゆる感情価値のごときは塡補額算定に際しては、原則として考慮外に置かれ、経済的にあらざる損害、すなわち精神的損害、感情的損害、嗜好的損害等を発生せしめるにすぎないものは、被保険利益たりえないということである。このことは生命保険をも損害保険と同一の本質において把握せんとする保険本質論、保険一元説の立場においては、特に問題となるところであろう。

利益の実体に関する諸学説は、これを細分する立場では、関与説、関係説、財産財説、貨幣価値説、有用説および要保護説等の六説に分けるものもあるが、一般にはこれを大別して関係説と価値説とする。そして現在では、被保険利益の本質をもって「人と物との関係であり」とするところの関係説が、世界的な通説となっているのであるが、ここでまた問題が発生する。すなわち関係説によると、そのいうところの関係、そのいうところの経済的状態は、保険の個別化のために必要となるものであり、かかる経済状態は、保険さるべき財産財またはその価値の個別化のために不可欠のものとされるのであって、このことは保険本質論に被保険利益論を活用する場合の第三の制限条件をなすものである。つまりそれは保険を個別的、従って微視的立場から把握するものであって、社会的・客観的・巨視的立場からの保険本質論とは、完全に相違する立場のものとなろうからである。

さらにまた、利益を無色の関係とのみ見る関係説の方が、その関係へ財または貨幣価値という実体を盛る価値説たる財産財説や貨幣価値説よりも現代の通説とされていることは、保険本質論に被保険利益論を活用する場合、経済制度として保険を理解する、社会経済の一環として保険を把握してその本質を解明せんとする現今の保険本質論の主流から、これらは一歩遠のく要因として、第四の制限条件をなすものである。財または貨幣価値という実体を盛らない無色の関係として利益を見る関係説による被保険利益論によって保険本質を究明することは、いかにも経済的思考の展開には間接的関係となるからである。

被保険利益は、保険契約の目的ないしは保険契約有効性の前提として、保険契約に不可欠の要素であるといわれるところがあるが、つまりこれは被保険利益の概念を認めることによって、保険を賭博から峻別し、実損塡補の原則を貫くとともに、同一物に多数の保険契約が成立しうることを説明し、さらに損害保険法を体系化することが可能であるとするからである。被保険利益は、損害保険を別名利益保険と呼称することからも窺われるように、損害保険の中心概念であると称せられる。さらには被保険利益は損害保険契約の小宇宙をなす概念と断じられているのである。損害保険に関する諸理論は、一応は被保険利益論と危険論と損害論との三大部分よりなるとされるが、しかしさらに一歩進めると、すべてが被保険利益論に吸収されてしまうとまでもいわれている。「被保険利益とは一定の物（保険の目的）に危険（保険事故）が発生することに因って一定人（被保険者）に財産上の損害を与える虞のある、かかる人と物との関係をいう」[4]とすれば、このように被保険利益の意義を、いわば立体的・構造的に解すると、そこには今まで予想していなかったような諸分子が入ってくることに気がつくとされる。すなわちそこには、保険の目的の概念があり、被保険者の概念があり、損害の概念があって、このうちのどれ一つを欠いても完全な被保険利益概念はでき上がらないとされるのである。普通損害保険の要素として挙げられるものは、被保険利益以外は、危険、保険者、保険契約者、被保険者および保険料の五つであるが、このうち保険契約者および保険料を除き、他はすべて被保険利益の概念中に納まり、その契約上の確定および実際上の存在は、とりも直さず、損害保険の他の二要素の確定および存在を意味することになる。「損害保険契約の主要部分の解説はまた被保険利益の内容の展開を意味することになる」[5]とされるが、ここで問題となるのは、保険料なる要素を除くということである。保険法律論にあらざる保険学の他の分野においては、特に保険経済学の分野においては、保険料の源泉、その性格、そしてその機能等の究明は、もっとも重要にして絶対に不可欠な問題であって、これを除いては他の一切の研究は無意味となるか、あるいは進展しがたくなることは事実であって、さて保険料に関するこれら二つの研究態度・その重要性の認識の相違は、結局のところ、保険本質論に被保険利益論を活用する場合の第五の制限条件となるものである。被保険利益論をとり入れての保険本質論では、保険の社会経済的方面の研究には、決して直接に、またほとんど役立つところはありえないであろう。保険を社会的・客観的・巨視的に、経済現象裡において、一つの経済制度として理解せんとするものにとっては、保険料の要素をぬく被保険利益論による保険本質論は、これを時代遅れのものと断定せざるをえないであろう。

保険の社会性・団体性ということは、早くから主張せられたところであり、保険本質論の分野においては、このことを否定するものはないであろう。これらの保険の諸性質は確認せられた事柄として、保険の本質を追求する場合、必ず一応の考慮が払われなければならない問題である。近時保険法論においてもこのことが重要な研究題目となり、さらにこれが発展して保険法における主観主義・客観主義の問題となり、それがまた被保険利益の主観主義・客観主義の問題として提起せられたことは、特に注目に値するところである。しかして被保険利益の主観主義が現代法学の通説となっているということは、保険本質論に被保険利益論を活用する場合の第六の制限条件となるものである。保険法における主観主義、被保険利益における主観主義をとることから、保険法学に対する保険経済の影響を特に重視する立場から遠のき、法律と経済、保険法と保険経済を、常に相互関連・関係として理解せんとする立場を遠く押しやり、これが関連・関係が間接化され、軽視されがちとなり、保険企業の問題が稀薄化され、契約が制度を圧し、純法律的・一般私法概念の分析的な法学が社会的・経済的な法学に優先し、かくて保険を一つの経済制度として理解する保険本質論とは完全に絶縁してしまうのである。しかもこのことはまた、保険価額が客観的・一般的な経済的なる価額と分離あるいは疎遠になる結果をも招来することになるのであり、これは経済学でいう価額の概念との疎遠・絶縁であり、そして分離となるのであって、保険を一つの経済制度として理解する立場との背反となるのである。おおよそ利益が主観的なものであるということは、利益が保険されうべきためには、その利益の帰属すべき物または権利の主体が必要であるということであって、ここに利益の主体は利益を個別化するものであり、かくては、被保険利益による保険本質論は、絶対に社会的・客観的・巨視的本質論とはなりえないのである。

（注3）　加藤由作著『改訂　海上被保険利益論』（昭和二十六年七月、新紀元社）六頁。
（注4）　加藤由作稿「損害保険法の展開」『損害保険研究』第十一巻　第一号（昭和二十四年十一月、損害保険事業研究所）一〇頁。
（注5）　前掲加藤由作著『改訂　海上被保険利益論』二二頁。

三　生命保険の被保険利益

被保険利益の概念が損害保険に対して中心的重要性を有すると一応はされているが、これと対照的に現行保険契約法においては、生命保険の規定が被保険利益から出発していないことは絶対の事実である。わが国の商法も、生命保険を保険の一種とは認めてはいるが、損害保険と区別して規定を設け、その立場は生命・損害両保険を、まったく性質を異にする保険と認めながらも、損害保険の規定を生命保険に準用するものすこぶる多く、しかも両者に対する総則は、これを設けていないのであって、生命保険に対しては、被保険利益の存在を特に要求はしないのである。

さて「保険契約の目的たる被保険利益も生命保険に存在すると考えうる。否、むしろ生命保険に於ても、それが保険である以上、当然、被保険利益は存在しなければならない。何故なら、そうしなければ真実の生命保険契約と他人の生死を条件とする賭博との区別をなすことができないであろうからである。」[6]そして保険法学者にして生命保険に被保険利益の概念が存在せずとするものがあるのは、わが国の保険法が損害保険と生命保険とを区別して規定し、後者においては、かかる概念を用いていないというまったく条文解釈的理由によるものであるとし、保険法が保険の内容を決定するものではないとして、かかる条文解釈的説明は排除しなければならないとする。これが生命被保険利益論者の主張である。「生命保険なる生活関係を、法律関係なる観点より認識する時には、生命保険成立の根本的前提要件として、被保険利益概念の不可欠性を知り得るのである。」[7]かかる生命被保険利益論者の意図は、損害保険における被保険利益の概念を人保険にも導き入れて、このようにして初めて、保険全般において被保険利益に中心的地位を占めさせせんとするのである。

保険本質論としては損害説をとりながら、さてその損害概念で生命保険を律せんとするのは、決して容易ではない。このため損害概念を広義に解して、あるいは損害には財産的損害と道徳的損害があるとしたり、あるいは積極的損害と消極的損害があるとしたりして、これをもって死亡・生存というできごとを理解せんとしたりしたのである。さらに人保険における損害を、あるいは抽象的損害といい、あるいは精神的損害などと称して、物保険の経済的損害と対立せしめようとしたりしたが、これらを被保険利益よりして、これらの損害を目的とする保険契約の有効性を主張する立場には、保険制度は金銭的給付を内容とする純然たる経済上の制度であって、精神的苦痛の救済などはその使命とするところではない、これらは宗教あるいは倫理・道徳の問題であると。また精神的損害も慰謝料支払の方法などにより、損害保険の対象たりうるとのごとき主張は、精神的損害の見積りのごときは正確になしうるものでなくして、結局かかる保険は賭博保険の性質を帯びるに至るから不可である。利益要求の意味については、人は自己の生命に無制限な利益を有するとされることは、結局利益を必要としないというのに同じであろう。これらの説くところを観察すれば、よしんば生命保険にも被保険利益があるとしても、それは損害保険の被保険利益とは、その取扱いを全然異にするであろう。生命保険における被保険利益は、損害保険のそれとは、必ずしもその意味を同じくせず、そして現今では、生命保険は損害塡補契約ではないとされ、しかして利益の存続を必要としないことは、一般に支配的な見解であるとされる。なるほど生命保険契約においても、一般的・平均的に見れば、保険事故により損害が発生し、従って事故不発生につき利益があると考えられるとの、このような説明もあるであろうが、これは保険制度の社会的合理性の消極的な一つの、反公序良俗性なしという意味での根拠の説明としては承認しうるであろうが、この意味の被保険利益は、損害保険契約における普通に、いわゆる具体的な被保険利益とは別の概念にすぎないとされるのである。

生命保険における被保険利益をもって労働力に対する価値関係とする見解、収入をえる能力とする見解、人間の生命価値の理論に基づく生命被保険利益論、またこれを人の生活力、特に労働力の使用または消費に基づく所得の獲得を対象とする所得上の利益の一種と解する見解等々に立つとしても、なおかつ生命保険を損害塡補という狭い概念をもって律することは、当をえないと考えられる。生命保険に被保険利益の概念を認める時は、生命保険は、そもそもかかる利益の喪失、すなわち損害の塡補または回復を目的とするものと見られてしかるべきであろうかといった保険の本質的・根本的な問題が生じ、さて生命保険においても、保険事故の発生により、一般的・抽象的には損害を生ずると解して、よって損害説、損害塡補契約説を貫こうとする立場は、これは事実に即しない、つまり擬制的説明と断ぜられざるをえないであろう。つまり生命保険における被保険利益の要求は、これを損害塡補に限らんとするものではなくて、この概念の価値は、むしろ公正政策的方面に存するものとされるのである。この点において生命保険の被保険利益は損害保険のそれとは著しく趣きを異にするものといえるのである。このような生命保険における被保険利益とは、実は生命保険制度は社会的弊害とならぬことを要するとでもいったような、一種の社会的利益にすぎないのである。しかしてかくのごとき社会的利益が認められることは、生命・損害の両保険制度を通じて同様である。このことを指摘したからといって、被保険利益論にはさしたる収穫ともならぬであろう。

さて生命保険においてもっとも特色となることがらはその定額保険なることである。保険契約をもって損害塡補を目的であるとする前提を固守する限り、生命保険契約における定額保険契約の説明は不可能であろう。そして多数の例外を認めながらも、しかも不十分にではあるが、損害保険契約において、被保険利益を契約の目的とすることが是認せられたとしても、生命保険などのいわゆる定額保険の説明とはどのようにして調和するのであろうかということが問題となる。生命保険における金銭的利益の要求は、これは元来損害塡補の原則より導きだされたものではあろう。しかしながら、すでに生命保険をもって定額保険であるとして、損害塡補ではないとする原則が一般に確立せられ、かつ是認せられているとしたならば、これら金銭的利益の要求はその意義を失うことになるのである。現代の多数の立法と、そして多数の学説では、生命保険契約については被保険利益の必要を認めない傾向にあるとされる。しかもよしまた認められたとしても生命保険の被保険利益は、保険の目的の意味においてはきわめて空虚な概念に終わり、決して保険の中心的概念たりえないものであること明白であろう。

さて生命保険においては被保険利益は存在しない。存在したとしても重要ではない。それは損害保険のそれとは相違するものである。ここに至って保険本質論において被保険利益論を援用して保険二元説の克服を図らんとすることが、いかに無意味であり、そして絶対に成功の可能性のないことが理解できるであろう。ましてや社会的・客観的・巨視的本質論に立脚して、保険を社会経済学において解明せんとするものにとっては、被保険利益論による保険本質論の主張のごときは、大なる価値は認めがたいものである。

（注6） 馬場克三著『保険経済概論』（昭和二十五年四月、文化評論社）六五頁。

（注7） 前掲稲葉襄著『保険学概論』二〇二頁。

補注 ブルックは、生命を財と考え、人のその生命に対する関係が保険せられるとして、生命は主観的価値を有して生命保険にも被保険利益の概念が適用できるとした。保険契約者の自己の労働力に対する価値関係が被保険利益であると（Bruck, E., „Das Interesse, ein Zentralbegriff der Versicherung“, *Schriftenreihe den Österreichischen Gesellschaft für Versicherungsfachwissen*, Nr. 2, 1931. S. 11〜12）。ヴェルナーは、人の生活力—労働力を消費しての所得獲得力を生命保険の被保険利益とし（Wörner, G., *Allgemeine Versicherungslehre* 1920. S. 81）、メイは収入をもたらす能力に求めた（May, J. W., *The Law of Insurance*, Vol. 1, 1900. p. 2）。

生命保険における被保険利益の概念を規定するに際して、人間の生命を経済的価値の観点から計ることがきわめて必要とされるが、このことをなしたのはヒュブナーであろう。かれは人間の生命価値を論じ、「被保険者の現在の所得能力を、現存の利率で資本化した価値である」とした（Huebner, S. S., *The Economics of Life Insurance*, third ed., 1959. p. 18, p. 39）。またかれは、別の個所でも同一の見解を述べ（planned and edited by Gregg, D.W., *Life and Health Insurance Handbook*, Human Life Values—The Concept, 1959. pp. 4〜5）、また上記同書においてミルズは「世帯主の必要とする生命保険金額の決定についての一方法は、所得を資本化することである」とし、さらに「稼ぎ手が死亡した場合の被扶養家族の種々のニードによる」としている（Mills, P. S., *Determining Needs*, p. 377）。

生命保険における被保険利益を、保険契約者が自分自身の生命を保険する場合と他人の生命を保険する場合とに区別して論ずるのはしばしばみられるところであるが（Dinsdale, W. A., *Elements of Insurance*, second ed., 1954. pp. 64〜65; Mehr, R. I., Osler R. W., *Modern Life Insurance*, 1949. pp. 166〜170）、しかしこれらの場合、自分自身の生命を金銭的価値にみつもることの困難さは、明らかに認められているところであり、さらに人間の生命は無限の価値あるものにして、これに価格を付けることは、無作法なことであるというものもあるのである（Magee, J. H., *Life Insurance*, rev. ed., 1951. pp. 237〜238）。

四　被保険利益概念の存在意義

保険契約は物保険たると人保険たるとを問わず、損害保険たると生命保険たるとを問わず、偶然の事故の発生が、保険金支払の要件となっているから、射倖契約たる性質を有するとはされるであろう。保険契約は、この点において確かに賭博と境を接して近似するものである。しかしながら保険契約は、道徳的にも、また社会的にも、そして経済的にも、もちろん賭博とはまったく比較にならない有用性、価値を有するものであることは自明であって、これを疑うものはあるまい。しかし偶然の事故の発生が保険金支払の条件となっているということは、保険契約が危険誘発の動機となったり、賭博の手段に利用せられる弊害を生ずる可能性がある。かくて損害保険契約が損害塡補の契約であって、そして被保険利益の存在を要件とするということは、実にここから生ずるのである。換言すれば、損害保険契約における被保険利益の地位は、この契約が公序良俗に反するかどうかを決定する一つの標準をなすにすぎないものであるとされ、被保険利益が存在しなくても、損害保険契約が、社会的に、かつ経済的にその効果を発揮し、しかしてそれが公序良俗に反するおそれがない場合には、その契約の効力を認めて差し支えないとされうるであろう。公序良俗の概念、その程度は各時代と各国によって自ら差異の存するところであって、これに従って当該損害保険契約がその効用を発揮するかどうかの程度は決定せられるのである。これを要するに被保険利益の概念は、当該保険契約が公序良俗に反するや否やを決定する標準となる意味において重要であると同時に、その重要性はその範囲に止まるから、よって被保険利益の概念をもって、損害保険契約に欠くべからざる要素であると解したり、損害保険契約の中心概念であると解するがごときは不当であると称せざるをえまいとする見解は、被保険利益を保険本質論に活用せんとする立場にあるものにとって、きわめて邪魔な存在物であろう。

被保険利益の損害保険契約における地位は、公序良俗に反する行為を阻止することにあるのであるから、損害保険契約においても、公序良俗に反する危険がないところには、法律が被保険利益の存在を要求していないという事実は、大いに注目さるべきところである。さらにまた被保険利益が存在しなければならぬとし、また塡補額は被保険利益の価額を超えてはならないなどとしても、その被保険利益が存在することを必要とする時期およびその価額の算定の標準となる時期あるいは場所などについては、それぞれに各場合の事情に応じて、かなり便宜的な取扱いが認められ、絶対的な法則が一貫されないのもまた被保険利益がそれ自体として絶対的な意義を有するものではなくて、ただ単に公序良俗に違反しないというような標準の一つの徴証としての意義を有するにしかすぎないことを示すものである。

被保険利益が存在すれば、保険契約は公序良俗に反せず、従って有効である。このことは確かにいいうるところである。しかしながら逆に、被保険利益がなければ、その契約は当然に――この当然という言葉が特に問題となるところであるが――公序良俗に反して、そして無効であるとはいいえないであろう。このあとの立言が許されうるならば、被保険利益は契約の絶対的な要素たりうるであろうが、事実は被保険利益の存在は賭博性・反公序良俗性を阻止し、除去する一つの標準としてのみ強調さるべきであって、反対に、被保険利益が存在しなければ、必ず反公序良俗的な賭博行為となるとは限らないのであって、従ってここに被保険利益は、かかる意味において保険契約の消極的有効要件のほんの一つの標準たる機能および地位を認めらるべきものにすぎないと断定されえよう。さて保険契約においては、実に被保険利益論は、それ自体、体系的にはさしたる重要性を持たないものであると称しうるのである。

保険契約における被保険利益の存在は、それ自体絶対的な要件ではなくて、公序良俗に違反せずという、より上位の絶対的要件の一つの徴証としての意味を持つところの、絶対に対する相対的な要件である。元来、保険制度に内在する、経済生活を安定させようという欲求あるいは目的などの存在こそが、保険契約一般を賭博行為から区別せしめて、保険制度の社会的承認を根拠づけるゆえんであるのであって、これを法律的にいえば、保険契約の公序良俗適合性・有効性を根拠づけるゆえんである。被保険利益は、保険契約の合理性の社会的承認の根拠の一つの形態として、保険契約の公序良俗適合性の一つの徴証としてのみその意味を有するというるのである。

さて被保険利益の概念は、保険契約について消極的な地位しか有しないものであることは分明となったが、たとえ消極的ではあっても、この地位に基づいて損害保険契約を賭博と峻別することが可能となり、超過保険を原則として阻止することが可能となり、さらに同一の財産について、被保険利益が種々異なるにつれて数個の保険契約が存在することを認めるのに役立つのであり、もし損害保険契約について、まったく被保険利益を必要としないならば、保険契約者は、保険事故が起こらないことによって保険料の損失をするると同時に、保険事故の発生が、自分になんらの損害を齎さないにかかわらず、保険金の利得をすることになるであろう。かくてはその契約は、純然たる賭博行為ということになる。しかして賭博行為を認容することは、人をして正業につかしめないといったような傾向を生ぜしめるから、これはもちろん公序良俗に反することとなろう。しかのみならず、このような保険契約にあっては、被保険者が保険金を獲得するために、保険事故を誘発する危険を伴う。そのことは、保険事故によって、当該契約の相手方たる保険者のみならず、さらに第三者にも損害を与える危険があるのであって、かくのごとく考察してくれば、いずれの点からしても、これらの契約は公序良俗に違反することとなろう。ここに至って、損害保険については、法律が、原則として――この原則としてと述べられるところが多くの問題を惹起するところでもある――被保険利益の存在を要求するところであって、かくては被保険利益無用論は否定せられ、しかも被保険利益無用論は、各国の現行の保険法に相反すること大となって、しょせんこれを是認することは不可能となろう。

生命保険・人保険も、損害保険・物保険と同様に、偶然の事故を保険金支払の要件とすることあるにもかかわらず、なにゆえに被保険利益の存在を要件としないかということは、学問的に興味ある事柄である。人の生命あるいは身体は、その評価ができないということもその一理由とされている。しかし裁判所が人の死傷について常にその人の一切の事情を斟酌して損害賠償額を算定している現実を指摘して、この理由には反対する立場もあるが、しかし裁判所のかくのごとき行為も、やはり一種の便法にしかすぎないのであって、人の生命や身体は、いかんとしても評価できないとする方が正しいであろう。また人間生命の経済価値に関する科学的研究が、物保険の価値測定の諸研究に比して未発達であるがゆえに、人保険は定額たらざるをえず、もし人間生命の価値測定の方法が、主としてこの方面の学問の発達につれて容易となれば、人保険における保険事故発生の際の被保険利益の価額が明瞭となり、そして損害保険一般の塡補原則の適用が可能となって、そして定額保険は消滅するであろうとするがごとき論旨にもまた賛成しがたい。人間の生命を、生命そのものを直接に、物品や貨幣をもって、従って経済的に評価することなどは、絶対に不可能であるし、学問本来の本旨にもたがうことである。人間の生命に無限の価値と尊厳を認めるからこそ、人間の幸福を追求し増大させるための一切の学問、そしてその結果である真理が無限の価値と尊厳を持ちうるのであり、従って社会に存在するある種の人間の生命価値の測定法のごときは、ある目的のためのある種の便法にしかすぎないものであり、真正なる学問は人間の生命の物質的な価値測定のごときは、およそ意図せざるものである。経済学もこのことはもちろんであって、従って人保険において被保険利益が認められない理由の一つとしての、人の生命の経済的評価の不可能なる理由は、これを絶対に認めなければならない。

ところで人の生命および身体の評価の可能・不可能の問題を別としても、なおかつ生命保険・人保険における被保険利益存在の非重要性・不必要性・非存在性は論証可能である。つまり被保険利益の存在を人保険契約の要件としなくても、賭博の弊風を生じたり、保険事故を招く危険がないことこれである。自己の生命または身体に対する保険においては、死または傷害を恐れる心理が、保険事故の誘発を阻止するのに十分だからである。また別の理由としては、巨額の保険をつける——その目的は利得であり、これは一種の賭博となる要因を含む——ことは長期にわたって多額の保険料を支払うことを必要とするため、どうしても正業に励まざるをえなくなるから、ここでもまた賭博の弊風を生ずる危険が防止されるのである。しかし事故または第三者のために、他人の生命を保険に付する場合にはこの限りではないのであって、この場合には、保険契約者または保険金受取人が被保険者を殺害または傷害する危険が多分に存在することになるのである。従ってかくのごとき保険契約を、もし無条件に認めたとしたならば、殺人・傷害等の犯罪を助長するものとなるであろう。これは公序良俗に反することとなる。ゆえにこのような場合にはかかる弊害を防止するための諸法を講じなければならないのであって、ある場合には法律において、かくのごとき場合には被保険者の承諾を要件としている。またある場合には、法律が保険契約者または保険金受取人に被保険利益が存在することを要件としているのである。この二つの態度のいずれを採るかは、理論の問題であるよりは、むしろ立法技術の問題であるとされるのであり、立法者の見解の相違によって、この二つの方法のいずれかが採用せられて、他人の生命または身体に対する危害が防止されるのである。さてかくのごとく、自己の生命と他人の生命の保険との間に、法律上の取扱いに差異が存するということは、被保険利益の保険契約における地位が、ただ単に公序良俗の見地から、その存在理由を有するにすぎないことを、きわめて明瞭に示すものであろうとされる。

被保険利益は、損害保険においてもさして重要でないとする諸見解が存在する。そして生命保険においては、ただ単にさして重要でないとする見解のみならず、存在の必要はなく、また存在しないとする諸見解も存するのである。かくのごとき事実は、被保険利益論によって保険本質論を前進させ、かつ確立せんとする論者にとっては、決して歓迎すべき事態ではない。しょせん被保険利益論は、これを援用・利用して、保険二元説を克服せんとしたり、強力な保険学説を形成せんとするほどの要求を担うに足るものではあるまい。保険を一つの経済制度と理解して、これを社会的・客観的・巨視的に把握して、その本質を究めんとする現在の保険本質論の発展段階にあっては、被保険利益論による保険本質論は、高い評価を受けることは不可能であろう。

五　入用充足説をめぐる問題点

保険の対象が有体物に限られていた時代には、保険に関する学説、そして立法も、保険契約をもって損害塡補の契約とし、保険損害塡補契約説をもって差し支えなかったが、人保険・生命保険が新たに相次いで生成発展するに及び、これらを総括しつつ、しかも同時に他の契約から峻別するところの統一的保険契約概念の構成という、もっとも基礎的にして、しかもその解決の必ずしも安易ならざる問題が発生して存続するに至った。そしてこの問題に対して、各国の立法者がいかなる態度をとったかというと、初期の立法は、保険契約は、当然に損害塡補の契約であるという立場であった。しかしながら時代の進展とこれに対応しての保険の発展につれて、近時の立法は、その底流の思潮としては、そしてその発現のまず第一の段階としての保険に関する法律の草案の段階では、もっぱら統一的定義を試みながらも、しかもついには保険の一元的定義を放棄して、ここに二元的定義に陥らざるをえなかったのである。また一時の便法としての、保険契約概念の存在を前提として損害保険、生命保険、または物保険、人保険なる特別規定だけを設置するといった具合に、結局いずれもこの基礎的にして困難なる保険の統一的定義の課題解決を保険学説そのものに委ねてしまったのであった。

これに対して保険学説の側はというと、統一の基盤を各種各様の原理に求め、従ってきわめて多種多様なる保険本質論が群生し、諸説紛々として、未だ既述の保険立法の側の要求には十分に応えていないとされる現状にあろう。現在あまりに多数に存在する保険本質論において、どれがもっとも有力、従って妥当であるかはにわかに断じがたいところであるが、このうちにあって損害説はもっとも古く、これは損害概念を人保険にいかに適用し、いかに評価するかという問題、そして人保険に損害概念を認める以上は、被保険利益概念も人保険に当然に妥当するものと思考してここで人保険における利益とはいかなる利益であろうか、この利益の所有者は誰であろうか等の問題、つまりまた、もっとも基本的な問題の解決に種々なる努力を払ったのであるが、結局これら損害説は、損害の現実の存在およびその評価という点に対して向けられた攻撃に抗しきれず、一応は過去の学説として、保険本質論の分野では顧みられなくなったのであった。

しかしながらここに、損害概念を、損害説にとって代わった入用充足説の入用概念と関連せしめて理解せんとする一派の動きが存するのである。保険は入用を充足する。この場合の入用は、ある種の基準によって、例えば具体的入用とか抽象的入用とかにであるが、かくのごとく分類せられて、この経済的概念に対応する法律的概念が損害であるとするようである。あるできごとによって、経済的な入用が発生すれば、それはとりもなおさず法律的な損害が発生したということになって、入用の概念には利益の毀損という概念であるところの損害という概念が相応するのであって、ここにすべての保険は損害を塡補するところの損害保険ということになろうとする。損害保険である限り利益概念は妥当し、かくてあらゆる保険は、損害説において一元的に把握せられたりとする。これがこの派の主たる主張であるとされるのである。そしてこれらの理論を一応は可能ならしめている要因は、入用充足説の保険本質論上におけるその学説的性格であろう。思うにこの説は、一応は損害概念を放棄しながらも、なおかつ損害分担説の美点を活かし、しかも一方経済生活確保説のあまりに空漠にすぎたる欠点を是正し、それが保険の職能に対する高次にして根本的なる着眼を巧みに吸収することによって作られた学説なりとするところの、このような性格によるからであろう。

入用充足説のいう入用という概念は、これは経済的概念であって、これに対応する法律的概念が損害という概念であるということは一応是認可能であるとしても、時に応じて、この経済的と法律的との両概念を採用し、混用して、一つの学説を形成することは、是認しがたいところである。一学説のうちに、性質と次元を異にする二つの概念を含むことは、その学説にやはり理論的統一と体系形成の点に関して無理あるいは欠点が存するからではなかろうか。二つの概念を適宜に使い分けての保険本質の一元化を図る学説のごときは、純粋の学理からしての立場では容認しがたいところである。損害概念をもって一本に貫かるべきであり、または入用概念をもって一本に貫くべきである。

さらにまた損害塡補に代えて経済的な入用充足という概念を用い、保険契約は――この契約というところにおいて法律的なることが性格づけられている――偶然な事故の発生により、相手方または第三者に生ずる経済的な入用を充足せしめるべきことを引き受ける契約――かくてこの保険の定義も、そして保険の本質論も法律的段階のものたるを脱却していない――であるとする説に対しては、経済的な入用の充足という概念は、損害の塡補よりはやや広いように見受けられるが、窮極においては、甚だしい差異はないものであって、生命保険契約などの定額保険においては、保険事故の発生により、具体的に経済的な入用を生ずると否とを問わず、またその程度いかんを問わず、約定の保険金が支払われるのであるから、これら上述の説明ではなんとしても十分とはいえないのである。

そもそも入用充足説には、需要がないのに保険があることと、需要の大小と定額支払の間に相関関係のないことの二点に、主たる批判が絶えなかった。そして入用・損害・利益概念の相関関係を追求する努力は、結局のところ、十分な理論的な満足を持ちきたらさないと結論されよう。入用と損害との関係、損害と利益との関係等に、それぞれ難点が存し、さらによしんば入用概念によって利益概念を把握せんとしても、生命・損害両保険のそれの内容を同一に理解することがきわめて困難とされるからである。よってここに入用概念よりする損害説、入用概念よりする被保険利益論は完全に失敗に終わって、従ってこの方面よりする保険二元論の克服、つまり保険本質論としての損害説の主張もまた失敗に終わって、ましてや保険を一つの経済制度として、そしてそれを社会的・客観的・巨視的に把握し、理解せんとするがごときは、とても望めないということになるであろう。

六　『被保険利益論と入用充足説』の問題点

かつて発表せられた久川武三教授の保険本質論に関する、しかも被保険利益との関連を持しながらの諸論文は、特異にして、保険本質論の研究を志すものにとっては関心を引かれるものであろう。同諸論文は、今やようやく保険本質論が新段階に突入せんとしているわが国の保険学会の気運にも適合して、時宜に適するものでもあった。しかしながらその論旨に対しては、若干の批判なしとしない。筆者もその一人であって、主として同教授が、なぜ被保険利益論を保険本質論に持ち込まなければならないとするのか？　しかもなぜ被保険利益論を重視しながら、保険学説としては入用充足説を是とされるのか？　そもそもなぜ保険本質論が、社会的・客観的・巨視的な立場に立っての現段階にありながら、心理的・主観的・微視的なそれの一つである入用充足説に未練をもちつづけるのであろうか？　入用充足説を是とされることはまだしも、損害説では保険の諸現象を解明しえないからこそ、ここに新たな説としての入用充足説が主張せられだしたというのが、入用充足説の保険本質論発達史、保険学説史上における位置であり評価であるのに、その前段階の前学説において、主として論じられ重視されているところの被保険利益論を、入用充足説がその理論の中心として採用しなければならないのであろうか？　被保険利益論を取り込むことによって、入用充足説にいかほどの利益があろうか？　入用充足説に対する批判あるいは反対を克服するのに、被保険利益論がどれほどの効果をあげうるというのであろうか？　むしろこのように前段階における前学説の内容である被保険利益論を援用せんとすることから、入用充足説自身がその理論の体系を乱され、統一を阻害され、さらに混乱を惹起せしめられ、ただ無意味な複雑さを増すだけではないだろうか？

久川武三教授の論文

(1)「保険の本質と被保険利益論」『保険学雑誌』第三九九号（以下これを「第三九九号」と記す）

(2)「保険本質論について――入用充足説の再確認――」『保険学雑誌』第四〇一号（以下これを「第四〇一号」と記す）

久川武三教授は入用充足説を信奉されていることは、疑う余地がない。「吾々は当然に保険の経済学的本質観として、損害説又は損失分担説を棄てて、入用充足説を肯定しなければならない筈である。」（「第三九九号」一八頁）「入用説は、損害説を抑えて、よく自己の地位を防禦し得た。」（「第三九九号」三〇頁）「私は、……従来保険本質観として入用充足説を採る」（「第三九九号」六頁）と。しかるに同教授は「被保険利益の実体も亦之に符節を合せて」（「第三九九号」六頁）と入用概念で説明し、「入用充足説の立場から被保険利益を見れば」（「第三九九号」七頁）、「被保険利益とは、之を入用説に依って把握すれば」（「第三九九号」七頁）として、保険および被保険利益の用語を入用充足説で理解し、「保険及び被保険利益を以上の如く把握することから、入用説では左の保険用語が次の様に理解せられる……」（「第三九九号」九頁）、「被保険利益の実体としての入用は」（「第三九九号」一一頁）とし、「入用説の言を以てすれば、被保険利益は財産入用たるべく」（「第三九九号」一五頁）とし、「私は保険の本質としての入用の充足は、之を法的に見れば、この充足すべき入用が則ち保険保護の対象としての被保険利益であると見る」（「第三九九号」一六頁）とし、「保険契約の目的即ち被保険利益については、入用説では極めて簡単に把握し得らるべく」（「第三九九号」二三頁）とし、「保険の本質観として入用充足説を採る場合、それは生命、財産両保険に通ずる被保険利益の実体をよく説明し得た」（「第四〇一号」二九頁）とし、「損害の塡補、又は入用の充足は保険の目的であって」（「第四〇一号」三〇頁）とし、そして「入用充足説こそ物保険、及び人保険に通じての保険の経済的本質を捉えながら、同時に法現象、殊に被保険利益の実体をもよく解明し得るところの最も優れた保険学説である」（「第四〇一号」三九頁）等々と、入用充足の概念と被保険利益の概念を徹底的に関係づけて論じられているのは、これは被保険利益の概念を、保険においてあまりに重視し、かつ絶対視しすぎていられるからではなかろうか？　そもそも被保険利益を重視せざる立場や、生命保険のそれと損害保険のそれとは相異なるとする主張や、生命保険においては被保険利益は無用であるとする学派の存在などに関しては、同教授はいかに考えられて、いかに答えられるのであろうか？

久川武三教授は「従来、我国の保険法、海上保険法学者が何故に保険の本質に関する経済学説、殊に入用充足説にも或いは経済生活確保説にも組みしないで、椎名教授と同様なワグナーの損失分担説を固執しているのであろうか。それは保険法にとっては、保険の本質に関する経済学説よりも、被保険利益の実体に関する法律論こそ、より最も重要であるからである。」（「第三九九号」二頁）「思うに、保険は経済現象である。そして、経済学者が保険、特に生命保険の本質については、殆んどまったく損害説から脱却せられているやに思われるのに、何故に独り保険法学者は之に依拠しようとするのであろうか。それは損害概念を以てしなければ、損害保険の中心課題たる被保険利益の解決が出来ないと思惟するからであろう」（「第三九九号」五頁）と。かくのごとき同教授の理論では、これは保険本質論における被保険利益学説とでもいえるのではないか？　被保険利益が絶対の概念であるとせられているからである。同教授は同論文の各所において、「保険及び被保険利益」と対置・並置して呼称しているが、これなどもその一現象であろう。徹底的なる被保険利益重視論の是認である。

「惟うに、保険の原型は損害保険であるから、損害概念で総ての保険を把握し得ないとすれば、之に可及的最も似通った概念で説明すべきものであり、かくて初めて最も具体的にして妥当な概念が得られる。そして、入用充足ということが正にそれであると思う。蓋し、損害の塡補といい、入用の充足といい、共に保険の目的を表明したものであり、その結果として経済生活が確保せられ、或は財産価値の維持、所得の確保、及び財産の増加という財産形成の目標が達成せられるのである。」(「第四〇一号」二九〜三〇頁) そして「入用概念は損害塡補概念に近く、且つ之を包摂している」(「第四〇一号」三〇頁) とされ、「入用充足説は主観説として法現象を説明するのに適切であり」(「第四〇一号」三六頁) と述べられて、入用充足説をもって、「本説は被保険利益の実体をもよく解明し得るものとして、最も卓越した学説である」(「第四〇一号」三七頁) と強調され、「入用充足説こそ物保険、及び人保険に通じての保険の経済的本質を捉えながら、同時に法現象、殊に被保険利益の実体をもよく解明し得るところの最も優れた保険学説である」(「第四〇一号」三九頁) と明記せられているが、経済的な保険本質論としての入用充足説の正当性を主張されるのに、なぜ常に損害—被保険利益—法律等の概念を用いなければならないのか? 経済的な学説としての入用充足説の正当性は、経済現象としての保険なる現象、または一つの経済制度としての保険制度の実体を、入用充足なる概念がいかに正確にそして体系的に説明し把握しうるかを主張すればそれにて足るのではないか? ここに至って同教授の学問的な根本思想、底流こそが問題となってくるであろう。つまり同教授の、保険本質論としては、いかにも経済的なそれを尊重せられるがごとくにして、その背後にはどこか法律的な思考を優先し、尊重して偏重する傾向が存するのではなかろうか? さてかくのごとく考察して、さらに同教授の同諸論文を繙けば、「保険の原型は損害保険であるから」(「第四〇一号」二九頁)、「保険は冒険貸借という法律行為から発達し、その生い立ちから法現象の極めて濃厚なものであった。」(「第四〇一号」三九〜四〇頁)「かかる歴史的事実からして、保険を銀行や倉庫とは違って主観的、法的に説明しようとすることには、充分納得出来る理由がある筈である。」(「第四〇一号」四〇頁)「保険は元来資本主義の発達と共に射倖契約として生れたものであるから、その初期の形体は法現象そのものであった。それが原始的保険から現代的保険へと発展して、経済制度として成熟したものであるが、その過去から現在、現在から将来へ弥栄えゆく過程は、個々人の主観に依る射倖契約の集積に依存するものである」(「第四〇一号」四六頁)等々の、保険の生誕過程での法律性の重視のあまりの、その法律性尊重の傾向が看取され、そして以下の言葉で、同教授の法律尊重・偏重の傾向は決定的とされ、従って経済的な保険本質論としての入用充足説の主張において、損害塡補あるいは被保険利益等の概念が援用され混用せられるに至るのである。「経済制度としての保険は法現象なくしては生成発展し得ないものである」(「第四〇一号」三七頁)と。しかも事実は、法現象としての保険は経済現象としての保険の単なる反映にしかすぎないものなのである。

さらにまた久川武三教授の主張に対しては、別の部分から批判がなしうると思う。同教授は被保険利益の実体に関する諸学説を、関与説、関係説、財産財説、貨幣価値説、有用説、保護需要説、未必損害説の七学説と列挙せられて、入用充足説を被保険利益学説に当てはめる場合に、「寧ろ本質的には保護需要説に求めるべきものかと思う」(「第三九九号」六頁)とせられて、「保険本質論上の入用充足説に対応して、被保険利益論では本説を保護入用説といって置こう」(「第三九九号」八頁)とも述べられているが、そこで入用充足説をいかに上手に被保険利益論と連関づけられたとしても、その被保険利益学説が、通説として、従ってもっとも広く妥当なるものとして認識せられているものでなくては、かくのごとき努力は、結局は無意味ではないまでも、きわめて意義少ないものとなろう。被保険利益学説においては、関係説が通説であって、保護需要説は、それこそ単なる一傍流としての地位しか認められていない。保護需要説、またの名を要保護説、これに対しては、「『保護の必要性』を『利益』と同一視することは許されない。例えば展示会場へ出品すべき絵画を展示危険につき付保したが、都合で会場へ搬入されなかったという場合、或る種の被保険利益は依然存在するに拘らず、保護の必要性は存在しない。また、一定物に対する被保険者の利益は、その物の所在が例えば鍛冶工場内の火薬桶の上にあろうと、或いは隔離された耐火装甲室内にあろうと量的にはまったく軽重はないが、保護の必要性に至っては雲泥の相違があることからも明らかである」(8)と。しょせん被保険利益学説における保護需要説をもって入用充足説と対応させての保護入用説の価値は貴重とはされがたい。

そしてまた同教授の同諸論文においては、費用保険に触れるところがあって、「冠婚葬祭費も、疾病傷害治療費も、又臨時生計費も、すべて人間の生活上の事故に因って生ずるものとして同性質のものであり、これを被保険利益とする保険は費用保険として、損害保険視して差支えのない」(「第三九九号」六頁)との主張がなされているが、ある一定社会において、一定の時および場所においては、なるほど一定の習慣や慣習があって、一定の地位にあり一定の所得ある人においては、冠婚葬祭費などは、一応は一定に計算し計上しうるやに思われるが、しかしこれら費用は、やはり個人の意志や意向において自由に増減しうるものとして、これを固定的に決定することは不可能ではないか？　冠婚葬祭・病気・傷害等々の枚挙にいとまがないところの原因から発する一定人の財産を脅威する不時の出費は、もとより法律上の強制に基因するを要せず、儀礼的配慮、社会慣習または風習的強要、に余儀なくされるものであっても差し支えない。しかしこれら費用のあらゆるものに対し、保険を実行することは困難とされるであろう。けだし、その理由の一つは保険事故に関する統計的観察の困難なることにあり、他は被保険利益の評価の困難なることにあるのであって、費用保険を損害保険視することは、すなわち費用保険における被保険利益を論及することは、決して簡単なことではないのであって、むしろ結婚費・葬儀費のごときは、一般にその客観的に正当なる費用額、従ってまたその保険価額を確定することが困難なることからしても、この種の費用保険は損害保険としては実際上あまり行なわれないのが実状であろう。同教授の同諸論文における費用保険についての部分には、大いに問題が存するであろう。

久川武三教授の諸論文には大なる疑問と反対が存する。しかもあえてこれを正当として認めたとしても、なおかつ、現代の保険本質論が心理的・主観的・微視的本質論の段階を脱却しつつ社会的・客観的・巨視的本質論の段階に突入しつつある事実を想起した時、はたしてどれほどの意義を認めることができようか。同教授もたとえば、「入用充足説は主観説として法現象を説明するのに適切であり、……経済準備説は客観説として、制度としての保険をよく説明している」（「第四〇一号」三六頁）とされたり、「過去、現在、及び将来に亘る保険の観念は、経済準備説がよく説明している。而して、保険の本質としては、現代では入用充足説が妥当する」（「第四〇一号」四一頁）、または「保険発達の歴史、並にその発達の過程に鑑みて、保険は之を第一次的には主観的に把握し、第二次的には客観的、制度的に把握しようとするものである」（「第四〇一号」四七頁）等と記されて、一応は客観的な保険本質論を認められているかのごとくであるが、しかし保険の本質がいく種類もあるわけでなく、従って真正なる保険学説は一たるべきものであって、この場合、社会的・客観的・巨視的保険本質論の方が、保険発達の現段階においては、より妥当してより正当なりとせられるであろう。しからば、一切の同教授のこれら努力は、一応の価値は認められるとしても、決定的なる価値は認めがたいのではなかろうか？

法律偏重は保険学の宿命のごとくであった。しかし保険企業が、その体制を確立・完備して、それが社会経済裡に大なる実力を擁して登場し、活躍を開始するに及び、また保険なる制度がきわめて多種多様に、そして多方面に発達するに至り、保険なる現象は社会経済の諸現象と関連して、これに重大なる影響を与うるに至っては、もはや保険本質論、保険学説そして保険学においても、法律解釈論や数理技術論ではもとより、心理的・主観的・微視的なそれをもってしてもまだ不十分であって、保険なる経済現象、一つの経済制度としての保険の理解・解明は、社会的・客観的・巨視的のそれの発生・発展・確立と、その活動をまたなければならなかったのである。そしてこの要求に応じて、若干のこれに適合せんとの保険本質論が主張せられたのであるが、かかる立場からすれば、被保険利益論よりする保険本質論の追求は、これを正道とは認めがたく、従ってその立場、およびそれら諸成果には反対せざるをえないのである。

（注8） 勝呂弘著『海上保険《改訂新版》』（昭和三十年一月、春秋社）七七頁。

第三章　利潤と保険

一　古典学派における利潤理論と保険理論

周知のことながら、経済学の始源はアダム・スミスにありと。スミスの価値論は、本来のかれの立場にある限り、明らかに労働価値説である。諸商品の価値の源泉あるいは実体は人間の労働である。商品価値はそれを生産するに必要な労働によって決定せられるとしている。かくて労働によって原料等に付加せられた価値部分は、労賃、利潤および地代の三者に分割されるのであると主張する。労賃、利潤および地代は、単にその分配形態にすぎない。しかるにスミスは時として商品の価値は、労賃、利潤および地代によって決定せられるものであるとの主張をも行なっている。ここに労賃、利潤および地代は、労働によって形成せられたる商品価値から派生するものであるとの主張と、労賃、利潤および地代の、あらかじめ存在していることを前提して、商品価値はそれらの合成によって形成せられるとする主張とは、まったく異なれる規定として、相矛盾するものとなっているのである。この後者の主張、すなわちあたかも分配の結果たる労賃、利潤および地代なる諸所得が、商品の価値の源泉であるかのごときスミスの見解から、後年の経済学者にあって、いわゆる生産費説を唱道する人々が現われたのであった。すなわちそれは、古典学派にあってはシーニョアであり、J・S・ミルであった。

かかる労働価値説を基礎として展開せられたスミスの価格論には、さらに需要供給説の見解が追加せられている。その自然価格と市場価格の関係に関するかれの理論がそれである。かれに先行する時代の諸学者の需要供給説を、総合的に体系化して築きあげたスミスの需要供給説は、ボェーム・バヴェルクの限界対偶の理論や、マーシャルの均衡価格の理論へと継承せられていったのであった。

さてスミスの利潤理論[1]は、もちろんかれの価値論または価格論を基礎とし、かつそれとの関連において理解されなければならないものであるが、ここにかれの保険理論の主要な主張をも発見しうるものとして、特に興味を引くところ多大である。かれの利潤理論の、監督賃金説、自然恩恵説、売買差額説等の打破の功績はしばらくおくとして、かれの本来の利潤理論は、一応付加労働説とか労働搾取説とかと名付けうるところのものである。すなわち利潤はすでに価値論のところで把握しうるごとく、資本家に雇用せられたる労働者の労働が、原料につけ加えたるところのものから発生する。労働の収益から資本家が自己のために控除せるものであって、かくて労働者はかれらによって創造せられたる全価値を収受することなく、資本家とこれを分かたねばならぬという。つまり後世のマルクスの剰余価値学説の前型としての労働搾取説ともなしうるのである。しかしてかれはまた同時に、資本利潤の源泉をもって、労働の創造せる価値以上に、産物に対して与えられた増加の価値であると見なしもした。かかるかれの利潤理論は、資本主義の発達、つまり資本の発達と労資の対立の激化の傾向につれて、あるいは制欲説となり、さらにまたマルクスの経済理論へと発展していったのであった。

スミスの利潤理論には二つの方法、すなわち内面的方法と外面的方法とがうかがわれる。利潤を労働者の生産物からの控除として把握せんとしたのが内面的方法であり、外面的方法とは、価格論のところにおいてすでに現われた需要供給説を活用し、その利潤論を構成せんとすることである。かれは利潤の変動して止まない点を指摘し、平均利潤の確定の困難性を述べて、労賃が労働の価格として現われたがごとく、利潤は資本に合生せるもの、自然に資本と結合せるものとして取り扱い、そしてそこでは利潤率の変化は、なにがゆえに、かついかにして生ずるかの問題の究明にのみ力が注がれているのである。しかしてかれは利潤の自然率とその変動の決定原因に関し、需要供給説に基づきながら、職業の性質によって労賃に差異を生ぜしめる理論になぞらえて、資本のすべての用途において利潤の通常率は、収益の確・不確に応じて変動する。それは必ずしも危険率の大小には正比例しないが、むしろ反比例する場合の多いことを指摘しつつ、かれはそれでもなお、危険性の大なる事業に投下せられたる資本はより多大の利潤を獲得するとし、かくては、そのより多い利潤部分が保険料となるであろうことは、スミスにおいても容易に推測しうるところである。(2) しかして損失の機会の過少評価のために保険業者の利潤の普通に止まるのを説いたスミスの理論(3)は、その後の保険業の驚異的なる発展とも矛盾して、シーニョアにおいて批判せられ、かつ訂正せられるところとなった。

スミスの利潤理論としての内面的なものは、シーニョアを経てJ・S・ミルにおいて、その保険理論を生産費説内において一応固定的に位置づけ、外面的なものはマルクスの保険理論において是正せられつつ更に明確化されている。(4)

古典学派の発展過程における第二期に属する経済学者にして、とくに傑出せる位置にあり、かつ保険学的にも研究の意義あるものはシーニョアであろう。スミスからシーニョアに至るまでの経済学の歴史は、労働価値説と生産費説との相剋の時代であった。一面において労働価値説およびこれに立脚する経済理論の成長の過程であると同時に、また他方においてはその自壊の過程であったともされるのである。シーニョアは当時の経済社会にようやく到来した苦難と危機の瞬間に、ある種の新しい理論をもって登場した。それは制欲説であり、この説は当時の資本家階級に、実に歓迎せられたるところの理論であった。

シーニョアの理論によれば、商品の価値は、労賃と利潤とを加えて構成されることになるのである。かれは生産の要素を労働および自然力なる第一次的要素と、制欲なる第二次的要素とに分ける。つまり生産の三大要素として労働と自然力と制欲とを考えて、ここに労働の報酬として労賃が労働者に、自然力の報酬として地代が地主に、制欲の報酬として利潤が資本家にと主張した。しかして人的生産要素すなわち生産のために人間の費すところのものは労働および制欲のみであって、従って労働および制欲こそが生産のために人間によってなされる犠牲である。この犠牲こそ生産費である。かれにより、制欲の利潤に対する関係は、労働の労賃に対する関係と同様に理解せられて、ここに利潤制欲説とでも称しうるところのかれの利潤学説が成立し、しかしてかれの価値論は、結局は生産費説なりと規定されうるであろう。価格は生産の原費から成立するとされ、そして生産費は労働と資本家の制欲から成立すると。

シーニョアはその著書[5]において、保険に関して興味ある説を述べている。かれは「種々な職業における、労働の賃金および資本の利潤率の変動」なる項において、アダム・スミスの所説に触れながら、種々な業務の報酬に影響する諸原因の一として、スミスのいうところの成功の見込みの有無について記述し、かれはこの不確実には二種あるとして、一は危険が業務そのものと本質的に結合し、作業毎にほぼ等しい程度で惹き起こすところの、それは例えば密輸入または火薬製造である。他は一度成功をえれば、それが永続する業務、鉱業がしばしばこれであると。後者は、その不確実から生ずる欠陥は、失敗者のみが経験し、成功者にとってはすこぶる安全な規則的収入を生ずる。「その不確実は人にある。それは自己の資格と競争者の資格を比較するとき、万人が陥るところの過誤より発生する。実際の試練に際して、かれの劣等が明かとなれば、かれの失敗は挽回されぬ。反対にいけば、その成功は永久といってよい。」[6]前者の不安定は、後者の不安定よりもはるかに正確に測定せられうるものなるも、スミスにおいては両者ともに内輪に見積もらるべきを信じて、従って一切の危険なる業務における平均利潤は、安全なる業務の平均利潤以下なりと信じられたと指摘している。

シーニョアは、かく理論を展開した後、スミスの所説[7]を長々と引用し、しかしてこれに批判を加えている。ここに保険の問題が登場しているのである。かれは保険が最も安全な業務の一つであることを認め、それは少なくとも危険なる業務の利潤の高いことを肯定する一例をなすと。つまり保険に、危険なる業務の高い利潤が保険料としてまわってくるとでもいうのであろうか。さらにかれは大多数の人が最も穏当な保険料を支払って危険に備えるのをせぬほどに、危険を蔑視することはないとし、むしろ反対に危険を恐れることは非常なもので、喜んで穏当でない保険料を支払ってもなおこれに備えるものであると指摘している。つまり人々は巨利獲得の機会または大損失回避の確証を、これら偶発事のいずれの価値よりもはるか高価に、即座に購入しようとしているのが事実らしい。そしてこれが立証は、保険および富籤などに関して現われる事実である。想像は、莫大なる利益または莫大なる損失のいずれかの見込みによって過度に動揺するものであるとしている。保険料が相当に高くても、危険の価値を超過するところ大であっても、これある限り保険業は順調に成り立っていくとされるであろう。

シーニョアのいうところの、この遠い大損失の危険は、概して過大に見積もられねばならぬ。そしてこれをうける資本家達は、その業務がまったく安全なる場合に、みずから満足すべき利潤のほかに、通常、第一に、危険に等しき特別利潤、さらに第二に、彼の心配を償い、また収得をこえる利益を凌駕する損失の害悪を償うところの利潤、そしてさらにかれが自己に不利なる機会に際してそれにみあう過当の価値を償うべき利潤、これらを収得せねばならぬとする。そしてこの種のものは、特別な危険を伴うものと区別して、一般に安全といわれる資本用途のほとんど全部を包含するともしている。つまり資本の生産的用途にして、完全に安全なるものはありえない。資本そのものは、もし用いられれば、きっと危険を冒すであろうと。あらゆる予防が行なわれても、特異の時候、不測の供給源泉、内外政策の突然の変化、商業恐慌等が、最善の準備をしたところの活動であるにもかかわらず破滅を生むかも知れぬ。いかなる事業家といえども、十年間に、決して破産者にならぬということを断定しうるものはない。「莫大なる損失の危険は、これにつり合う莫大なる利得の希望のない時には、その価値よりもいくらか大なる特別利潤によって償われねばならぬ。これは巨利をえる機会が、これにつり合う莫大なる恐怖がなかったなら、その価値以上に購買せられるのとまったく同じである。そして、かりに完全なる業務なるものが存するとして、後者の種類の業務が、この完全なる業務の生ずるであろう以上の平均利潤を生ずるように、前者のそれは、これ以下を生ずるわけである。」(8)

シーニョアの理論にして、その保険論においてアダム・スミスと相違するところは、人々が危険を過大評価して、しかしてこのことから保険に多額の貨幣を投ずるのを肯定したところである。さらに人々は決して危険を軽視することなく、危険の価値に対して法外な高さで保険料が決定せられても、なおかつ良好な家屋については、保険を付していないものは百に一つもなかろうと論じているのである。かくのごときかれの保険理論によって、初めて保険業の前途の発展は期待されうるのであり、しかも事実もまたそのようになったのである。

続いてシーニョアにおいては、ごく卒直にあらゆる資本の用途に対して、なんらかの危険が存することが指摘せられている。しかもかれは、危険は特別の、つまり一種の利潤を収得せしめるもの、またはそれを生ぜしめるものであるとして、これを保険にふりむけるとするならば、あらゆる資本家は、その資本を保険に付するということが結論されるであろう。

シーニョアにおいては、その価値論は、すでに生産費説と規定されうるであろうが、しかもかれの利潤理論とそのうちで展開されている保険理論においては、ようするに損失の危険にはある種の、しかも相当によい状態での利潤が生じて、これによって損失の危険は償われねばならないとされている。かれの価値論にも、また利潤理論においても、かかる意味での利潤が保険料たることは明確に指摘せられているが、生産された商品は、その生産費で販売される。換言すれば、その生産に必要な労働と制欲との総計に等しい価格で販売される、つまり生産者をしてその労作を継続せしめるために支払わるべき労賃と利潤の総額に等しい価格で販売されるとするならば、さてここで上述のごとき理論の諸過程を経てみると、保険料もまた商品の価値を形成するとなしうるも、かれにおいてはかくまでに断定しているところは見当たらない。

J・S・ミルは、アダム・スミス以来の古典学派の諸説を総合して完成したるものと目されている。かれにおいて古典学派は最高峰に達し、かつ衰退を始めたとも認められている。かれはまさに旧経済学と新経済学との分界線を画するものであって、かれを契機として経済学は、一は価値分配論的性格の強いものに、他は価値生産論的性格の強いものへと、相背反せる発展方向を辿っていったのである。

J・S・ミルは、商品の価値はその生産費に支配されると述べている。(9) しかして生産費は種々なる要素よりなり、その普遍的要素は労働の賃金および資本の利潤である。しかも資本の利潤をもって明白に制欲の報酬であるとしているのである。かれにおいては制欲の結果が資本であり、制欲の報酬が利潤となるのである。そして利潤は、資本家がその費用を償いたる後に残る剰余たるに止まらず、多くの場合費用そのものの一大部分をなすものである。従って利潤も賃金と同様に生産物の価値を決定する一部であるとせられるに至る。

J・S・ミルはまた次のごとくにも述べている。資本家が支出を償った後に残る剰余、すなわち総利潤は、利子額を大いに超過するを常とし、この剰余の一部は、事業上の危険の代償たるものである。そもそも資本の貸付にして絶対安全なる場合には、危険は毫も存しないであろうが、しかるにみずから資本を投じて事業を営むときは、その資本の全部または一部を喪失するの危険に曝されるものである。かくのごとき危険には代償が払われなければならず、しからざる場合は、かかる危険を冒す者はだれもいなくなるであろう。これは冒険に報いるものとしての報酬であり、制欲と監督上の労働・手腕に報いるものとしての報酬とともに、資本の利潤の総額を形成するものである。制欲、冒険、努力の三者は、その報酬を必要とし、これを利潤総額からえなくてはならぬ。しかして利潤は、これを分析すれば、利子、保険料および監督料の三となすことができるといえる。かつまた利子と保険料と監督賃金の三つが本来的な所得であるとされる。それらはおのおの固有の根拠に基づいて要求される報酬であろうが、この三者が合して総利潤を構成する。利潤はこの三つの合成に対する名前にしかすぎぬとなれば、それは本来的所得ではなくなる。かくかれの主張を解するならば、ここに保険料は、その生産費説において、生産費となしうるのである。

J・S・ミルにおいては、総利潤は制欲の報酬と危険の報酬と監督労働の報酬との三部分に分かたれながら、しかも資本よりの総利潤は、かかる三報酬に対して十分でなければならぬと。それは制欲に対する十分なる等価、危険に対する補償、そして管理に要する労働や技能に対する報酬を与えねばならぬ。利潤も労賃と同様生産物の価値を決定する生産費の一部たるものであり、さらに続いて保険料も同様となって、ここに価値論としての生産費説において、シーニョアよりもさらに体系的にそして明確に、保険料が商品の価値を形成すると結論づけられるに至った。しかし生産費説は結局は価値認識の本末を顛倒した見解として、つまり交換価値の結果であって、単なる分配の形態にすぎないところの労賃、利潤および地代を価値の源泉とみなして、それによって利潤および地代の真の源泉を見失ったと批判せられるものであり、よってそれらの経済理論においては、保険もまた正しくは把握されなかったのである。

（注1） Smith, A., *An Inquiry into the Nature and Causes of the Wealth of Nations*, 1776, Cannan's ed., 1904. pp. 87〜98

（注2） Smith, A., *ibid.*, p. 108

(注3) Smith, A., *ibid*., pp. 108〜109
(注4) 前掲拙著『保険経済学序説』の「第二章　古典学派およびマルクス主義経済学の保険理論」一九〜四三頁。
(注5) Senior, N. W., *An Outline of the Science of Political Economy*, sixth ed., 1872. pp. 200〜216
(注6) Senior, N. W., *ibid*., p. 210
(注7) Smith, A., *ibid*., pp. 99〜118
(注8) Senior, N. W., *ibid*., p. 216
(注9) Mill, J. S., *Principles of Political Economy*, 1948. p. 209, p. 211
補注　Valavanis, S., "Uncertainty Economics", *Econometrics*, 1958. p. 45

二　労働価値説より生産費説への価値論、利潤理論の変化過程と保険

少なくともアダム・スミスの労働価値説においては、危険に対するところの保険料は、独立の所得範疇を形成するという意味には、本来的には説かれていない。保険料が利潤を構成するというようにではなくて、利潤はあくまでも全一的な一つの所得であって、保険料はそれより分かたれる派生的所得となるものとしてのみ考えられているのである。資本に固有なる所得は利潤であり、これを本源的所得とするならば、これに由来する派生的所得と称しうるものの一つとしての位置で保険料は論じらるべきであるとなる。しかるに続いて後に登場する生産費説においては、かれが思考したるごとき統一的な全体としての利潤が、独立の各部分、それには危険に対置せられる保険料も含まれているが、これらに分離せしめられて、しかしてそれら各部分こそがかえって本源的な所得であると認識せられるようになったのであった。ここにおいては、すでに保険料は利潤のうちから支払われるものではなく、逆に保険料は企業の

利潤を構成するとされるのである。かくて保険料には労働価値説におけるときとは別個の意義あるいは根拠が認められて、商品の価値の分解として考えられた保険料が、実は商品の価値を構成するものであるとの理論が発生してくるのである。その立場はまさに逆となった。

経済社会における諸競争は、絶えず均衡の状態、つまり静止の状態を目ざして、不断にこれに接近せんと現象するものであるが、ここにそれが達せられたと仮定すれば、年々の生産資本の循環は一定の利潤率、地代率、賃金率を決定するはずである。さて、資本を投ぜんとするものは、その際に利潤、地代および賃金の率を所与のものとして容認せざるをえまい。これら三所得はその社会の流通過程において固定されたものとして前提されているのである。次いでこれら三所得は、その始源を求めて、流通の分野から生産のそれに遡及されるであろう。利潤は資本に、地代は土地に、労賃は労働に。三所得は三生産手段へと、生産と流通の分野において、それぞれに対置せしめられ、結合せしめられるのである。ここに至って資本は利潤を、土地は地代を、労働は労賃をと一定額として要求するものであるとせられるようになり、ここに生産費の概念が成立せしめられるのである。流通において想定せられた三種の価値、所得の根拠が、三種の生産要素にその源を求めてさかのぼられたのにもかかわらず、逆に後者が価値の原因となって前者を要求し、要求された三者は相合して生産費を構成するとするに至るのである。まことに生産費説は流通過程に成立する三つの所得と生産過程に機能する三つの生産要素とを対置・結合して、連関して思考するものであって、生産要素としての資本、これは具体的には資本財を意味するが、土地、労働がおのおの価値としての所得、すなわち利潤、地代、労賃を要求し、かくて生産費が価格を構成すると説くのである。生産費説においては地代、労賃、利潤はすべての所得の三本源であり、すべての価値の三本源である。

労働価値説が生産費説へと移行する過程において、その利潤理論内における保険理論もまた変化をするのである。

保険料は利潤の分解部分ではなくて、利潤の構成部分であるとされるに至る。資本が投下されかつ使用されるに先立ってそれが遭遇するであろう危険に対するところの保険料が、すでに想定され受容されなければならない。これは明らかに資本を危険より保護して、しかして資本を危険にたちむかわせるべく、資本の利潤に、その一部として追加して加算さるべきものとなって、かくてそれは前述の理論のごとく、すなわち生産費が価値を、また価格を構成するとされるごとくに商品の価値を形成することとなって、ここに生産費説における保険理論が確立しうるのである。

価値、価格の形成を所得の合成によって説明せんとする生産費説においては、保険料も利潤の構成部分となって、そして価値、価格の構成部分であると結論せられるのである。しかしてこれら生産物つまりは商品の価値を構成するといわれる所得の大きさは、いかにして定められるのであろうか。これは社会における競争の究極の結果として与えられるものであると考えられた。ここに自然率という概念がもちこまれて、各所得の自然率決定のために価格構成の過程が前提されているのである。またさらに、かかる構成過程の機能的極致として均衡的経済状態が成立し、かくて生産費を構成する所得の自然率が形成されるものともされている。かくならば価格構成または価格変動の過程は原因であり、生産費の法則の支配する均衡的な静的状態はその結果であるとされるであろう。つまり生産費説には、かかる変動の過程における価格機能の説明によって補足されるべき必要が存するのである。前者の帰結として、後者はその誘導者として、かえって前者は後者の法則の上に基礎づけられる必要があるとされる。そしてかかる誘導的な価値法則とはなんであろうか。「それは当然、市場における需要供給の法則でなくてはならぬ。同じく流通過程において、同じく市場において成立するとはいひ条、生産費とは全く対極に立つ需要と供給が却って生産費説を基礎づける説明原理として取上げられる事になるのである。」[10] 流通に現象する三つの所得と、生産に機能する三つの生産要素とが対置されまた等置されて、ここに樹立せられた生産費説は、その理論構成上の不備と不徹底のために、結局はかえって市場における需要供給の法則に席を譲らねばならなくなった。例えば生産費説の立場からは利潤は、そして保険料も費用として必要とされ、需要供給説の立場からは価格より分解される価値差額と、相背反する二規定が導き出されるであろう。費用としての利潤である保険料は、差額としての利潤である保険料と、なにがゆえに一致するか。われわれはここにおいて価値論としての生産費説を放棄せざるをえなくなるのである。

労働価値説から生産費説への発展・移行の過程は、理論的には結局は失敗であったと断定せられても、しかもこの背後にあってかかる理論の推移を促した現実の変遷、社会経済の変化は、これを見逃してはならない。資本主義の発展は、貸付資本の独立化の傾向と株式会社制度の普及を結果した。かかる諸傾向は利潤概念、ひいては保険料の認識に大なる影響を与えたのである。労働価値説によれば、一切の資本に対する利潤は、資本の使用によって取得せられるものであって、これよりして保険料が支出されることになるのである。しかるに貸付資本の独立化は、借主が資本を使用するに先んじて、あらかじめ一定の率に定められた利潤よりする利子として支払われるのである。ここでは利子率が予め約定され、しかる後に利子が支払われることとなるのである。利子は利潤とは一応無関係である。借主は獲得せる利潤の大小にかかわりなく定められた利子率に従って利子を支払わねばならぬ。貸主は予め約定した利子率に基づいて利子を受け取るのである。利子支払の約束は過去のことであり、利潤の獲得は将来のことである。かくて利子は利潤とは無関係に、独自に成立し、徴取されるという観念が生じてくるのである。利子は利潤に由来するものではなくなる。かくのごとく利子が本源的な所得であり、かつ借主にとってはこれは必ず貸主に返還せねばならぬものとして、生産物すなわち商品を販売するに当たり、少なくとも利子部分だけの回収を計らねばならず、ここに利子は生産費と認められるに至るのである。利子はあらかじめ販売価格のうちに加算されて、それは一つの要素となる。このことは利子が本源的所得にして、貸付資本が本源的資本であって、この貸付資本が利子を生むということが資本の本来そなわれる性質であるとの前提の結果であるが、資本が貸主によって借主に移され、借主はこれを運用して利子を収め、しかしてこの利子は貸主の資本に由来するものとして、借主より貸主へ返されることとなる。これをようするに、上記の諸事情は、労働価値説を生産費説に導く第一の要因となり、しかして保険料についてこれをみれば、危険の大なる事業においては、これに投ぜられたる資本は、その運用によって将来取得せられるであろう利潤より、その大なる危険より投ぜられたる資本を保護すべき保険料をえなければならぬことになる。しかるに現実は、みずからの資本を投ずる場合であれ、貸付資本、かつまた各様の手段を通じて他人の資本を呼び寄せ、集積してこれを投ずる場合であれ、前もってかかる資本を大なる危険より保護する手段としての保険料の支出が絶対に必要となるのである。しかしてかかる保険料は回収されなければならないものであり、かくて保険料は生産物すなわち商品の価値を形成するものとして理解されるに至るのである。保険料は企業の計算において確たるその位置を占め、その前払の手続の反復のうちに、生産費の一種と認められるようになる。これまた労働価値説を生産費説へ導く要因となり、またその結果とも称しうるであろう。

株式会社制度の発達も、経済理論に対して大なる影響を与えた。元来株主の取得する配当金は企業の利潤にして、企業の盛衰につれて増減するものであろう。しかるに後に、株式を単に所得獲得の目的で保有し、さらにその売買が行なわれるに及び、ここに株主は配当を購買したる株式の利子として取得し、かかる経営には無関心なる株主が多数発生しては、従来利潤とみなされた株式配当もここに至って資本の利子と認められて、これまた生産費の一部とせられるに至ったのである。資本主義の高度化につれて、自己の保有する資本のみをもって事業を遂行し、利潤を獲得し、さらに一切の危険を利潤の分割としての保険料を支出して克服せんとする方式は消え失せて、まず事業の着手に先だって、利子を支払い、保険料を支出し、その他もろもろの諸費用を支弁して、これらの集計として生産物の価値および価格を決定し、ここに商品として広く市場に販売せんとするに至るのである。まさにこのように労働価値説より生産費説への理論の推移を促した経済社会の現実が観察できるのである。

平均利潤という概念の発生は、確かに保険料をして生産費の一部なりと思考せしめる要因が強い。危険性の大なる事業は平均利潤以上の利潤を獲得し、それが保険料にふりむけられるとするよりも、おおよそ存在する一切の資本は一定の率に従って平均利潤をもたらして、しかしてそれは利子として考察され、さらに危険性の大なる事業においては、その大きさに比例して保険料が必要となり、これら利子および保険料、さらにその他のものが加わって、これらが地代または労賃とともに生産費を構成し、従って生産物さらには商品の価値および価格を形成するという認識の方が容易であろう。つまりいずれにおいても労働価値説は、なにか生産費説への誘惑に弱いものがあった。この生産費説が一応の体系を整えたときには、すでに生産費説は俗流化せられたる理論として痛烈なる批判を浴びざるをえなかったのである。ここに古典学派は終焉を告げて、新しい経済学が登場してくるのである。そして保険理論も新段階を迎えるに至った。

(注10) 高木暢哉著『利子学説史』(昭和十七年十月、日本評論社) 四〇六頁。

三 利潤理論としての危険説と保険

利潤の理論は、現在の経済学においてもっとも論争の多い部門であろう。これは利潤が他の分配項目と異なって、例えば賃金、地代、利子などが、生産過程の終了前にその額が契約によって確定されるのとは相違して、利潤は生産過程の完了をまって初めて確定するであろう未知の高であるためである。まことに利潤は未知量のものである。しかしてさらに利潤は、賃金、地代、利子などがつねに正の値をとるのに対して、それはしばしば負たりうることである。それは他の分配項目よりは、はるかに変動の著しいものなのである。

普通に利潤と呼ばれている所得は、実は雑多な要素を混在するものである。これを総利潤または利潤一般と称するならば、それは生産物すなわち商品の価格より消耗せられたる生産財および資本用役をも含めた——それらは費用と名付けられる——ものの価額を差し引いた残余である。しかしながら経済理論としてより厳密にこれを論ずるならば、かかる総利潤または利潤一般より、さらに多くの要素が割譲せられ、ここに純利潤なる企業利潤、または企業者利潤が残存することになるのである。かかる企業者利潤は、生産と流通の過程の後に、生産物の総価額より、利子、自己資本に対する利子をも含めるところの利子、労賃、地代、さらに企業者賃金等々を差し引いた後に、残余として定まるところの所得である。資本主義的生産の結果たる企業利潤は、企業者も直接に生産を担当する企業とは別に、生産されたる商品を流通せしめる商業上の企業者が分化し、利潤もこの両者の間に分割される。もっとも商業上の企業者を広くとって、これに金融上の企業者をも含ましめた場合には、利潤はさらにこれにも分割せられることになる。金融上の企業者の受け取るべき利潤は、貨幣資本を貸借することより生ずる利子の差額よりなるところのものである。

資本主義の高度化につれて、資本家と企業者の分化傾向が発生した。かってはこの両者は同一の自然人であった。しかるに事業規模の拡大につれて、企業が個人企業の形態より集団的企業、法的には法人なる集団的人格の企業となったのである。株式会社企業なる大企業が一般化せられたる段階においては、企業利潤を取得すべき主体が企業としての集団人ないし組織ということになるが、つまり企業利潤は一応会社なる集団的人格の所得であるとせられるが、しかしさらに進んで考えれば、企業内部における各参加者に対して、その機能に従って分配が行なわれてそれぞれに所得が決定せられ、最後にここにいう企業利潤は企業者に帰属するものとなるのである。純利潤は企業利潤であり、これはまた企業者利潤であるとせられるのはこのゆえである。

企業利潤がなんであるかを論ずる利潤学説の中で、それは労働によらざる所得のすべてを包括するとする立場のマルクス経済学におけるそれとは別に、危険説および摩擦説の両説が、一応代表的なものとされるであろう。まず危険説についてこれをみよう。資本主義社会において、資本の運動としての売買を行なう主体である経済単位としての企業は、当然にその損益を負担する。しかしてこれはつねに不断なる経済の変動にさらされて、それの計画と現実とは相離れることが多い。これに伴う危険は引き受けざるをえず、このことが企業自体の機能である。つまり企業は経済の不断の変動のうちにあって、価格と数量とに関する決意を伴う。かかる決意はやがて危険を引き受けることになるのである。そして現実には企業者が予想を立てて企業を運営していく。これは不完全でしかありえないものであるから、つねに損失の危険にさらされているといえるのであり、よって企業が存続するためのかかる危険を保証するものとして利潤を思考するのである。企業利潤は企業者に対して、その決意という機能のゆえに与えられる所得である。この機能の実質を他面からみると損益に関する危険の負担にほかならず、この意味において企業利潤は危険負担の報償であるとされるのである。企業は、企業者によって決意せられたる計画に従って費用を前払し、時の事情によって定まる生産物売上げをえる。ここに利子以上の利益として企業利潤の発生の可能性が存し、これを決意への参加者たる企業者が受領することとなるのである。

既述のごとき経済的危険には二種あるのである。一は各企業がさらされる同質なる危険にして、その生起が統計的に、すなわち大数法則的に推算せられ、つまり数量的測定が可能なる危険であって、従って保険せられうるものである。かかる危険を免れさせる代償に対しては保険料が計算せられ、これは企業の経費のうちに入れられるのである。損失が費用化されるのである。危険を含む個々の状況は、なるほど生起するかしないかに関しては予想しえないであろうが、これは容易に事実上の確定に変換されるであろう。つまりかかる場合がかなりの数に上るならば、結果は大数法則に従って予測しうることになり、しかしてかかる予測上の誤差は、数が増加するとともに零に近づくのである。企業者が個々の企業活動の結果をあらかじめ知りえないにしても、大多数の企業活動に基づいて計算することによって、損失を一定額の費用に変換しうるのである。保険において、保険料算出に統計的確率が使用されている。

経済的危険にして他のものは、それが多面的であり具体的なものであり、生起の通計しがたいものである。これは主体の自由および個性に関するものであり、従って各企業にとっての生起の可能を大数法則により予測することが許されぬ。これは数量的測定の不可能なる危険である。この場合、危険を保険する組織が立たない。従って企業は全面的にこれを引き受けざるをえず、この危険の引受けは重大なる一機能にして、これに対しては残余の所得としての報酬すなわち企業利潤が与えられるのである。

ところで危険を軽減しまた転嫁する方法は、時代の進展とともに案出され発達してきた。生産に際しての物理的、技術的な危険は新発明による技術の進歩によって克服されつつあり、生産過剰の危険については、価格および供給量を統制する独占的組織の創出によって、流通上の危険は、予備のために保有する資産を流動化する株式市場の発達によって、それぞれに対処されつつある。また将来の経済状態の予測なる学理と技術の発達は、危険を著しく減少させたことであろう。有限責任株式会社制度は、危険の負担を限定し、かつ多数株主に分散するのに役立っている。そして危険の転嫁の方法としては、実に保険の驚異的な普及発展をみたのであった。危険を各様の方法によって克服し、除去し、限定し、転嫁して、しかもなお残るであろう最後の危険を負担することに対する報酬こそが、実に危険説のいうところの利潤である。これは需要完了の後に、危険負担の報酬として企業に残留するものそのものであって、企業者が身をもって引き受けたる最後の危険への配分である。かくて利潤はいかなる意味においても生産物すなわち商品の生産費、価値を、もしかかる用語を使用しうるとするならば、形成しうべきものとはなしがたい。保険料に関しては、それは生産物すなわち商品の生産費または価値を形成するものと結論づけられるのである。

以上が利潤理論としての危険説とそれにおける保険理論の大要であるが、これには多くの支持者があるとともに、またさまざまな批判がなされているのである。まず危険の評価に関してであるが、これは主観的な判断を含み、確率計算では十分に計量できない。まことに確率が適用できるのは、いわゆる大数の法則の支配する一般の世界であって、個々の企業にとっての危険は、かかる仕方のみにおいては推計できない。またその価格は、危険にさらされる資産の大きさに依存し、さらにその人の所有する全資産の量にも依存するところにして、これは同一危険に対しても、富者と貧者における評価の相違をきたすものである。すでに危険に対する評価が相違する以上、かかる危険負担への報酬としての利潤の、一定額に決定せられるべき基準または根拠はどこに求められるであろうか。さらに各年度における利潤総計と損失総計との関係の問題があるであろう。後者が大であった場合には、それは危険負担者が楽観的にすぎたからである。その逆は悲観的にすぎた場合である。しかして危険負担者が全体として楽観的なのか悲観的なのか、つまり期待と事実とのずれは、普通いかなる方向に生ずるかの点も明らかにせられなければならないところであって、これまた危険説に対する一批判となる。

危険負担ということは必ずしも企業者のみには限らない。労働者もまたいかなる職種につくかにおいて、十分に危険に当面しかつそれを負担している。(11) 期待と現実との不一致は地代をめぐってても存在するであろう。地主は意外の利得または損失を受くべき危険につねにさらされているのである。資本家についても同様なことが指摘せられる。しからば労賃も地代も利子も、すべてこれ危険負担の報酬としての利潤を、程度の差に応じてこそあれ、それぞれに含まざるべからざるものとなろう。かくて利潤を企業者のみのものとすることは理論的には誤謬である。

危険にして保険しうるものとしからざるものとの相違を説くが、これは程度の差にすぎぬものであって、絶対的なものでなく、相対的なる区別である。損害保険、特に海上保険においては、正確なる資料の不足を経験によって補って、危険を負担する場合が多いが、これなどは危険の既述の二分類の意義をきわめて薄きものたらしめるであろう。ある種の保険、特に新種保険は、十分なる統計的確率の調査される以前において、すでに実施に着手せられている。かかる保険は、分類せられたる二危険のいずれに、どの程度の関係を有しているかは分明にされがたいであろう。

危険説においては、企業利潤の高さがいかなる点において定まるかについてはなんの説明もなされない。そしてまた企業が主体であり、主体の行動が問題となっている以上、企業利潤と損失とは企業主体そのものの所得となるはずである。これは企業の当面するすべての危険が保険せられ、従ってすべての利潤が予知せられてもせられなくても同様であろう。危険負担よりして利潤を説くならば、危険を保険せられうるものとしからざるものとに分類することは無意味である。おしなべて危険として、これの負担よりする利潤と説くべきではなかろうか。利潤理論としての危険説は、企業利潤が危険の対応物であること、危険を引き受けるものに与えられる報酬であることを示しているにすぎない。危険による損害の負担に対して企業利潤が与えられるがゆえに、企業が存立し持続しうることを明らかにするのみのものであって、一体企業利潤がなにによって成立し、それがいかなる高さにおいてかを説明するところはない。

危険には良悪の二種があるであろう。つまり利潤と損失とをもたらすそれである。しかもこれらは大量現象としては、また長期的現象としても遂には相殺されると考えられるのである。しからば現実の経済社会にあってはおよそ利潤として総額の一定量の存在を認めることはできまい。ここに動態的経済を考え、経済の摩擦に着目すべき要因が認められよう。ともあれ危険の相殺において、危険説では利潤の社会的存在の根拠が消滅せられてしまうのである。かくて危険説は利潤を正確にも詳細にも説きえざるものであるとして、これを否定せざるをえない。利潤理論としての危険説そして保険論を含めてのそれは、F・H・ナイト[12]によってほとんど完成をみたのであるが、それは正しからざる理論としてのそれであった。

（注11） Kosiol, E., *Leistungsgerechte Entlohnung*, 1962. S. 23〜24

（注12） Knight, F. H., *Risk, Uncertainty and Profit*, 1921. pp. 245〜263

補注（1） Dobb, M. H., *Capitalist Enterprise and Social Progress*, second impression (revised), 1926. pp. 19〜20 において保険会社や老練な経営者が発達すれば、企業家が引き受けていた不確実性が保険に付することができて、よって利潤が保険料や経営者の給料になってしまうことが可能であろうかと考えるに、それはなさそうであるとしていて、結局経営者―企業家の才能は、新しい計画を採用する場合に発揮され、開拓者として高い利潤をえると。次節の利潤理論としての摩擦説に通じている。

補注（2） なるほど不確実性と保険とそして利潤を関係づけて論ずることは一応認めうるとしても、利潤そのものの不確実性ということもありうる。会社の内外の要因によって、費用と収益の変動が存在したならば、利潤も変動し、最悪のときには利潤は皆無となって、さてそのときには保険料はどこから支払われることになろうか。

「利潤の不確実性」をとくにとり出して指摘しているものとしてはミルトン・H・スペンサー、ルイ・シーゲルマン著、佐竹義昌・永沢越郎・渡辺修訳『経営経済学入門 上——意思決定と未来計画——』（昭和三十八年四月、創元新社）二九頁。本書の原題は Spencer, M. H., Siegelman, L., *Managerial Economics —— Decision Making and Forward Planning* ——, 1959.

補注（3） Pigou, A. C., *The Economics of Welfare*, 1912. pp. 776〜777 ピグーは「不確実性の負担に対して提供されまたは請求される支払は、危険な事業に成功した人がえる例外的な利潤とは決して同じでない」として、さらに次のごとくにいっているが、まことに興味深いものである。「不確実な事業は危険な事業であり、ここでいう危険とは数理的期待収益よりも少額の収益をえる機会を意味するために使われる。このことはより大なる収益を上げるということに対応する機会によって補償されねばならない。たとえ不確実性の負担に対して、まったくなにも支払われないとしても、危険な産業において成功する仕事は、失敗する仕事の例外的な損失を相殺してもなお、例外的な利潤をもたらす必要がある。産業投資家全体を一括して考えると、産業投資からえる収益は正常な場合よりも少ないことになるからである。よって、不確実性の負担に対する支払はこれらの成功する企業家がえる正常利潤の超過額のすべてからなるのではなくて、この超過額の中で、競争に破れた他の企業家のそれに対応せる損失によって、概して少額の相殺されない部分よりなるにすぎないのである」と。

四　利潤理論としての摩擦説と保険

利潤理論としての危険説においては、危険が企業をしていわゆる企業利潤を獲得せしめると主張したが、そもそもそれがなにゆえに成立するのかに関しては解明するところがない。これをなすのが摩擦説であるとされている。企業における利潤は摩擦の結果であり、その高さは摩擦の事情によって定められると。摩擦説はJ・A・シュムペーターにおいて主としてみられる利潤学説である。[13][14]かれは資本主義経済に固有なる企業利潤を、その発展的現象そのものに即して理解し、発展の消滅とともに利潤もまた消滅すると考えた。発展なくして企業利潤なく、企業利潤なくして発展なしとする。つまり資本利潤は静態においては零であり、それは動態においてのみ成立するとするその主張は、これはまた動態説とも称しうべきものである。

資本主義経済はその本質上、企業者の利潤追求を中軸として運営されている経済である。静態的循環の経済、つまり資本のより以上の新蓄積の存在しない状態においては、企業者には、その現在の生産規模を単純に維持するための報酬としての企業者賃金以外のいかなる所得の存在する余地もない。企業者賃金を超える以外の利潤の存在する限り、その市場における各企業者が最大の利潤を求めて行動する結果、遂にかかる〈以上にして以外の〉利潤は消滅し、従って投資への誘因も存在せずして、経済はただ従前と同一の軌道を循環し続け、単純なる経済循環状態が連続するのみとなる。企業者賃金を含めての生産費は、生産物の市場価格と一致し続けるであろう。

かかる循環の過程から新たなる利潤を生み出すためには、経済の循環軌道を破壊するところの、新しいそれの創造としての新生産方法が考案され、採用され、実施されなければならないであろう。これを遂行するのが実に企業者であり、かれは実に革新を遂行する個人として、新企業を創設する新人ともなり、またかれによって創設せられるであろう新企業は、これは革新企業である。単なる静態的循環の担当者とは相違する企業者は、例えば新機械の導入による生産費の低下、大企業生産方法の採用、カルテル、トラスト等の独占組織の形成、新資源の開発、新商品の創出等により、かかる新生産方法は、資本を手段として企業者により経済に導入され、ここに従来の循環過程を内部から攪乱し、その軌道を破壊し、経済に変動をもたらして、かくてここに企業利潤の発生を可能にするのである。新生産方法の採用によって、従来の静態的循環の軌道を破壊し、しかして生産力の増加と増大を結果することにより、ここに利潤発生の源泉が求められる。新生産方法の採用は、これはすなわち生産迂回の打開であって、これによって自由市場ですでに存立する生産費以下の生産費をもって生産を行ない、その結果、価格と生産費との一定の差額としての利潤を発生せしめるのである。これは遠く迂回生産の利益に根源するであろう。これこそ利潤、企業利潤すなわち企業者利潤のもっとも代表的なる形である。これこそ有利なる生産迂回の打開ないしは生産革新の成功の結果として企業者に与えられるところの報酬である。成功報酬として企業者に帰属するところのこれは、なんら生産要素の価値に帰属せしめられないところのものである。

企業利潤はまったく一時的なものである。それは競争が行なわれるところにおいては、他の企業者からの模倣によって消滅するであろう。つまり企業者の新生産方法の採用によって利潤が獲得せられれば、これの存在は競争者を誘発し、その有利なる新生産方法を模倣せしめずにはおかないであろう。自由競争の原理は、かかるすぐれた生産革新を模倣して追随しえない企業者をして、当然に生産の競争裡から脱落せしめてしまうのである。なにはともあれ企業者によってえられた利潤は、その生産革新が他の企業者によって模倣され採用されていくに従って、漸次に減少し、遂には消滅すべき運命にあるものである。

利潤は静態においては零であり、動態においてのみそれは成立する。動態においては競争が不完全であり、また競争が行きつくすということもない。独占、多占または特殊な地位、資力、人材、技術等のために、政治的勢力や権益の獲得のために資本の大小とそれに伴うところの企業自体の政治的または社会的地位のために完全な競争が行なわれないとき、摩擦のために競争が行きつくすことのないとき、このときに利潤が成立して存続するのである。新技術、新生産方法が一企業によって採用されても、それが他のすべての企業に及ぶまでには相当な時間を要し、そしてそれが普及し尽くしたときには、さらに一層すぐれた技術または生産方法が発生して、ある一企業に導入されているであろう。かくてかかる過程を通じての摩擦の連続のうちに、企業利潤が変転していくのである。現実の社会にあっては、利潤の完全な消滅に達することはない。そこには利潤消滅を阻止するところの各種の摩擦的事情があるからである。利子のみあって利潤の存在しない静態、競争の十分に行なわれた果てとしての静態に、競争のそこまで進むのに時間を要するところ、均衡成立が摩擦によって妨げられるところにのみ利潤は成立する。利潤を生ぜしめるものは、経済における摩擦であるとみる。生産技術と方法の不断の発明と発見、不断に生まれる斬新と摩擦とが、利潤の存在を不断に生む。

利潤学説としての摩擦説において保険はいかに理解せられるか。企業者の行なう生産革新の遂行には、必ずなんらかの抵抗が存し、危険が伴うはずである。しかして利潤はこの抵抗または危険が有利に克服せられたときにのみえられるところのものである。このことから利潤はしばしば危険に対する保険料と考えられるのであるが、しかしこの場合の危険の負担者は、実は企業者それ自身にあるのではなくて、この企業者に資本を貸与するところの資本家の側にあるのである。危険負担は企業者機能の一部ではない。危険を負担するのは資本家である。企業者は、企業者である以外に資本家であるという範囲内でのみ危険を負担するだけであって、かれは失敗のときには、ただ他人の金をなくすのである。よって利潤と危険保険料とを混同することは、本説における限り絶対に許されないのである。危険はただ間接的にのみ企業者に作用する。危険性は必要な資本を収得することをより困難にして、従って企業者が克服しなければならぬところの障害の一つとなり、なぜ革新が円滑にかつ当然の成行きとして遂行されないかを説明するところの、環境の抵抗の一事例となるのである。つまり摩擦説にあっては、危険そして危険保険料は利潤すなわち企業者利潤とは明らかに区別さるべきものなのである。危険に対する保険料は、生産者にとっては利潤の源泉ではない。それはせいぜい、主として多くの危険を結合することによって、これによって中間的な利潤を上げるべき保険会社に対してそうであるにすぎないのである。

企業が保険を必要とする事情の変動は、つねに企業がそれによって損失を蒙るものであるとの受身の地位にそれ自身を置くものである。しかるに事情の変動のうちには、企業がその動力であり、みずから能動的立場に立つものもあるのである。新生産方法の採用、生産的諸要素の新結合のごときがこれである。企業者はこれによって利潤を獲得しようとするのであり、優秀な企業能力をもつものほどそれの実現を目指すのである。それゆえ技術の変化や需要の変動等につき、それらの事情の変動が確率として明らかに把握せられうる場合があったとしても、これら優秀なる企業を保険の組織に入れることはできぬであろう。優秀なる企業者はその企業について保険を付することを肯じないであろう。保険料を支出してしまっては、得るべき利潤が減少または霧散してしまうからである。かくて保険化せられざる危険は必ず残る。また利潤は決して保険料ではなく、保険料とはならない。保険料の本質およびその源泉に関しては摩擦説としての利潤の理論からは直接の説明は不可能である。

利潤理論としての摩擦説のいうところの新生産方法の実施または新結合の遂行される場合には、そこに利潤が発生することは事実である。しかし利潤はかかる場合以外にも存在する。資本主義的生産は、それが成立する当初においては、それは確かに新生産方法または新結合の実施および遂行される場合であったろうが、しかしその後もそれが継続する過程においては、一定の生産方法、一定の結合によって実施され遂行され、投下される費用を超過するところのものとしての、つまり利潤が一定量と一定率において造出されて獲得されるのである。利潤は新生産方法または新結合でなくても、一般に生産手段が一定の生産方法として一定の結合に織り込まれ、しかして資本として利用される場合には生ずるところのものなのである。新生産方法または新結合の行なわれる場合には、実は超過利潤が形成されるのであり、かかる超過利潤は利潤の一種ではあるが、利潤すなわち超過利潤なりとするのは、それは誤りとなろう。

企業者は新生産方法を採用し、新結合を形成して、ここに企業を創設した当初には、最大の利潤を獲得するであろう。そして新企業の創造者こそ真に純粋なる企業者であるといえるのである。従って実は創業者利得こそ、利潤の純粋なかつ典型的なものとなるのである。創業者利得は他より優れて大なるところに特徴を有し、超過的でなくなれば創業者利得たるの意味を失うであろう。新生産方法および新結合によって生ずるのは主としてかかる超過利潤であり、一般の利潤ではないのである。利潤理論としての摩擦説は、企業者がそれぞれ創業によって大なる超過利潤を追求するという事実を的確に指摘するものではあるが、これをもって一般の利潤、利潤一般と解釈したる点において正しからざるものである。

利潤理論としての危険説といい摩擦説というも、これらはいずれもが企業者利潤の説明にのみ力を注いでいるものである。しかし正しくは企業者利潤のみを問題とすることなく、むしろ総利潤ないし利潤一般こそを問題とすべきである。経済学の発展につれて、そのうちでの利潤理論も、そして保険理論も、さまざまなる変化を示した。われわれはかかる経済学の歴史を追求する過程に、どの学説が現実の利潤と保険の真の姿を正確に把握しているかを発見し、さてここに正しい保険経済学の完成を期さなければなるまい。

（注13） Schumpeter, J. A., *Das Wesen und der Hauptinhalt der theoretischen Nationalökonomie*, 1908. S. 431～440

（注14） シュムペーターの理論をさらに進めていけば、創業者こそもっとも純粋な企業者であるとなり、従って創業者利得が利潤の純粋にして典型的なるものとなる。しかしこれこそは超過利潤にして、一般の利潤ではないのである（Schumpeter, J. A., *Theorie der wirtschaftlichen Entwicklung*, 2. neubearbeitete Aufl., 1926. S. 267）。

補注(1) 経営学者においても、革新（innovations）を重んじて、企業者のアイディア――天才を重視して、そこでは危険や不確実性は必要なしとし、利潤は着想の社会的価値を客観的に測定する尺度であるとして、革新の概念は、新製品、新経済理論、新組織、新市場、新販売促進法をも含み、「動態的な諸工業に対しては、最も有効な利潤概念は、創造的革新を通じて優越しようとする経営者の努力によって生み出された国民所得における増加を利潤と考えるものである。」（J・ディーン著、田村市郎監訳『経営者のための経済学』第一分冊《昭和三十四年十月、関書院》二四頁。本書の原題は Dean, J., *Managerial Economics*, 1954） 競争的な企業制――すなわちシュムペーターのいう革新的な企業者による経済社会の発展によって、利潤が発生して、それが結局は社会を富ませることになるが、別の結果としてはいくたの社会的損失、公害とか諸災害の続発、社会的均衡の破壊による諸損失の多発が考えられる。これに対して、社会的費用としての多くのものが考えられるが、このうちには保険、とくに社会保険が考えられ、これの社会的な支出によって、社会的な利潤が消耗されることが指摘できる。してみると、保険料、とくに社会的費用としての保険料は、社会的富、社会的利潤の一部を構成していたことになろう。社会福祉と補償原理、社会経済と企業経営との新しい一つの関係である（Kapp, K. W., *The Social Costs of Private Enterprise*, 1950. pp. 48～66, pp. 182～186）。

補注(2) 創業者利得こそが真の利潤であるとするならば、新種保険は確かに革新的企業者におけるマイナスの利潤を塡補する機能を果たしてはいる。だからといってこのような保険は、もっとも不確定なる創業者利得に関係する保険として賭博であり、保険としては是認しがたい。

第四章　危険と保険

一　保険学における危険の概念

危険（risk, Risiko, Gefahr, risque）の概念は、保険制度上欠くことのできない概念であり、それは保険の中心的概念である。「危険なければ保険なし」（„ohne Gefahr, keine Versicherung“）なる言葉は、このことをよく示すものである。危険は保険制度を創成せしめたところの原動力であるとされ、そしてそこでのこの危険という概念は、保険制度に独特のものとして解せられ、えてして日常一般に行なわれている危険なる概念とは著しく異なって使用せられるものである。しかも保険制度のうちにおいてさえ、その意味するところは多種多様であり、保険用語として多義に用いられ、そのそれぞれは相互に意味の上で密接なる関係を有するものであって、危険なる概念が保険制度上重要な基本概念でありながら、その内容と使用範囲の理解に統一を欠き、その概念の把握に混迷を生ぜしめている。まことに危険の概念は、保険学上でも漠然としており、しかしてそれを一応分類してみるならば、次のごとくとなろう。

保険学上の危険の概念は、まず事故発生の可能性として把握せられる。この意味における危険は、感覚的に知覚しうる外界の具体的事実ではなくて、抽象的概念としての、純然たる思索行為すなわち可能判断の結果である。それは直接に認識によって得られるものでなく、判断に基づいて生ずる概念である。それは可能性という語をもって置き換えうるものである。事故発生の可能を蔵する事物の状態ではなくして、その状態のうちに存する可能性そのものである。可能性なる危険とは、一方ではある事故の発生の必然に対し、他方では事故発生の不可能に対する概念である。発生が必然でもなく不可能でもないということである。発生することも発生しないこともありうるという意味である。発生または不発生が確定してしまえば、それは危険ではなくなる。事故発生の可能性の概念は、事故発生の蓋然性すなわち事故の確率をも含むものであり、危険には偶然性を必要とするといわれる。人の死亡のごとく、発生することが確定していても、いついかなる状態で発生するかが不確定の場合をも含ましめて解し、偶然的事件の発生の可能性を意味するとするのである。可能性なる概念は、ある事故の発生するかどうかに関してのもので、可能性は本来存するか存しないかのいずれかであり、それ自体には強弱・増減等の段階はない。しかるに事故発生の確実性の多少に観点を置いた可能性の判断がある。可能性の存否の判断が行なわれ、その可能性の肯定の上に、さらに発生確実性に観点を置いた判断が加えらるべきである。可能性につき、その強弱・増減等の問題となるのはそこでであって、かくて事故発生の可能性を危険というならば、これに対して危険の程度という概念において、そこではじめて危険の強弱や増減が問題とされうるであろう。

事故発生の可能性を生ぜしめる基礎である具体的状態としての危険をいう場合がある。これは危険状態（Gefahrzustand）といわれる。これは抽象的概念ではなく、五感によって認識しえられるところの具体的事実である。ある出来事の発生を可能にする具体的事情または状態を意味するのである。一般に感覚的に認知しうる事実としてのこれは偶然的事件および結果の発生の可能状態をいうのである。保険の目的の所在、構造、周囲の状況、心理的危険等々がそれである。予想された事件の発生が、それによって可能となる具体的な状態をいう。多数の個々の事実の総合体として把握すれば、それは危険状態であり、個々の事実として把握すれば、それは危険事情（Gefahrumstand）と呼びうるであろう。危険事情とは、危険の可能性に影響する個々の事実または危険状態を構成する個々の要素を意味するものである。

ついで、保険者の給付義務を発生せしめる事故としての危険なる概念が存する。危険なる概念がもっともしばしば使用されるのはこの意味においてである。そしてこの意味の危険に代えて保険事故（Versicherungsfall）なる名称が広く用いられている。保険者の給付義務がかかっている一定の事故すなわち偶然的事件を意味するのである。しかし既発の事故については危険なる名称は使用されず、また保険事故という概念が無色であるのに対し、危険なる概念は不利益なる事故という色彩を帯びて、従ってこの二者はまったく同一物であるとはいいがたいのである。

保険者の責任としての危険を指す場合もある。つまり危険という言葉は、保険契約に基づき、保険者が、ある出来事の発生した場合に、これによって被保険者の被る損害の塡補をなすべき義務を意味するのである。この場合の危険はいわゆる塡補義務または塡補責任を意味し、現実に保険者が被保険者に支払う保険金またはその支払によって被る保険者の損害を意味するものではない。事故の発生したる場合において、損害の塡補をなすべき義務の負担を意味する。保険金の支払はその具体化にすぎない。保険契約者の保険料支払に対する保険者の損害塡補の保証の供与である。

かかる危険はさらに、発生することあるべき事故のもたらす不利益なる結果を負担すべき必然性なる抽象的危険と、保険契約が締結されたところの一定の状態、保険者が事故発生による不利益を受ける基礎となる具体的状態としての具体的危険とに分けられる。前者の抽象的危険は感覚的に知覚するをえない法律的必然性をいい、後者の具体的危険は外部的に知覚しうる事物の状態をさすのである。

保険損害（Versicherungsschaden）としての危険となすこともあるのである。保険事故により生じたる不利益なる結果をいうのであって、多くは金額と結合して使用される。これは損害保険においてのみ意味を有する。一定の事実そのものであり、その経済的結果と相関するところのない保険事故としての危険とは厳格に区別されなければならない。そしてさらに危険事実としての保険事故が発生しても、ここにいう危険たる損害は必ずしもこれに伴うものでないことから、この両者の相関せざることは明白である。大体において、ここにいう危険は保険損害と一致するのであるが、保険損害は純粋に財産損害たる赤裸の事実をいい、それは既発の損害についていわれ、現実に発生する損害額をさし、ここでいう危険なる語は、その背後にその損害を受ける主体の存在を予想していて、未発の損害について使用され、発生可能と考えられる損害の最高限度を指示するのである。

以上のごとく、危険なる概念には五つの分類が行なわれうるが、おのおのその使用場所に応じてそれぞれに異なった内容を盛って解釈しなければならないものであるが、保険契約の要素としての危険、その発生によって、保険者に損害塡補義務または保険金の支払義務を発生せしむべき事故としての保険事故は、しばしば危険事故（Gefahrtatsache. Gefahrereignis）ともいわれ、さらにこの危険事故は危険の現実化した事故としての偶発事故（Ereignis）そのものをもいうこともある。危険という言葉は、それは事故の原因から損害の負担に至るまでの広範な内容を含んだ言葉であり、危険事情から偶然事故を経て損害の負担に至る全過程を包括する意味に使われている。しかしてこれら危険という言葉をもって表わされるもろもろの概念に共通的なものは、それが偶然性の色彩を帯びているということである。危険概念が分化せられて、保険学上の、近代の保険法における保険事故の概念が生まれたとせられるのである。

保険事故は特定の構成要件を充たしていなければならぬ。保険事故は発生可能のものたることを要し、それはまた不確定なることを要する。しかして不確定の態様には三種ある。第一は事故が発生するか否かが不確定な場合であり、第二は発生することは確定していても、いつ発生するかが不確定な場合であり、第三には発生することならびにその時期も大体は確定しているが、いかなる程度に発生するかが不確定な場合である。ついで不法な事故は保険事故たりえないし、自然の消耗も保険事故となりえない。保険契約者もしくは被保険者の故意に因り生ぜしめた事故は、これまた原則として保険事故となりえない。

統計上その発生率の算定できない事故は保険事故たりえない。近代保険の特徴は、統計学に基礎を置いたその技術的合理性である。保険は統計学の教えるところおよび保険数学の成果の上に成立している。この保険の技術的合理性は、その法律上の性質の面にも反映して、統計によって事故発生の蓋然率を算出しがたい危険は、これを一般保険における保険事故の範囲から当然除外すべきものであるとされる。保険の技術上の制限が、保険契約法上の保険事故に対して、おのずからその範囲を画するに至るのである。さらにまた保険事故たりうるためには、その発生によって経済上の不利益を生ぜしめるものたることを要する。保険制度の本義は、経済上の不利益を受けるおそれのあるものが、この危険に対する対抗策として設けた社会制度であるとするならば、経済上の観念としての危険の概念からは不利益という分子を抹殺することはできない。損害保険においてはもとより、生命保険においても、経済上の制度としての保険は、経済上の不利益に脅かされるものの危険対抗方法である。保険事故の不利益性について肯否の論が法律上いかにあるかは別として、保険の本質の規定としては、保険事故の発生時において、具体的になされる保険金の支払そのものを中心として保険の意義を規定する事後的観察方法に代わって、偶然の事故による危険に曝されている現在の一般的経済生活の不安定の除去や軽減ないし安全保障こそが、すべての保険制度に通ずる究極の目的であるという事前的観察方法になりつつあり、しかしてそれによるならば、保険事故発生時において、保険金が支払われるということはもちろん実際上極めて重要な事項ではあるが、それは上述の保険制度の究極の目的を実現するための手段としての意義をもつものにほかならないとなる。保険加入者が、保険に加入して保険料を支払うのは、保険金の取得そのことよりも保険加入による安全保障の取得のためであり、保険者による危険負担こそが保険料の対価であるといわれるのである。典型的な契約当事者の意思がそこにあるとするのはこの意味で正しい。かかる危険負担という概念は経済上の不利益なる概念の先行なくしてはありえないものであり、保険契約の諸概念もまたこの保険の経済的特質とは無関係に真の意味も意義もありえなくなるのである。

さて危険という概念から保険事故という概念に至り、それから偶然性や不確定ならびに統計可能事故および経済上の不利益なる概念に関連し、そして危険負担の概念に及んだのである。従来からいわれた保険学上の危険なる概念に経済学的に接近する方途はかかる諸点に発見しうるものである。

偶然事故発生の可能性としての危険（たとえば火災、衝突、墜落、盗難、死亡等の危険があるという場合）、偶然事故発生の可能性の大いさ（蓋然性、確率）としての危険（危険の増加・減少という場合など）、偶然事故発生の可能性を認める根拠となる具体的な個々の事情としての危険（危険事情）、偶然事故発生の可能性を認める根拠となる具体的な個々の事情の総合状態としての危険（危険状態）、偶然事故としての危険（たとえば保険者の負担する危険という場合）、偶然事故の不利益な結果を負担すべき必然性（責任）としての危険（たとえば危険の転嫁・引受けという場合）、偶然事故の不利益な結果としての危険、偶然事故の不利益な結果を負担すべき必然性ありと判断される状態としての危険、偶然事故発生の客体としての危険等。このように危険という保険用語が多義なのは、それが法律学的な見解においては一本化され難かった諸事情を反映するもので、しからば経済学的なそれは次のようである。

補注　Riegel, R., Miller, J. S., *Insurance Principles and Practices*, 1947. p. 13

- Risks
  - Loss of Earning Power
    - Personal
      - Death ……… Life Insurance
      - Accidental Injury ……… Accident Insurance
      - Disease ……… Health Insurance
      - Old Age ……… Old Age Insurance
      - Maternity ……… Maternity Insurance
      - Unemployment ……… Unemployment Insurance
    - Business
      - Business Interruption Insurance
      - Profits Insurance
      - Rent Insurance
  - Loss of Property
    - Destruction or Damage
      - Fire Insurance
      - Hail, Earthquake, Tornado, etc., Insurance
      - Plate Glass Insurance
      - Marine Insurance
        - Ocean
        - Inland
      - Power Plant Insurance
      - Sprinkler Leakage Insurance
      - Water Damage Insurance
      - Riot and Insurrection Insurance
      - Elevator Insurance
      - Automobile Fire and Collision Insurance
      - Aircraft Insurance
      - Livestock Insurance
      - Property Depreciation Insurance
    - Theft or Infidelity
      - Automobile Theft Insurance
      - Burglary, Robbery and Theft Insurance
      - Forgery Insurance
      - Fidelity Bonding
    - Failure of Others
      - Bad Debts ……… Credit Insurance
      - Contracts ………
        - Surety Bonding
        - Title Insurance
    - Legal Liability
      - To Employees
        - Compensation Insurance
        - Employer's Liability Insurance
      - To the Public
        - Public Liability Insurance
        - Automobile Liability Insurance
        - Power Plant Insurance
        - Elevator Insurance
        - Teams Insurance
        - Product Liability Insurance
        - Sports Liability Insurance
        - Physicians, etc., Insurance
        - Aircraft Insurance

二　経済学における危険と保険

現在の資本主義社会では、資本を所有する資本家が企業をみずから経営するよりも、別に専門的な企業者があって、資本家より借り受けた資本により、企業の経営を行なうのが普通である。この傾向は資本と経営の分離、所有と支配の分離としてますます強まりつつある。従って企業者の活動によって生ずる総利潤は、資本の所有者たる資本家に帰属する利子と、企業者の報酬たる企業者利得としての純利潤とに分かたれる。企業者の活動がなにゆえに利子以外のかかる利潤が生ずるかの問題をめぐって、ここに種々なる利潤学説が現われたが、しかしそれらの学説のほとんどが、なんらかの形で危険の問題に関連し、そしてその結果、保険についても一言をなしている。利潤学説の発展は、きわめて長い歴史を有し、経済学の重要課題の一つとなってきたが、保険もまたこの問題に関係を保つことによって、経済学の一画を、目立たないながらも形成してきた。

企業者利得を、たんにその労働報酬としてのみならず、企業者によって引き受けられたる危険に対する補償として把握するのが、利潤学説としての危険負担説（risk-bearing theory of profit）である。この場合、企業者利得は企業者損失と関連してのみ理解される。賃金と企業者利得との根本的なる区別は、賃金は労働者に契約によって保証せられる補償であって、それは企業の経済的な成功・不成功の結果とは独立に支払われうるところのものである。これに反し企業者利得は不確定な企業が投下された費用以上の収益の剰余をもって終わる場合にのみ、存在の可能性がある。剰余が発生せずして逆に損失が現われ、あるいはやっと費用を償うに止まるごときすべての場合には、企業者利得はありえない。企業者利得が、往々にして賃金よりもはるかに高いのは、実はそれが不確定なものであって、企業はときとして失敗するものであるから、その危険に対する大なる補償が含まれていることによると考えられる。かかる不確定は、実は非保険的危険である。保険化が可能であり、従ってそれは測定可能なものとしての危険に対し、それは保険化の対象となりえないもの、従って測定不可能なものとしての不確定性こそが企業者利得を生み出す要因とされるのである。

危険は、事象の集合に関する確率分布が、ア・プリオリな計算から、または過去の経験資料から知られていて、それは数量化せられて、数学的計算によって保険化され、従ってそれに基づく損失の費用化が可能となり、かくてまた企業者利得の成立の根拠を失うに至る。しかるに不確定性では、そもそも確率分布の概念自体がここでは規定されえない。なぜかというに、生起する事象がきわめてユニークなため、事象の等質的な分類が不可能であり、従ってかかる事象についてはその等質的集合が形成されえないからである。それは多面的であり、具体的のものであり、生起の通計し難いものであって、これを保険する組織は立たない。企業者は全面的にこれを引き受けるが、この重大なる機能に対して残余の所得としての報酬すなわち企業者利得が与えられるとするのである。(1)(2)

利潤学説としての摩擦説 (friction theory of profit) では、利潤を経済変動の動的過程に結びつける説明を行なった。それは経済の相対的な諸要素が相殺されないで、摩擦を起こすところに企業者的活動の意義を認め、ここに利潤の源泉を求めるのである。もしも一切の経済過程が円滑に進行するならば、企業者の利潤は生じないであろう。しかし、実際には円滑な運行は存在せず、競争も十分に作用しえないから、各処に剰余あるいは損失を生じ、利潤が形成されるというのである。利潤は経済の変動過程の摩擦から生ずるものとされたが、その場合、もし企業者が生ずべき変動に関連する事柄について、他に先んじて完全な知識を持ちえたとするならば、かれは生ずべき危険を利用できるが、かかる知識から得られる利潤は、もしすべての競争者がこの知識を得るに至れば消滅する。かくて利潤は摩擦的性質を持ったものとして理解される。

利潤学説としての動態説（dynamic theory of profit）に進めば、それは摩擦説でもいわれたごとく、実際には経済は円滑に進行しえないということは、それが静態ではなく動態現象であることを示すことになる。静態においては、経済の諸要素の相互関係は変化せず、循環的に進行する。このような状態においては企業者利得は生じない。あるいは競争が十分に行きつくしたる静態においては、なんらの利得も損失も受けないところの生産者のみが存し、その所得は経営賃金となるものである。利潤のごとき剰余が生ずるのは動態においてである。利潤の発生は企業者の新結合による発展の過程にのみ発生するとせられるであろう。個々の企業者が、労働と資本の新しい結合を遂行するところの、部分的に発展継続する動態において、利潤となる剰余が発生する。つまり新しく遂行される労働と資本の結合は、古い結合より有利であるから、その収益は静態における支出よりも大であり、ここに利潤が形成されるとするのである。もとよりかかる企業者の利得は一時的現象で、追随する競争者の出現によって消滅するのである。この新しい結合が普及し、新しい均衡が形成され、それに応ずる費用法則が支配するに至るならば、もはやそれは姿を消すのである。すなわちこの場合には静態が現われたと考えられるのである。(3)

利潤学説としての動態説がいうところの新結合は、もしそれが成功し、そしてその方法が広く一般の経済界に知れわたるならば、やがて模倣者を招くこととなるであろう。この意味において利潤に対する新結合の効果は一時的である。しかるに一時的とみられる新結合の効果も、もしそれが不断の流れとして存在しているならば、利潤の恒常的存在を保障することとなり、しかしてまさに事実はかくのごとくあった。ところで将来が完全に確定であるならば、このような革新の機会は存在しえないであろう。従って新結合を行なう企業者利得としての革新者利潤とも称せらるべきものは、将来に対する予想の属性としての不確定性ということと密接に関連することになるのである。利潤を経済の変動に基づく、摩擦的にして動態的現象のうちに把握し、これを仮説的な均衡状態としての静態と現実的変動との乖離を説明する理論のうちに含ましめるものにとっては、将来に対する不確定性にしてしかも確率論的に保険化の対象となりえない予測不可能なものとして危険を理解し、この危険概念をもって、企業者の危険負担の報酬として説明される利潤学説における利潤をも把握しなければならない。かく考察を進めれば、利潤学説としての動態説と危険負担説とは相互補足的な関係にあるとされることができるようになる。不確定性ないし危険負担についての企業者の積極的決断は、利潤学説としての動態説の想定する企業者の革新の決意と事実的過程において相蔽い、結果としての利得と損失とが企業者に帰属すべきことを示すものである。変動あるも不確定性なければ利潤なく、不確定性あるも摩擦を伴わぬものに利潤なしと。(4)(5)

企業者利得としての利潤は、まず企業者に対してその決意という機能のゆえに与えられるものである。この機能の実質を一面からみると損益に関する危険の負担にほかならぬ。この将来に関する危険なる概念を二つに分けて、企業決意の主体の意志とはまったく独立なるものとしての、たとえば火災や水難のごとき、これに関する法則化が大数の法則によって可能であり、従ってそれは保険化せられ、損失が費用化せられる危険と称せられるものと、主体の自由や個性に関するものとしての不確定性と呼ばれるものである。かかる不確定性は、企業はみずからこれを引き受けようとして、保険することを欲しない。しかしてかかる不確定性が企業をして利潤を獲得せしむるにしても、それはかかって企業の客観的立場によるものであり、すなわち摩擦の結果として定まるとされるのである。企業の優越的地位であり、これに基づいて企業は剰余を生ぜしめ、これが企業者利得として企業者に属せしめられるのである。企業を優越的地位に導く革新の遂行には、通常抵抗や摩擦、危険や不確定性があり、利潤はこれらが有利に克服せられた場合にのみ得られるのである。利潤は不確定性負担に対する支払であり、そして経済変動過程における企業者の決意は、この不確定性への抵抗における活動にほかならないのである。

さて既述のごとき理論の過程を経るとしても、要するに企業の優越的地位が利潤を生む。しかしていったん確立せられたる企業の優越的地位は、しかく簡単には亡びない。とくに企業がはじめに優越的地位に立ったならば、その後は他企業との競争において勝利を収めながらその資本を増大させ、そこに各企業間に資本の大小に基づく強弱関係が成立してくる。一方新結合による革新には、えてして大なる資本を必要とするものであり、つまりひとたび成立せる企業の優越的地位は、多くの場合、長き歳月に亘って残存し存続する傾向にある。社会経済裡において独占的組織が発生した後には、その利潤は、経済の競争における一時的な摩擦よりは、むしろ質的な制度の変革であるところの独占の所産と考えられるに至るのである。巨大・強力なる独占企業は、他を排除しうる地位に到達し、そのもとで新結合を遂行する。かかる情勢のもとでは、資本力が弱小である企業は、最低の利潤、従って限界利潤率をもって甘んずるのほかはない。またはそれすらもあげえずして亡びて行くであろう。独占企業における利潤は、もはや他の地代とか家賃とかとなんら異ならない静態的所得となるに至るのである。これが利潤学説としての独占説（monopoly theory of profit）なるものである。

利潤学説としての独占説と、あるいは独占説が一脈の関連を有するものとして差額地代説（differential rent theory of profit）ならびに準地代（quasi-rent）なる概念が考えられる。まずリカード的差額地代理論の構想を利潤の問題に適用せしめ、企業者は土地と同じように各種の度合の能率と生産力を持つものであるとし、もし各種の機能を結合した企業者が、独立の投資家および有給経営者として獲得しうるよりもより多くの報酬を受け取るとするならば、これはかれの特殊な優越的地位に帰着せしめなければならない。非限界的企業者の利潤は、その結合的機能の特別な有利性から生ずるものであろう。かかる企業者の利得は、一種の差額地代であるとせられるに至る。

流動資本または資本の新投下については、利潤を利子とみて差し支えないとするも、土地に似て固定性の強い工場や機械等の耐久的な資本設備の利用に対して支払われる対価を準地代と呼ぶのである。ある企業は費用以上の収入を獲得しえず、その存続を維持せんがために限界的地位に立って苦闘しているであろう。しかし他の企業は、技術的にも優越した有利な地位に立ち、高い利潤を獲得していることと思われる。この種の利潤は、限界的企業者との比較において、かれが所有する差別的な有利性によって測定されるものと考えられ、これが準地代と名付けられるところのものである。

生産力のより大なる生産要素を利用するものは、より大なる収益をあげうる。それを超過利潤として取得することは、たんに土地使用に特有なことではなく、生産一般に共通の現象である。かくて地代の概念が耐久設備の場合にまで拡張せられるに至る。つまり耐久設備は、その生産に長期間を要するから、従って短期的には土地用役と同じようにほぼ一定とみることができる。その利用から生ずる超過利潤としての所得は、地代と同じ性質を持つものとされるが、地代という言葉は、自然の恩恵から生ずる所得のみに限られて使用さるべきものであるから、土地に似て固定的な耐久設備から生ずる上述の所得を、とくに準地代と呼ぶことになった。その生産にきわめて長期間を要する耐久設備の増加は容易でないために、これらの設備の需要が増加した場合には、その設備の所有者は一時的な独占的利潤の獲得が可能となるのであって、ここに準地代は超過利潤にして独占利潤とされるのである。

利潤学説としての独占説、差額地代説ならびに準地代に関する所説では、もはや利潤との関係においては不確定性もなく摩擦も登場しない。あるのは危険とそれに対する保険だけである。準地代の概念によって把握せられた利潤学説においては、「株式会社の負ふ危険の終極負担者は株主である。(6)」原則として企業の規画とその一般政策の管理とに業務担当時に参与せず、細目の監督には一切参与せぬ株主に代わって、会社の管理は、巨大企業においては、おそらく全株式中の極小部分しか所有せざる取締役の掌中に委ねられ、企業規画作業の大部分と監督作業の全部は支配人およびその助手に任ぜられることになる。してみると、取締役、支配人ならびにその助手は、監督賃金あるいはいわゆる賃金なるものを受け取るだけとなるのである。そしてこの理論と連絡を持ち、また平行して利子理論としての待望説の提唱によって、一段と利潤学説としての準地代の理論が強められるのである。

資本の生産性と稀少性より出発して、資本の使用によってなんらかの利得が期待せられるがゆえに、その使用に対して支払が行なわれ、それが利子である。利子とは資本が生産上に致す奉仕の対価である。しかしてまた富の蓄積は、一般には享楽延期または享楽待望の結果である。利子という報酬なくしては貯蓄は行なわれ難い。貯蓄による資本の供給が一種の犠牲を伴うことを強調している。蓄積されたる富の供給としての資本の貸付を考える場合、まず富の蓄積は、人々が延期された満足に比して現在の満足を選好すること、別言すれば、待望の不満足によって阻止されるから、ここに利子なるものが存在することになる。利子は待望の報酬である。これなくして貯蓄は行なわれ難い。そして資本の供給は貯蓄から成り、これは利子率の騰貴によって増加する関係にある。一方資本の需要は、資本の限界効率が利子率と均等する点において定まる関係にあり、従って待望ないし貯蓄の需要供給が利子率を決定する。かくて定まる利子率は純利子率であって、各用途において均等化する傾向を示す。まことになにびとといえども、資本の使用からなんらかの利得が期待せられない限りは、それに対して償いを支払うことを欲しないであろうし、またなにびとも無料では資本の貸付をなすことを望まないであろう。資本利子の発生源泉の説明を、資本の需要と供給の双方の側より行なっているのである。かくて資本の収入として、たんに待つことの報酬であるところの利子は純利子（net interest）であるとせられ、普通にいわゆる利子の名をもって呼ばれるところのものは、実は総利子（gross interest）なのであって、これには純利子のほかに種々なる要素を含むものであり、そのうちの一つとして資本貸付に伴う諸危険に対する保険料があるのである。「総利子は若干の危険保険料を含む。[7]」ここにおいて危険をめぐる利潤と保険との関係の分析から、いまや利子と保険との関係の分析にまで進んだのである。

「企業の各部分に企業の一般失費を割付けるに当って特に注意を要する二分子がある。販売失費と危険保険の失費とである。[8]」つまり販売に要する諸費用、たとえば広告費などと危険に対する保険料とが同一に扱われており、そしてこの危険保険料とは、工業家や商人が火災の損害とか海上の損失とかに対しての保険料をいうのであり、「その支払ふ保険料は一般失費の一部であって、その財の全部費用を決定するにはこの一般失費の割付高をその直接費に加へねばならぬ。[9]」保険料は一般費用の一部をなすものであって、その物品の総費用を決定せんがために原価に加えらるべきものであるとする。

火災・海上の損失についての保険も広く解して結局は同様と規定されるのであるが、ここに営業危険（trade risks）[10]といっていい危険がある。これは自分の資本つまりみずからの所有資本をもって企業を営むものにおいても、また主に借入資本をもってするものについても、ともに両者に普通のものであって、その企業の原料市場や製品市場の変動、流行の不測の変遷、新発明、有力な競争者の近隣侵入その他からくる。この危険に対しては保険をもってしてはならない。過去の経験に基づいて将来の行動をなさんとするときには、かかる危険を長い間にわたっての平均をとることによって、すでにかかる危険を勘定に入れているのである。特別の損失と特別の利益は相殺せらるべきものであって、もしこれらの危険に対する保険を別に斟酌するときは、同じものが二重に勘定せられることになってしまう。これはまた一人の農夫にあっては、ある一つの作物について平年並みの収穫をあげる費用を勘定するに当たって、つまり一平均年をとるに当たって、すでに天候不順などによる例外的豊作と例外的凶作との機会または運を相互に秤量して相殺してしまっていることでもある。農家の一平均年をとっての、ある特定穀物の栽培失費を計算する場合、かかる危険に対する保険料をさらに計算に加えてはならぬということになる。これと同じく渡し船の船頭が、一年の平均を基礎としてその収入を計算した場合には、ときには空船のまま河を渡らなければならぬこともあるという危険を、すでに計算・勘定に入れているのである。

その生産に際し、ひびが入って使用価値のすこぶる小さく、ただ古い金属としてしか用いられえず、従ってその価格はただそれに含まれる古い金属の値段たるにすぎない鐘は、そもそもそれが鋳造せられるときは、それに要した手数や費用そのものは、無疵の鐘に要したところと同一たるものである。その生産費用については、完全なる鐘のそれと同一であった。しかるにこれら完全なる鐘は多大の使用価値を有し、従って高価に売られるのである。割れた鐘、あるいは鐘の形をした金属と完全な鐘、つまり鐘としての用をなすものとの価格の合計は、鐘を作る総費用を償うに足るものでなければならぬ。一つ一つの鐘の価格は、鐘の生産に要せし一切の費用を、できたる鐘の数で割ったところの高となるべきである。かくのごとくであるならば、ひびの入ったものができる危険に対する保険は、この限りにおいては、一応その存在の意義はない。これらの危険に対する保険料をさらに別途に計算したならば、同じものを二重に計算することになるであろう。

船主が一船舶を運転する全部費用を計算するにあたっては、やはりその直接費に保険のための支出高を加えねばならぬ。その企業を結局において有利ならしめるには、なんらかの形でその成功航海に保険料を負担せしめて、不成功航海の損失を償わねばならぬ。船主がこれを行なうに、その会計中にとくに保険料という別項目を設けて正式にこれを記帳していない場合には、実は成功航海と不成功航海との平均をとるという簡単な手続によっているのである。一旦こうした以上、かかる危険に対する保険料を、一特別項目として生産費中に加えれば、同じものを二重に計算することになる。この危険をみずから負担する場合には、船主はその危険の発生に備えるため、恐らく競争者の平均よりも、少しその失費を増加するであろう。この余分の失費は、通例その貸借対照表中に入ってくるが、これは実質上保険料の変形である。従ってこの部分に対しては保険料を別途に計算してはならぬ。しからざればこれを二重に計算することになろう。

保険会社は、一定条件のもとでは、通常率よりも低い率をもって工場の火災危険を保険している。その条件とは、たとえば所定の警戒をなすべきこととして、自動放水設備をなし、壁・床等を堅牢にすることなどである。かかる設備を行なうために生ずる失費は、実質上保険料であって、これを二重に計算せぬよう注意せねばならぬ。火災危険をみずから負担する工場が、発火や類焼に備えての不燃化の計画のもとに建築されている場合には、通常の建築による場合よりも、より低い保険料率をその財の直接費に加えねばならぬであろう。(11)

さて上記のごとき諸危険は、常に二重計算・二重勘定の誤りに曝され、しかしてその保険料はその事業の生産物の各々の原価に加えられるべきものである。これは物的危険保険料とされるであろう。(12)

これに対して、さらにもう一つ別の危険が考えられうるが、それが人的危険(personal risks)なるものである。これは借入資本をもって企業を営むもののみの負担するものであって、けだし借主の性格あるいは力量・能力に欠点のあることもあり、あるいは全然これを欠くこともあるから、他人の営利・事業用に資本を貸付けるものは、この欠点や欠如の蓋然に対する保険料として、高い利子を徴せねばならぬことになるのである。しからば借主が資本借入の対価たる価格、すなわち借主が利子とみなすところのものは、貸主の見地からはこれを利潤とみるのが一層適切であろう。この代価は保険料と経営収入とを含むからである。この保険料は往々非常に多額にのぼるものであり、この危険を能う限り最小ならしめる任務は、往々はなはだ困難であって、この任務の経営収入は、すなわちその代価に含まれるのである。そもそも貸付は多大の危険を伴って、その危険をできるだけ最小に止め置くべく多大の手数がしばしばとられなければならない。かかる面倒なる事業の経営収入なのである。貸主の面倒や手数の報償がかれらの経営収入となるのである。企業収入または経営収入(earnings of undertaking or management)とは、人が事業に携わる場合、その年度のかれの事業上の受取り高が、その事業上の支出高を超過せる高としての利潤から、その資本の利子、しかも相場並みの利子を差し引いた残高であり、またそれは企業家能力に帰せらるべき収入である。資本支配力をもつ企業能力の供給価格は三分子から成るものである。第一は資本の供給価格としての利子であり、第二は企業能力・精力、つまり資本を経営すべき事業力の供給価格としての純経営収入(net earnings of management)であり、そして第三はこの両者を合わせて生産上有効ならしむる組織の供給価格であり、この第二と第三を合わせたものの価格が総経営収入(gross earnings of management)である。いずれにしろ今の場合、資本を貸付けるということを一種の事業あるいはそれに準ずるものとみてのことであり、かかる、ここでの経営収入とはほとんど労賃そのものとなるのである[13]。

さて株式会社においては、株主の受ける配当金は、純利子と人的危険保険料と貸主としての株主の経営収入より成ることが明らかとなった。しかしてこの三者を合したものこそ総利子の概念そのものであり、株主の終局的に負う株式会社の危険とは人的危険のことであり、さらに総利子に含まれるという危険保険料のその危険とは、すなわちこれまた人的危険をいうのである。これと相対する物的危険は、保険の形式によるとよらざるとを問わず、事業経営の費用として、生産物の原価となると。

準地代は、超過利潤であり、また一種の独占利潤ともせられるところのものである。生産設備が短期的には容易に増減できないために、需要増に対応して供給を増加することは困難である。この需要増の起こった部門においては、生産設備の短期的独占が行なわれ、ここに準地代が成立する。企業の生産設備の調整に時間を要するとすれば、その時間の経過するまでが短期であって、この生産設備の短期的独占から、超過利潤としての、独占利潤である準地代が生まれるのである。従って準地代は短期均衡に固有な現象であり、それは長期均衡の成立とともに消滅するとせられるのである。既存の生産設備をそのままに、ただたまたま需要が増加したために、準地代が発生したのであれば、やがて設備の増設とともにそれは消滅してしまうであろうとするのである。長期均衡のもとにおいては、資本の収益率と利子率とは均等となるべきはずのものだからである。

準地代が長期均衡のもとで消滅するとすれば、企業の総売上収入から総経費を控除した残額としての企業のあげる粗利潤（gross profit）はすべて、労働賃金と土地地代と資本利子としてそれぞれの生産要因に帰属されてしまう。利潤もまた成立する余地がなくなる。このような条件のもとにおいても、なおかつなぜ企業者が企業を創立し、改善し、存続させ、かつ発展させんとして努力を傾けるかの理由は、その努力になんらかの報いるものがあるからであろうと考えられる。しかしてそれは長期においても存続しなければならぬところのものであり、ここに長期供給価格の一成分である正常利潤なる概念に到達する。正常利潤は長期の利潤である。それはまた企業領域全般に、企業能力を誘うて分散せしめるところの利潤である。(14)

正常供給価格とは、羊毛業を例とすれば、㈠羊毛・石炭その他布地の製造にあたって消尽されるものの価格、㈡建物・機械その他の固定資本の消耗と減価、㈢すべての資本の利子と保険料、㈣工場内で働くものの賃金、㈤危険を冒すものおよび作業を規画し監督するものの総経営収入（損害保険料を含む）等である。(15) さてここで広義の利潤なるものを考えた場合、それは総経営収入に利子を含めたものとされる。そして狭義の利潤は総経営収入のみから成るとされるのである。しかして総経営収入とは、企業能力・精力の供給価格ならびに適切な企業能力と所要資本とを結合する組織の供給価格であるともされている。ここにまた代用原理（principle of substitution）(16) の作用が認められる。企業家間の競争であり、企業的精神が現われる。企業能力とは天賦の資質により多く因る非凡能力であり、それは高い報酬を受ける。「非凡の能力・精力を有する工業家は競争者よりも勝れた方法を応用し、叉恐らく一層優良な機械を用ひ、その企業の工業方面と販売方面とを一層巧に組織し、この両方面の関係を一層良くするであらう。彼はこれらの手段によってその企業を拡大し、従って労働・営業施設の両者の特化によって競争者以上に大なる利益を収め得るであらう。かくて彼は収穫を逓増し利潤をも逓増するであらう。(17)」「天賦能力の非凡性と作業訓練の高価性とは正常経営収入を左右する(18)」ものであり、「従って苟くも有益な非凡能力は高い報酬を受ける(19)」とする。かつまた企業者を、新改良企業方法を案出する開拓的企業者と、すでに開拓された道を行く追随的企業者との二種に分け、一応前者は、その期間の長短を別とし、またそれ相当の報酬高であるかどうかは疑問とせられるも、なおかつ平均以上の利潤を収めるであろう。大胆不屈の企業心をもち、迅速な決断と老巧な対策とを有し、生来の猪突的性質をも若干加えている新企業家は、とくに高価品の再生産費を安くなどして、しばらくの間多額の利潤を収めうる。利潤はいままさに企業能力・精力の供給価格ならびに適切な企業能力と所要資本とを結合する組織の供給価格とを明らかにすることによって明らかにされんとするところであるが、しかもその今=その時点において、利潤の前提のもとで論が進められているのである。

長期均衡の正常供給価格は、正常生産費に正常利潤を含ましめたものである。この場合の正常利潤とは、広義の利潤のことであろう。また資本支配力をもつ企業能力の供給価格は、利子ならびに純経営収入をそのうちに含む総経営収入であるとした。代用原理の作用に制せられているために、長期においては、最終的にこの両者は異なりえないのである。短期においては、専門的熟練・能力、適切な機械その他の物的資本、適切な産業組織等の供給は、需要に適応するだけの時間がない。しかし他方長期にあっては、物的営業施設を備え、企業の組織を立て、営業知識・専門能力を得る等、すべて資本と努力との投下は、これによって得ることを期する所得に適応するだけの時間をもっている。

そして適応させられる。ゆえに「これら所得の評定は直接に供給を支配する。所産の貨物の真正長期正常供給価格(the true long-period nomal supply price)たるものは即ちこの評定である。[20]」長期供給価格の基礎となるものは、所得あるいはその評定である。それは代表的企業の経営にあたっての、企業者の計算に立脚するところのものである。そこでの長期とは、諸生産要因が需要に適応しうるに足る期間のことである。[21]いうところの所得は、資本の利子と総経営収入とを含むところの利潤にほかならぬ。正常利潤は、資本支配力ある企業能力の供給が、結局においてその需要に適合せんとするがための長期の利潤である。長期正常供給価格には正常利潤が算入せられうることとなる。準地代という概念のうちに、企業能力の優劣による総経営収入の多寡の問題を含ましめれば、ここに短期と長期の間の利潤に関する理論が、一応ながら統一可能となる。短期的にみれば、一特定企業において、その生産設備の有利が利潤を生み出すごとく、企業能力の優秀が利潤をもたらすであろう。しかして長期的には正常利潤が考えられるごとく、正常なる経営収入もまた考えられる。かかる長期の正常の経営収入の根源には、企業能力のうちの、常時に、一般に、不可欠のものとしてのある種の企業者の才腕のごときものがなくてはならぬであろう。これは、およそ正常利潤を収めているすべての企業の企業者に、しかも長期的な存在が要求せられるところのものである。正常利潤の存在は確定せる事実であり、これあるところ企業者には、管理・監督賃金以上のものが提供せられているわけであって、これは企業者の才腕に対する報酬である。しかして企業者の、管理・監督の才能以外の才幹としては、それは新しい改善された経営方法の導入という、つまり新結合による革新を致すところのもの以外には考えられない。それは長期にあっても、それほど顕著ではなくてよいが一定の限度内で、不断に、しかもあらゆる企業において発揮せられなければならないものともされるし、また短期における準地代の発生に準じて考えられるところの、企業能力の優秀さが、長期にわたってその効果を発揮しているものともされるのである。新結合による革新の効果の長期的持続である。正常利潤を認めるならば、かかる企業者の才腕を認めなければならない。短期における準地代は独占的な超過利潤であり、また短期的な新結合による革新に基づく利潤である。別に長期的な正常利潤があり、従ってすべての企業の企業者に不可欠な才腕に対する利潤がある。才腕は、一種の新結合による革新をいう。それは一種のではあっても、しかも正常利潤を認めるものは、同じく認めなければならないところのものである。つまり、およそ企業者といわれるものは、短期であれ長期であれ、著しく多くであれ一定限度であれ、いわゆる通常の意味でであれここでいう意味でであれ、新結合による革新を行なう。

生産における耐久的な工場や機械等の固定的資本設備の短期的独占より生ずる利潤、つまり独占利潤としての短期的な、超過利潤である準地代は、資本支配力をもつ企業能力の供給価格＝資本を経営すべき事業力である企業能力・精力の供給価格としての純経営収入、および所要資本と適切な企業能力とを結合する組織の供給価格との、両者を合わせたものの価格としての総経営収入の中にあって、特別に多い、特別の意味の、そして特別な企業におけるものとしての超過利潤に準じて考え合わされていなければならない。それはなにかというに、ある特別な企業者によって遂行せられる新結合による革新に対する利潤なのである。これは主として天賦資質による非凡能力、猪突的性質を加味せる大胆不屈の企業心、迅速な決断と老巧な対策、さらに新改良方法を案出する開拓的企業者に対しての高い報酬であり、平均以上の利潤なるものである。準地代と、準地代に準ずるこれら利潤はともに短期のものであるが、新たに企業活動の開始を考慮せる新企業者の、資本と努力の投下を、これら利潤が促して、ここにもしこれら利潤がきわめて高ければ、新企業者の続出と、新企業者間の競争の結果、一時的な特権的地位に立つ企業者のこれら利潤は減少し、引き下げられていくのである。その結果は、いわゆる長期的利潤としての正常利潤にと落ち着いていく。しかしてこの過程において、この限りにおいてはこれら利潤、経営収入は、正常利潤、正常経営収入を左右し、そしてその率を引き上げるという効果を有する。短期的因子としての準地代ならびに準地代に準ずる利潤は、長期的因子としての正常利潤率形成の一契機を成すものである。

成功企業者の所得の大部分をなすものは、非凡の天賦才能に基づくもので、これは「準地代と見るべきである」[22]。それは人間の努力によって作られるものでもなく、将来の利得のために行なった犠牲の結果でもない。すなわち教育に投下された資本の利潤ではないのである。しかるにここに長期の利潤としての正常利潤が考えられて問題はやや複雑となる。長期正常供給価格に算入せられるこの利潤は、一面、企業者の才腕に対する報酬である。そして通常の、一般の、いわゆる総経営収入そのものである。短期的な準地代に準ずる、あるいは準地代とみられる、企業者の新結合による革新に対する利潤または天賦資質による非凡才能に対する報酬とは別に、しかも管理・監督賃金となる管理・監督能力以外にして以上の能力に対する報酬が、すなわち長期的な正常利潤をもたらすのである。これは才腕に対するものであり、やはり一種の企業者の新結合による革新に対するものである。一種のとは、およそ企業者とせられるものすべてが、長期的に有していなければならないという意味で、一特定企業者の短期的なものと区別せられるからである。およそ新たに資本ならびに努力を投ぜんとするものは、必ず「冒険を試みる」[23]のであり、企業に「貢献を致し得る」[24]ものである。これらよりして期待しうる報酬がすなわち正常利潤なのである。

さてここまで論じきて、危険負担は利子の問題に移り、危険に対する保険料が、利潤理論と並んで、利子理論において重要な項目であることが明らかとなった。一方、利潤理論においては、摩擦説あるいは動態説をも含めての摩擦説との訣別が、いかに困難であるかがうかがえよう。元来、利潤理論においては、危険負担説と、動態説を含めた摩擦説が代表とせられてきたが、まことにその故あるかなを知るのである。

（注1）「火事や暴風雨の危険による損失、すべてのこれらの種類の資本損失の補塡を考慮したのちに、国民分配分ははじめて

正しく算定される。……破壊に対して備えをすることは、絶対的意味における維持と同じこととなる。」まず損失の塡補部分を控除しなくては、分配、そのうちの利潤のことすら考えられないというのである（Pigou, A. C., *The Economics of Welfare*, 1950. p. 46)。

（注2）「たいていのひとは、通常将来の市場状況についてはほとんど無知である。したがって彼ら自身の危険を掛け繋ぐことをむしろ強く望み、同様にだれか他のひとの危険を引き受けることをいとうのである。その結果危険負担には、プレミアムがつく傾向がある、すなわちたいていの個人は、自己の危険の若干を取り除かれるためには、代償を支払うことを辞さないのである。それゆえ、厚生的見地からは、専門化された危険負担の制度を擁護すべき若干の根拠がある。」（メルヴィン・W・レーダー著、坂本弥三郎・田村泰夫訳『厚生経済学の理論的研究』《昭和三十二年三月、東洋経済新報社》七四頁。本書の原題は Reder, M. W., *Studies in the Theory of Welfare Economics*, 1951）これによって、厚生経済学的にも保険制度の成立が是認せられている。

（注3）拙稿「利潤と保険」『保険学雑誌』第四〇九号（昭和三十五年三月、日本保険学会）参照のこと。同論文においては利潤理論としての危険説（危険負担説のこと）と摩擦説とを別々に論じ、その関連や関係には言及していない。

（注4）ここで述べた不確定性とは uncertainty のことにして、ときに不確実性といわれるところのものである。

（注5）危険と不確定なる用語の関係を、ウィレットは「危険は不確定を客観化したもの」あるいは「望ましくない出来事の発生について客観化された不確定が危険である」と述べている（Willett, A. H., *The Economic Theory of Risk and Insurance*, 1901. pp. 28～29)。

（注6・7・8・9）Marshall, A., *The Principles of Economics*, An Introductory Volume, 8th ed., 1920. マーシァル著、大塚金之助訳『経済学原理』第一分冊～第四分冊（第一分冊　昭和三年五月、第二分冊　昭和三年七月、第三分冊　昭和三年八月、第四分冊　昭和三年九月、改造社）第二分冊の二五八頁・第四分冊の一四四頁・第三分冊の一二二頁・第三分冊の一二四頁。

（注10）前掲『経済学原理』の第四分冊の一四六頁においては、trade risks を営業危険と訳しているが、Marshall, A., *Elements of Economics of Industry*, being the first Volume of Elements of Economics, 1923. p. 285『マーシァル経済学入門』戸田正雄訳（昭和三十五年四月、第一版第十二刷発行、日本評論社、三四九頁）では、これを事業危険としている。ここで

いわれている営業危険が、第三分冊の一二四〜一二七頁にわたる「企業危険保険」のところに出てくるのである。従って営業危険の保険があるとするならば、それはまた企業危険保険の一種であるとなる。

(注11)　マーシァルは、ここでいわれている諸保険が二重計算や二重勘定せられてはならないことを、第三分冊の一二五〜一二七頁にわたって盛んに主張しているのである。そしてかれのいう営業危険に対する保険と工業家や商人の火災・海上の損失に対する保険とを、この限りにおいてはまったく区別なしに論じている。恐らくかれはこの両者を区別せず、そしてここに述べられている各種の危険の相互間に存している経済的性質としての相違については、さしたる考慮を払うことがなかったのであろう。しかし火災・海上の損失と、農夫の凶作の危険や船頭の空船のまま河を渡る危険とは明らかに相違する。なぜかというに、前者はただ損失を生む可能性だけの危険であるが、後者は、損失のときも利益のときもありうるからである。すなわち豊作の可能性と満員・超満員で河を渡る可能性があるのである。

　鐘の場合も少し性質が違うように思われる。さらに、企業の原料市場・製品市場の変動、流行の不測の変遷、新発明、有力な新競争者の近隣侵入の危険なども、大数法則による統計的な確率計算の不可能から保険の対象となりえないものもあるし、またマーシァルのいうごとく「工業家がその衣料販売高の長い期間の平均をとり過去の経験の結果によって将来の行動を定める場合には、新発明の結果機械が減価して殆んど廃物となるべき危険を既に計算に入れてゐる。又流行の変化によってその財の減価することあるべき危険をも算入してゐる」(第三分冊の一二六〜一二七頁)と、すべての場合に、また厳密にいえないのではなかろうか。『マーシァル経済学入門』においては、二八〇〜二八一頁(Marshall, A., *ibid.*, pp. 228〜229)において、それらすべてが危険に対する保険として論じられている。

(注12)　ここでマーシァルの所説に間違いのあることを指摘する必要がある。第四分冊の一四三〜一四六頁にわたり「借主の支払ふ総利子は真正利子即ち純利子の外に、若干の物的・人的危険保険料と若干の経営収入とを含む。……」と述べているが、物的保険料が総利子のうちに含まれるとするのは明らかに間違いである。なぜかというに、営業危険をも含めて、およそ物的危険とみられるもののほとんどが第三分冊の一二四〜一二七頁において一般失費の一部として処理されているからである。

(注13)　経営収入に関しては『経済学原理』の第二分冊の二七一〜二七四頁または『マーシァル経済学入門』の六七頁(Marshall, A., *ibid.*, p. 52)を参照のこと。

(注14・15・16・17・18・19・20)　前掲『経済学原理』第四分冊の一八九頁・第三分冊の四四頁・第三分冊の三九〜四一頁・第

四分冊の一八二頁・第四分冊の一七二頁・第四分冊の一六九頁・第三分冊の九三頁。

(注21) 長期正常供給価格の基礎づけには、代表的企業存続の必然性がいわれ、またこの代表的企業の創立、存続、改善、発展に当たって、企業者の計算に立脚するところのものである。そしてそもそも正常価格とは代表的企業の限界生産費によって定まる価格であるとされる。

(注22) 前掲『経済学原理』第四分冊の一九五～一九六頁。

(注23・24) 前掲『経済学原理』第四分冊の一八九頁、前掲『マーシァル経済学入門』三六六頁 (Marshall, A., *ibid*., p. 300)。

補注(1) 前掲『経済学原理』の第三分冊の四五頁には次のごとき注が入っている。

Ox は貨物量を表わし Oy は価格を表わす。P は供給点(supply point)。この供給価格は OM 量を生産する諸生産要素の供給価格から成り立っている。P の軌跡は供給曲線(supply curve)。たとえばこの代表的営業が OM 量の布地を生産する場合、その生産失費を次の項目に分かつとする。(1) Mp_1—その生産のために消費される羊毛その他の流通資本の供給価格。(2) p_1p_2—建物・機械その他の固定資本の消耗減価中この生産に割付くべき部分。(3) p_2p_3—一切の資本の利子と保険料。(4) p_3p_4—工場内に働くものの賃金。(5) p_4P—危険を冒し作業を指揮するものの総経営収入。P の画く終局の供給曲線をえるには、その布地の諸生産要素の供給曲線を重ねてみればよい。

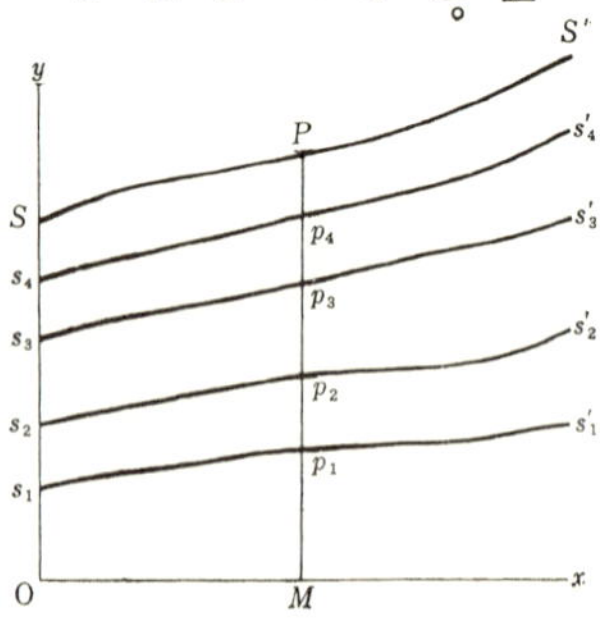

補注(2) 準地代論についてさらに附言する。危険な取引と思われていることを実際に遂行する人で、主観的にはその負担をほとんど感じていない場合がある。その人が特別の情報を得ていて、そのため他の人々には非常に不確実なことが、その人にとってはそれほど不確実でないのである。いやまったく不確実でないのかもしれない。この場合その人の得る利益は、不確定性の負担に対する報酬というよりは、特別な知識より生ずる準地代の性質のものとなる (Robertson, D. H., *Lectures on Economic Principles*, Vol. II, 1958. pp. 105～106)。

補注(3) かれが非常に富裕にして、それゆえに大切な効用の犠牲なしに多額の損失に耐えうるときには、かれは一定の客観的な不確定性負担を負うことにより、ただ不便であるという主観的な小さな負担を課されるだけであることになる (Robertson, D. H., *ibid*., p. 106)。富めるものには、保険の必要はないという結論がここからは導き出されるわけである。

三　経営学における危険[25]と保険

現代産業経済を前産業経済から区別する中心的な重要問題は、現代産業経済の中心的事実が、利潤ではなくて損失であるということである。[26][27][28]もともと産業経済の経済単位は個人ではなくて、きわめて多数の人々の組織ときわめて多額の資本の固定的投下とを意味する企業なるものである。それは非常な長期間にわたる生産である。現代産業経済は、人的ならびに物的資源の大組織によって営まれる、規則的ならびに長期的な生産過程から成るものである。そこには時間の要因が考えられている。

現代産業経済においては、二種類の費用があるとせられる。現在費用(current costs)としての企業を営む費用(costs of doing business)と未来費用(future costs)としての企業を続ける費用(costs of staying in business)それである。そして未来費用こそが決定的なものとされるのである。前産業経済においては、費用はすべて過去のものであると目せられた。そして現在の収入(current income)から過去の費用を差し引いた剰余が利潤を成すのである。利潤は現在の収入と過去の支出との比較によって算定せられた。それは現在の過去への投影とせられるところのものである。一方、現代産業経済においては、費用は現在のものであると同様に、また未来のものであるともせられて、それは過去のものとは区別せられた。現在の未来への投影を伴うものである。しかも未来は常に未知であり、予見することができず、不確定であって、従って未来費用は危険を意味することとなる。現在費用と現在生産(current production)との差額、これは前産業経済における剰余または利潤に当たるものであるが、現代産業経済においては、未来の危険、企業を続ける費用に対するプレミアムまたは保険料を構成する。それは利潤と呼ばれてはいるが、前産業経済における利潤とはその性格を異にする。ここでいわれる意味での危険を十分に塡補する問題が、現代産業経済の中心問題でなければならないのであって、その解決が経済的成果を決定する。損失は経済的に有用な財を生産しうる能力の減少であり、それは生産力の縮小である。未来の損失の危険は、未来の経済的成果に対する能力を危険に陥しいれる。未来の損失が生産諸資源にくい込むことを防止する唯一の方法は、明日の危険に対する十分の準備金を、今日とりのけておくことである。この準備金は現在費用と現在生産との差額からのみ生じうるものにして、保険料をなすところのものである。現代産業経済に本質的なものとしての時間の要因とは、現代産業経済における経済活動が、未来にわたる長期の持続性を有するとのことを意味し、不確実な未来と対決しなければならないという事実を指すのである。企業はまさに持続的存在としてこそ把握されなければならない。時間の要因を抜きにして企業を理解することはできない。(29)

企業がかかる意味での利潤を獲得するということは、たんに企業にとって必要であるばかりでなく、これこそ企業の社会的責任とせられる。企業の社会に対する責任の第一は、適正なる利潤を形成することによって、経済活動の危険を相殺し、社会の富を生産するに必要な諸資源を損わないように維持することである。企業がこれをしなかったならば、社会は損失を蒙ることになる。企業は、原材料費や労務費などの現在費用としての企業を営む費用を補償しうるのみならず、さらに未来費用としての企業を生産的に維持するために、将来において必要とせられる人的・物的資源の費用としての未来費用をも補償することができなければならない。(30) これがいうところの企業を続ける費用にして、それは取り替え (replacement)、陳腐化 (obsolescence)、本来の危険 (risk proper)、不確定性 (uncertainty) であるとせられる。前二者は生産施設の能力に関するものであり、後二者は生産物の市場性 (marketability) に関するものである。

取り替えと呼ばれる危険は、やや正確に計算されうるところのものであり、それは減価償却法によって、現在費用の計算と同一方法で処理されうるものである。そしてこれには物的資源のほかに人的資源の取り替え費用も含まれている。これはまた生産施設の物理的寿命（physical life）の問題をなす。陳腐化は、生産施設の経済的寿命（economic life）の問題をなすものにして、技術の進歩によって経済的寿命は著しく短縮せられた。しかも陳腐化の危険は、それが予定しえないものであるがゆえに、とくに重大問題となる可能性が多い。技術や施設の変化は近時急速にして、突発的なものである。しかもその変化の型や程度はなんら予測しえないものとされている。

本来の危険は、生産物に関して経済的な未来を予見しえないことに起因する。物理的危険（physical risks）としての、生産過程に発生する天災などの危険とともに真の経済的危険（genuine economic risks）もまた考えられる。これは生産物が売れるかどうかに関するものであって、とくに新製品が経済的に販売に成功しうるかどうかの予想に関する危険をなすのである。(31)

不確定性は、これこそ時間の要因そのものの経済学的表現であると。生産物がいつ販売に成功するかの問題がこれをなし、生産性の高揚ないし能率の増進が常にこの不確実性を増大させる。どのような製品がいつ販売せられうるようになるかの、その予想はまことに困難とされるのである。

取り替え、陳腐化、本来の危険ならびに不確定性を償う利潤は、減価償却費または保険料のことであり、この意味においては利潤ではなくて一種の費用とされうるのではないか？　このことは費用と生産所得との差額を、利潤と呼ぶことをやめて、生産に伴う危険に対する保険料としたことになる。ただ費用というのではなくて、未来費用なる概念を創造したのである。生産剰余の費用化これである。それをもってここに企業の持続的存立が確保せられている。

企業の社会に対する責任の第二は、その生産性を増大させることである。生産性の増大は、旧来の利用されていた諸資源の、さらに一層大規模にして生産的な資源への現実的転形を結果する。かくして諸資源はより生産的たらしめられるのである。これこそは現代産業経済を拡大させ、社会の富を豊富にするところのものであり、従ってそれは現代産業経済の絶対的要請であり、かつ目的とされる。またこれを行なうことによって、企業はその転落の脅威から解放せられて、その存立と安定とを確保することができるのである。社会にとっても企業みずからにとっても必要不可欠なるものである。利潤は革新と膨脹ないし成長に必要な資本を生み出すところのものであり、もし企業にして、革新と膨脹ないし成長とに成功しなかったならば、社会は貧困に陥らざるをえまい。生産性の増大は、生産資源を豊富にするものであるとして、それは資本に対する報酬をなすものではなくて、かえって資本から取り出された報酬として理解せられなければならないとされ、ここにもやはり真正の剰余たるべきものが、新概念としての資本の償還なる概念において把握せられているのである。かくて上述のごとき経営学の理論においては、いわゆる普通に利潤として表わされたものは、企業を続ける費用としての保険料と、生産性の増大によって可能ならしめられる資本の償還との混合物であるとされるに至る。企業自身の危険を補償するために必要にして十分なる利潤、企業の将来の発展のための資本を生産するのに必要にして十分なる利潤、社会的費用（social cost）なる租税を負担するために必要にして十分なる利潤、この三利潤を内容とし、合計したものが必要最低利潤または最低必要利潤としての適正利潤とされる。企業はかかる利潤の生産を絶対的必要とする。かかる利潤は、旧来の事後的に算出される利潤に対し、事前に計算される利潤である。それは現代産業経済における企業の維持・存続と成長・発展を計画するところのものであり、この意味において新しい利潤概念とせられるところのものである。(32)(33)

かかる利潤理論は、たんに企業の持続的存立のみを問題とする立場のものではなくて、企業の持続的発展をも問題とする立場のものであって、従ってそれは静態的均衡ではなく、動態的均衡を問題とする。この意味では注目すべき理論であるが、しかもなおよく考えられなければならぬところがある。まず危険負担に対する利潤ではなく、利潤によって危険に対そうというのである。これは確かに危険と利潤の関係の従来の把握の仕方に対して特色をなすが、危険負担に対する利潤なる方式では、企業者が危険をできるだけ未然に防止し、また危険事故の発生に際してはこれを鎮圧しようという動機を生ずることはありうるが、利潤によって危険に対そうという方式では、すでに利潤が存在して現存しているのであるから、あえて危険の防止と事故鎮圧に尽くすという動機が著しく減じてしまうのである。利潤が事後的であると事前的であるとによって、企業者の危険に対する敏感度に大なる相違が生ずる。これは現代産業経済にあっても、社会的な富に対する公正・正義なる態度・立場に、心ならずも反する事態であろう。

次いで、既述の利潤理論では、企業をめぐる一切の危険が利潤としての保険料によって相対せられることになるが、かかることがありえないことは明白である。まず危険が保険料として、企業において、あたかも費用のごとく、そして必要項目化されるためには、危険が危険率として具体的に把握されなければならない。しかるにそれには多数事例について、一定の時間を要し、統計学的に、大数法則に基づいて、確率計算をされなければならない。一方危険には、まったく偶然的、突発的な特異なものがあり、現在の人智と学理をもってしてもその完全なる可測が期せられないものがある。陳腐化などの危険はその一例であるが、その他のものでも、本質的には過去に起こったものによっては予言できない。それらが、未来におけるなんらかの新しい異なった、前例のないできごとの危険だからである。これらの危険であっても、あるいは多数事例について長時間の多大の研究をもってすれば、不可測ではなくなるかも知れない。しかもそこまで達する時間中は、それらの危険は不可測であり、これが経済学でいう、危険と相対する概念としての、不確定性のことである。これに対する保険料などはおよそ考えられない。これを未来費用としていかに具体的に、数量的に、すなわち金銭的に把握するのか？　その方法はないはずである。

方法がないままに、いくつかの欺瞞的方法が行なわれるであろう。そもそも企業の総危険に対する保険があるかというに、保険業にはない。これにはただ見積り方法によって危険補償金なる仕方あるいは自家保険的仕方を当てるだけである。この場合、もちろん計算の科学的・合理的基礎はない。結局価格を大幅に引き上げて、不確定性に備えるのである。これは独占企業のみに可能にして、従って既述の利潤理論は、現代産業経済のすべてに当てはまるというわけにはいかない。そしてさらにもう一つの欺瞞的方法とは、数理的に測定して把握された危険に対する保険と抱き合わせて、ある額の保険料の支払によって、不確定性をも無理に保険化してしまうことである。この場合危険の発生率をもって不確定性を推測してしまうのである。これまた決して科学的・合理的と称しうるものではない。いずれにしろ企業には危険と不確定性が伴う。これの厳密なる区別を持っていないところに、既述の利潤理論の欠点がある。[34][35]

またさらに、既述の利潤理論では、企業自身の危険を補償する利潤と企業の将来の発展のための資本を生産する利潤とを分けているが、この両者と対するところのそれぞれの危険と革新とは、きわめて相互関連が強く、また多くは不離不即の関係にある。企業が革新につれて膨脹し成長する過程にこそ、危険の存在が強く意識にのぼるのである。また危険の存在が明らかに多いというような段階を経ることなく、企業が膨脹や成長をして革新されることはありえない。かかるこの両者の関係を明確に把握しえなかったところに、既述の利潤理論の不完全さがうかがえる。

そして最後に、取り替え、陳腐化、本来の危険、不確定性などの危険のあるものは、時として予想外の利益の発生可能性を持っていることである。この可能性と損害発生の可能性との間には、均衡が存するのではないかということである。[36] もしこのような関係が、あるものについて存していたとするならば、それらを利潤なる保険料のうちに見込んだら、二重の保険基金を生じないとも限らない。かかる事態の発生は、結局は適正利潤を超える利潤を、企業ならびに企業者にもたらすとともに、一般公衆なる消費者に、不当に高い価格で製品を提供するという結果をきたすであろう。これまた既述の利潤理論の思わざる結果であろう。その精密さを欠くところである。

既述の利潤理論にあっても、企業がその維持・存続と成長・発展に努める場合にはやはり不確定性があるのであり、その限りでは、いわゆる一般的な意味での危険負担なる概念は存在し、従って危険負担に対する報酬あるいは利潤なるものがどうしても考えられてくる。これは事後的に考えても、事前的に考えても等しくありうるものと思う。そしてその帰属の問題を考えれば、そもそも企業における不確定性としての危険は、たんに出資者のみでなく、企業者も、そして労働者も、およそその企業に関係して力を尽くすものすべて負担するところにして、従って危険負担に対する報酬あるいは利潤は、それぞれの危険負担量に応じて分配せられなければならないとなる。利潤を事前的に把握する既述の利潤理論にして、たとえば労働者の賃金にこれが含められているやいなや？　かれらの多くは、その企業の専門化した熟練と経験に、たった一回の人生の中心部分を捧げるのである。

現代産業経済における企業の経済活動は、長期にわたる生産をなす。そこには時間の要因があって、それを抜きにしては理解せられない。それは未来を注視する。そして管理のすぐれた企業において発生する利潤は、偶然的に発生するようなものではない。そこでの適正利潤としての必要最低利潤または最低必要利潤なるものは、企業自身の存続と繁栄とのために必要であるばかりでなく、そこに働く労働者のためにも必要なことであり、しかして企業の社会的責任を遂行するためにこそ必要とせられる。企業が未来のことをいうところに、現在への自信が現われている。不動・不敗の現実への優位性は、企業が独占的地位に立ったときに生ずるものであろう。企業の存続の危険が重大化するのは、小企業ではなくて大企業であるとされるのは、小企業の場合にもこの危険がないのではなくて、ただその危険は社会的にみてそれほどの重大性を持たないというのである。これに反し大企業の危険は、重大な社会的脅威を意味すると考えて、大企業の存在そのものの社会的影響の重大性を認識しての、ここでいう社会的責任論が生まれるのである。しかしながら、かかる独占的大企業が、果たして必要最低利潤または最低必要利潤に満足するものかどうかはきわめて疑問である。この社会的責任論において、もはや資本主義経営たる企業の指導原理である営利原則の著しい後退が説かれているのである。社会的責任論は、独占的大企業の存在を是認する見解の上に成り立っている。現代産業経済にあっては大量生産こそが必然的である。最小費用による最大生産がその生産方法であり、そのもとでは競争者は不可避的にごく少数の大企業に制限されざるをえないであろう。大量生産においては、小単位は能率的でないばかりでなく、生産することが全然不可能である。一方能率的な生産は必然的に大企業たらざるをえない。

独占的大企業は技術の進歩を促進し、生産費を低下させ、製品を廉価に提供することにより、社会に奉仕するものである。かつまた現代産業経済の特質は、経済活動が非常に長期間にわたって行なわれるようになったから、企業をして物的にも人的にも著しく固定化する。企業は短期的・一時的な存在としてでなく、長期的・持続的な存在としてなくてはならない。とくに物的には、巨額の固定資本投資を必要とし、それも長期にわたる投資でなければならない。そこには安定性も求められる。独占的大企業の企業者は、長期的観点に立ち、長期的政策を立案し、長期的に実行しながら、社会の安定に貢献するという重要な効果を上げる。価格、購入と販売、雇用等のすべてにおいて、小企業のもとでよりは、より安定性を示すのである。そして独占的大企業のみが、不断に進歩を早め、その規模を拡大していく新しい技術と用具を活用しうるのである。されば現代産業経済においては、それは崩壊することを許されない。もし崩壊したならば、そこには大量失業が発生し、金融が混乱し、販路が破壊され、そして経済的安定が失われるであろう。機械、設備、労働力などを一体とする生産的な組織が分解せられて、そこであげられていた生産性のほとんどは解消せられてしまう。独占的大企業は反社会的ではありえない。すなわち社会的責任がある。

独占的大企業の社会的責任としての利潤の獲得は、短期的な利潤の追求を排して、長期的利潤の追求を企図するものであろう。そこでの利潤追求の活動は、まさに長期的・持続的な利潤の極大化そのものである。かれらが極端な短期的利潤極大化政策をとれば、世論がそれに反抗し、代用品の登場を促してしまい、競争企業の新設に強い刺戟を与えて、ここに潜在的競争を顕在化してしまうであろう。長期安定的な適正利潤は、独占的大企業にとってもっとも有利であり、薄利多売による利潤の長期的増大こそ、現代産業経済における利潤政策あるいは計画でなければならない。いずれにしろ独占的大企業の企業者は、その安定的なる優位的地位に眠ることは許されない。かれらの自己満足は、現代産業経済に対する適応性を失わせ、その進歩性をなくしてしまう。その結果はかれらとは別の組織、例えば大規模労働組合とか社会主義的政党とかの反対にあって、その地位を失墜してしまうか、あるいは現代産業経済そのものの存在基盤を揺がしてしまうであろう。かかる事態の発生の可能性に対しても、独占的大企業は社会的責任を有するとするのではなかろうか。既述の利潤理論を中心とする経営学の理論においては、現代産業経済への固い信頼と、その中で経済活動を行なう一切の経済人の良識への強い期待が、その基礎となっていると思われる。経営学における危険と保険の理論は、多くの問題点を蔵しながらも、しかも多くの人々によって支持せられているところのものである。

(注25)　Fischer, G., *Allgemeine Betriebswirtschaftslehre*, Sechste, erweiterte Auflage, 1952. S. 264〜268　フィッシャーは経営の危険を、経営過程の危険、設立の危険、資本調達の際の危険つまり資金調達の危険と原料・補助材料および商品調達の危険、在庫の危険、製造の危険、販売の危険、そして経営の全体的危険として論じている。かれの危険論は、„Risiko und Wagnis", S. 260〜275 に展開されている。

(注26)　Newman, W. H., *Business Policies and Management*, third ed., 1953. p. 345「種々なる危険のなかで、企業を導くことは、経営者の1つの任務であって、かれは次の諸事項についての方針を設定しなければならない。(1)危険の減少、(2)保険、(3)かけつなぎ、(4)会計引当金。」

(注27)　Robertson, D. H., *Lectures on Economic Principles*, Vol. II, 1958. p. 97「企業利潤の構成要素は、(1)資本利子、(2)収益に関しての不確定性および損失の危険に資本をさらすことに対する代償、(3)企画と組織化に対する代償、(4)経営つまり1つの事業を精密に日々管理するという戦術的任務に対する代償。」企業利潤—不確定性・損失—保険と、一連の関係におい

て把えることは、社会経済学においても、個別経済学としての経営学においても、一応共通的な傾向とみてよい。

（注28） Hall, C. A., *Fiscal Policy for Stable Growth*, 1960. p. 168「投資に対する刺戟としてしばしば強調される構造改革の一つは、資本損失に完全な控除を認めることである。」つまりいかに資本損失による投資や貯蓄の減退に由来する経済成長と安定の阻害を恐れているかがわかり、減税対策によって、かかる事態の発生を阻止しようというのである。

（注29） Edwards, E. O., Bell, P. W., *The Theory and Measurement of Business Income*, 1961. p. 35「長期ということを『永久』という意味に使うことは無意味である。未来が不確定なものであるかぎり、企業の活動を無限の未来まで広げることはできない。」

（注30） Myrdal, G., *Monetary Equilibrium*, 1962. p. 58「企業者の、多くの確率の含む危険に対する意志的態度、これは価値評価のうちに表わされるが、かかる確からしさの度合も危険の評価もともに先天的には与えられてはいない。」つまり企業者の危険要因に対する評価は、かれの知識を基礎としてしか算定されないのである。

（注31） レーマンは、保険で危険を回避したり、引当金で危険を平準化することができるといった。危険を特別危険としての火災、運送事故、貸倒れなど、つまりその確率を大数法則によって計算し、保険料などとしてあらかじめ費用に計上することができるものと、一般危険としての、経済情勢の変化によるもので、利潤によってカバーしなければならないものとに分けた。してみると保険料は費用であり、保険化不可能な一般危険は引当金としての利潤部分よりの控除によらなければ塡補できないとしたのであろう (Lehmann, M. R., *Allgemeine Betriebswirtschaftslehre*, 1951. S. 151~154)。

（注32） Drucker, P. F., *The Practice of Management*, 1954. p. 271「企業にとっては、利潤は存続のための必要物である。」pp. 386~387「経営者の社会に対する責任は、利潤をえて活動することである。……経営者は経済活動の危険を相殺するために適正な利潤を形成して、企業の社会的な富や生産的資源をそこなわずに維持しなければならない。それによって社会の富を増大すべきである。……企業が適正利潤をえなければ、社会は損失を蒙り、貧困に陥るであろう。」p. 271, adequate profitability. p. 47, required minimum profit. p. 91, minimum necessary profit.「企業自身の危険補償のための必要にして十分なる利潤。」pp. 76~77「利潤は事業継続の費用としての、取り替え、陳腐化、市場危険および不確定性を補償するところの危険保険料となる。」

（注33） Myrdal, G., *ibid*., pp. 116~117 企業経営の当初において投下せられたる諸資本量と終末において回収せられる諸資本

量との間に一致をえることは不可欠なことであるが、これは資本利潤と資本損失の関係として生ずるのであり、ミルダールは「この事後の一致は、明らかに利潤および損失を通して成立する」と。

(注34) Drucker, P. F., *ibid.*, pp. 66〜67「四つの企業継続の費用のうち、取り替えだけが統計的な危険であり、減価償却準備金とか、負債償却準備金または取替準備金とかとして、費用としてとり扱われる唯一の危険である。その他の三つはどれもより重要な危険であるが、しかも過去に起こったものによっては本質的には予言できない。それは統計的には予言できないところの、未来におけるなんらかの新しい異なった前例のない出来事の危険である。しかもなお今日われわれは、かなり大きな誤差をもってではあるが、これらの危険をさえ確率予測にひきなおすことができる。大企業はかかる件に関し努力していて、これからは体系的なかかる仕事がなされなければならない。」大企業の力をもってすれば、不確定性も危険もともに保険化しうる可能性があるというのであるが、それは厳密な意味の保険化ではあるまい。Hart, A. G., *Anticipations, Uncertainty and Dynamic Planning*, 1940. p. 51「企業家は、かれの将来の発展の評価の不確実性を意識している。」

(注35) Bethel, L. L., Atwater, F. S., Smith, G. H. E., Stackman, H. A., *Essentials of Industrial Management*, 1954. p. 55　予測される企業危険に伴って生ずる損失について、もしその客観性が相当程度保証される場合、その損失の見積りを付加費用 (imputed cost) として、損益分岐点の計算基礎に織り込むことは必ずしも不可能ではないが、「予想される企業危険の損失をいかに見積るかという予測技術の問題が、その具体化のための前提となる。一定の経営活動に専念している経営者に、すぐに経済の予測者たることを望んでも無理である。」

(注36) Edwards, E. O., Bell, P. W., *ibid.*, pp. 53〜54「期待されなかった、または意外だったという性格の windfalls の一つの尺度として、実際の実現可能利潤が期待されたそれと相違する額が考えられる。」

補注(1) Solomon, E., *The Theory of Financial Management*, "business uncertainty", 1963. p. 70

補注(2) Smith, R. A., *Corporations in Crisis*, "A Crisis of Growth", 1963. p. 27 ; Gutenberg, E., *Grundlagen der Betriebswirtschaftslehre*, Erster Band, Die Produktion, Zweite Auflage, 1955. S. 312 ; Kalecki, M., *Theory of Economic Dynamics*, 1954. pp. 91〜95 企業の成長、生産の増大、企業規模の拡大による危険の増大傾向の指摘。

第五章　時間と保険

一　効用と時間の関係における保険

経済学説史上において、正統学派の理論に対して、限界効用学派なる近代的一学派の誕生の機縁となったジェヴォンズ、メンガー、ワルラスを始めとして、一連の近代経済学者の理論の中に、いかに時間の問題が取り入れられたか、そしてそれと関連していかに保険の問題が位置づけられて理解せられたかをさぐることは、きわめて興味あるところである。(1) 端的にいえば、現在の経済事象は、過去に胚胎せる諸条件の現在的制約の所産であると同様に、将来の経済事象はそれよりも前の諸時点に胚胎せる諸条件の当該時点における制約の所産である。かかる思考は、経済学における時間の要因を認めることより始められるのである。

快楽および苦痛を計量するに際し、それらの価値は㈠その強度、㈡その持続、㈢その確実性または不確実性、㈣その近さまたは遠さの四事情のいかんによって大となり小となるのである。しかして快楽または苦痛の力を計量する上に、おもなる要素の一つであるその遠近は、予想の問題を引き起こすのである。われわれが人生において経験することのきわめて大なる部分は、その瞬間の現実の事情よりもむしろ将来の出来事の予想によるところが多いことは事実である。通常描かれている予想の方が、あの瞬間において現に経験した快楽よりも大であり、そして知能と先見の明とに富む心において、感情と動機との最大の力は、長く続く将来の予想から起るということはほとんど疑いないところである。すべての現実の喜びはそれに相当する思いめぐらしたことをなりたたせるとしても、予想せられたる感情の現在の大きさと実際に感じられたるものとの間に、ある自然的関係があるのである。つまり現在の予想せられたる感情の強度は、数学的表現を用いれば、将来の実現の感情と介在する時とのある関数であり、われわれがその実現の瞬間に近づくにつれ増大しなければならぬ。ここに一般的なる変動法則（general laws of variation）を認め、その変化はわれわれがその瞬間から遠ければ遠いほど急速ならず、それに近づくに従って速やかとならねばならぬ。

かかる予想の力は、経済学上において大なる影響を有するものであり、ある将来の時において消費せらるべき財貨の貯えの蓄積のすべてはこれに基づくものである。文明の度の高まるに従って、未来の諸欲望は予見せられるようになり、これが勤勉と節約とに対する主たる刺戟となるのである。しかして予想せられたる感情の力を認める場合、一切の将来の出来事の不確実性を計算に入れなければならない。起るかも知れず起らぬかも知れぬことの価値を、確かに起るかのごとくに計算してはならない。われわれのある感情の算定を、その生起の確率を示す数字に応じて減じなければならぬ。実際に、人生のすべてのことがそうであるように、不確実な出来事によって左右されるある行動の途を選ぶ場合、すべての将来の出来事に付着する感情の量に、その確率を示す分数を乗じなければならない。生命、火災、海上を初めとする諸々の保険制度が、この計算を完全に遂行するとして、これはほとんど無意識に、人々がすべて日常の生活事物において、正確にか不正確にかこの種の計算を行なっていたのに代わるものである。

あらゆる真の理論が考慮に入れねばならぬ精神の原理は予見のそれである。予見されるあらゆる将来的快楽または苦痛は、現在の瞬間にも同様の感情をもってわれわれに影響を及ぼすが、しかしその強度はその不確実さおよび時の長さにある程度まで比例して減少するものである。一物は、それがあるいは現在の瞬間に感覚に快い影響を与える時、あるいは予見によっていつかかかる影響を与えると予期される時に有用となる。現在の使用における現実の効用と、計量された将来の効用とは区別せられなければならないが、しかも計量せられた将来の効用といえども、不完全な予想力と将来の事柄の不確実さとを考慮に入れれば、ある現在効用を与えるものではある。保険は予想力の不完全さと将来の事柄の不確実さとを、すべてではないが相当有力に解消せしめるものである。それは計量された将来の効用を、現在効用たらしめる。その代償として、現在の使用における現実の効用を生み出す一物を取得可能とする貨幣の、保険料分だけの犠牲においてであるが。つまり保険は、現在効用の一部を犠牲にして将来効用を現在効用たらしめるものである。保険は将来効用の達成を確実化させながら、そのことの予見のうちに現在効用を生ぜしめる。保険の活用によれば、予期されるすべての将来の快楽の強度は、現在の瞬間にも同様の感覚をもって同じ程度でわれわれに影響することになる。ところで諸物の有するなんらかの仕方で人間に役立ちうる能力、一対象におけるその性質、すなわちそれあるがためにそのものが、その利害の現在考察されている当事者にとって福祉、利益、快楽、善または幸福を生ずるかあるいは禍害、苦痛、悪または不幸を防ぐ傾向のあるその性質を称して効用という。ジェヴォンズの理論(2)を保険に関連して敷衍すれば、かくのごとくに解しうるであろう。

一人の人間が、かれの欲望満足のために必要とする財の数量をその人の需要（Bedarf）とするならば、生命と福祉との維持に対する人間の配慮は、かくしてその人の需要の充足（Deckung）となる。自己の欲望満足に対する人間の配慮は、きたるべき将来のための財の需要の充足に対する事前の注意（Vorsorge）となり、事前の注意せられる期間内の欲望を満足するに必要な財の数量が、その人の需要とされるのである。経験の教うるところによれば、きたるべき将来の期間に関し、ある種の欲望が果たしてその期間内に生ずるかどうかは往々にしてある程度不確実である。きたるべき一定期間内に、食物、飲料、衣服、住居その他が必要であることは初めから分かっているが、他の多くの財、たとえば医者の診療、薬剤等については同じことがいえない。このような財に対するわれわれの欲望の実現は、確定的に予見しえないことに依存することが多いからである。そしてまたそれがわれわれの事前の注意のおよびうる期間内に発生することがあらかじめ知られているような欲望においてさえ、その数量の点では不確実さが存在しうるという事情がある。この事情が生じるのは、その欲望が発生するという事実が初めから分かっているとしても、欲望の程度、すなわち欲望満足に必要な財の数量を同様に精密に知ることをえないためである。ここでは数量こそが問題である。

われわれの事前の注意のおよぶ期間内に、ある種の欲望が果たして実現されるかどうかが不確実であるとしても、また欲望の存することには疑いがないがその実現の程度が不確実であるとしても、かかる認識不足のために、これらに関しての人間の事前の注意がなくなることは決してないのである。田舎に住む人は、健康であっても不慮の場合を心配して財産の許す限り薬箱や多種の薬剤を備えるであろう。また用意のよい家主は、火事の際に自己の財産を守るために消火器を、さらに必要な場合にこれを防禦するために武器を、そして火災や盗難防止用の金庫などを所有するであろう。人間は資産の許す限り、かかる目的に必要な諸財をその全需要のうちに計上するのである。人間は予想されるあらゆる場合に充用するに十分なだけの財の数量を支配しうる時に初めて、その需要が完全に充足されたと考えるのである。

われわれの欲望の充足に直接使用することのできる財を第一次財（Güter der ersten Ordnung）と呼び、直接に人間の欲望を充足させる能力は持たないが、第一次財の生産に役立ち、従って人間の欲望充足と間接的因果連関に置かれるようなものを第二次財（Güter zweiter Ordnung）という。進んでは第二次財を生産する第三次財、第三次財を生産する第四次財、一般的にいってこれら高次財（Güter höherer Ordnung）が考えられるが、第一次財または低次財（Güter niederer Ordnung）の価値は効用価値によって決定され、高次財の価値は低次財の価値から誘導される。低次財のわれわれに対して持つ価値は、その生産に用いられた高次財の価値によっては規制されず、かえって逆に高次財の価値が、それが生産した低次財の予想価値（voraussichtlicher Wert）によって、常に例外なく規制される。しかしてあらゆる経験は教えるのであるが、現在または現在に近い将来の享楽は、人間にとってはこれよりもさらに遠い時点における同一強度の享楽よりも、一層重要に思われるのが普通である。経済人にはまずもっとも近き将来の欲望の満足を、しかる後初めて一層遠き将来のそれを時間的順序に従って確保せんと努力する一般的観察がなされる。ここにおいて次のごとくに云いうるであろう。すなわち高次財をますます多くもちきたらさんとする経済人の努力に対し、一の制限を付するものは、かれらがその支配している財をもってまずもっとも近い将来の欲望を満足するために事前の注意をしなければならず、しかる後初めて一層遠き将来の欲望満足にこの事前の注意を及ぼさねばならぬという事情である。人間が自己の欲望を満足するためにますます多くもちきたらすことからえられる経済的利益は、かれらがもっとも近き将来の需要を充足した後、なお一層遠き将来のための財数量を支配下に持っているかどうかによって制約されているのである。これからまたいえることは、きたるべき将来の期間に関しある種の欲望が果たしてその期間内に生ずるかどうか不確実であり、また発生することが確実であってもその数量の点で不確実さが存在しているという欲望に対する財産や資産の全需要の中での計上も、同一の事情よりして著しい制限と制約を受けることになるのである。不健康、火災、盗難などの不慮の場合にのみ役立つようななにものかの存在が制限と制約を受ける。メンガーの場合(3)においても、かれのいうこのなにものかの中には当然保険が考えられてくるであろう。

さて人々は財を交換する。それは人間の性癖であり、交換の喜び（Lust am Tausche）はすべての人間に共通するものである。また交換することによって、両経済主体の一方の具体的財の支配を他方に、他方の具体的財の支配を一方に譲渡することにより、両経済主体の欲望がかかる相互的譲渡なき場合に比してよりよく満足されうるのである。しかしながら交換取引には経済的犠牲が伴うのである。これなしの交換取引を現実の中に見出すことは容易でない。運送費、賃金歩合、関税、海損、通信費、保険料、口銭と手数料、仲介手数料、秤量費、包装費、倉庫費、さらに商人およびその補助労働者一般の扶養料、貨幣制度の全出費その他は、交換取引が必要とする種々なる経済的犠牲にほかならず、そうしてこれらの経済的犠牲は、与えられた交換機会の利用から得られる経済的利益の一部分を吸収するだけでなく、往々にして、もしこれらの諸費用がなければなお可能であった交換機会を不可能ならしめるものである。国民経済の発展は、かかる経済的犠牲を減少する傾向を有し、かくて経済的交換はきわめて遠隔の国々の間においても、また一般に従来この交換が起こりえなかったところにおいても次第に可能となる。

さてかかるメンガーの所論(4)によれば、交易を仲介するところの多数の人間のすべてが、一見かれら自身が財の物理的増加に直接に貢献しないために、その行為が不生産的とみなされながらも、しかも経済的交換は、経済財の物理的増加と同じく人間の欲望のよりよき満足と交換者の財産増加とに貢献するから、この交換を仲介するすべての人間は、農民や工業者と同様に生産的であるとなる。あらゆる経済の目標は、財の物理的増加ではなくして人間の欲望のできる限り完全な満足である。このことの達成のための経済的犠牲の一つが保険料であり、交換にしばしば伴われる危険、しかも悲惨きわまるものであるそれのために、交換取引から引き出される経済的利益の全部が両交換者に帰属するのを妨げることになるのである。交換取引においては、一経済主体の支配から他の経済主体の支配へと諸財を相互的に譲渡するのに、そこには空間的な隔離があって、そのため財の移動が必要となり、ここに運送費などが要求せられるが、また時間の損失なども必要とせられる。この交換取引が、時間的損失に限られる時でも、経済的犠牲としての保険料がなくてはならないのであるとされるのである。

通常、現在財は同種同量の将来財よりも高い主観価値をもつ。主観的評価の結果が客観的交換価値を決定するとするから、現在財は同種同量の将来財よりも高い交換価値とそして価格とをもつ。現在財は同種同量の将来財よりも価値が大である。現在の欲望を充足しうる享楽財が現在財（gegenwärtige Güter）であり、外形的に存在していない財貨を称して将来財（künftige Güter）とする。しかしてなぜそのようになるかの主要理由の一つとして、欲望と充足との関係が、時期を異にするにおいて異なるということである。元来、現在財は現在における欲望と充足の関係から価値をえる。将来財は将来における同様の関係から価値をえる。ところが現在では財貨の不足を感じているが、将来は十分に財貨を持ちうると考えている人々があるとする。たとえば凶作または火災の損害を蒙った農夫とか、その家族の病気または死亡のために多額の費用を負担しなければならない手工業者、失業せる労働者を初めとし、各種の初学者、新進の医者、官吏、商人等々の場合などがそうである。現在さしせまった窮境にある人、一時の困窮に陥った人とか、将来経済生活が向上していくものと確信している人々である。多くの人々にあっては、現在財が乏しくて将来財が豊富である。つまり将来において資力が増加することになっている。このような人々は、同一量の将来財よりも現在財の方をより高く評価するのである。かれらを最悪の窮乏から救うところの現在の貨幣の方を、未来の貨幣よりも比較にならぬほど高く評価する点において、かれらはすべて一致している。

しかしながら、国民経済においては反対の事実もまた起こるということはめずらしいことではない。原則的なものに対する多くの例外の存在である。現在財は豊富であるけれども、将来財は乏しい人々がある。現在は比較的豊富な給与をえているが、将来はおそらくより悪くなると見込まれるような人々である。たとえば、働ける間は収入があるが、歳をとって働けなくなると収入が枯渇する恐れのある人々にとっては、とくにその収入が主として肉体的活動により生ずるものであって、晩年の生活時期においては労働能力を失うことが予想せられる多数の人々はこれに属する。

現在働ける年齢としては相当高位にあり、それに見合う適度の年収をえているものが、かれが保険に加入することによって、さらに高齢に達して働けずまた収入をえられなくなった場合、保険よりして受け取るであろうごく少額の養老金以外にはなにものをも所有せぬことが期待せられなければならない時には、かかる人々にあっては、現在のために用いられるところの貨幣は、未来にきたるところの貨幣よりより少ない限界効用が関係する。つまり現在財は将来財より低くかれらにおいては評価せられる。現在存在せる財貨は、必然的に現在にも用いられねばならぬ時においてさえそうである。かれらは財貨の現在およびそれに近い将来における使用を、将来の使用より低く評価するであろう。しかしこの場合には現在財は保存され、将来財として使用されるから、現在財と将来財との価値は等しくなるであろう。ただまれなる場合として、現在財を保存することによって将来の用に供しがたいことがある。腐敗しやすい肉や野菜など。この場合にあっては将来財がかえって現在財よりも高く評価せられるであろう。しかし交換経済下においては、現在財はほとんど貨幣の形態をとって存在していることをここで想い起こすべきである。さらにまた、人は近い将来いかなる偶然事により緊急の需要が生ずるか計りがたい。現在財は将来のかかる場合に備えて有利に利用することができるが、将来財はそのようにはならない。ここでも現在財は将来財よりも高く評価される。結局、きわめて多くの人々は現在における方が将来におけるよりも資力が小であるために現在財を高く評価する。また多くの人々は将来におけるよりも現在において多くの資力を持つけれども、現在財を将来のために準備として利用しうるがゆえに、現在財を将来財と等価のものとみる。すなわち現在財は将来財と等しく評価されるか、あるいは高く評価されるかであって、これが一般的傾向であり(5)、これに対してごく少数の例外があるにすぎない。つまり現在財が将来財より低く評価されるという場合は、現在における資力大にして、しかも現在財を将来の用に供しえざる場合のみである。現在と将来との連絡が特別の事情によって攪乱せられ、あるいは危殆に瀕せられたりするきわめて少数の場合においてのみ、現在財は将来財よりも非常に少ない主観的使用価値をその所有者に対して有するのである。

以上のようなボェーム・バヴェルクの理論(6)によれば、将来におけるよりも現在において支給を受けることの悪い多数の人々は、将来財よりも現在財を著しく高く評価するから、おそらく保険には大なる関心を示すことが少ないであろう。そしてこのような人々は、えてして保険に入る余裕の少ないものである。そしてこのような人々とは相違する別の人々にあっては、保険はいかに扱われるか？　現在において将来におけるよりもよりよく支給を受けているが、現在財を将来の用に貯え、その間の期間において予備的な財の貯蓄、予備的な貨幣の貯蓄として利用すべき可能性を有する人々は、現在財を将来財と同様に評価し、あるいは若干将来財よりも高く評価するにすぎない。このような人人は、現在において、将来に対する財すなわち貨幣を、予備として貯蓄するだけの余裕があることが考えられている。ここにおいてこそ保険の活用せられる場が十分に存在している。このような人々こそが最も多く保険に加入し、最もよく保険を利用するのである。そして最後に登場してくる人々、つまり現在財よりも将来財の方が価値が著しく大なる人々、将来財よりも現在財の方が価値が著しく小なる人々それである。そのような人々は、現在においても生活が豊かでなく、将来においては悪くなることが確実であって、しかも現在財を将来のために貯えることが不可能なのである。もし将来財が乏しくとも、現在財が豊富であれば、この豊富な現在財の一部を貯えて将来の用に供することができるのである。そうしたならば現在財は将来財としても使用せられるから、現在財と将来財とは同一の価値をもつものとして等しく評価せられるのである。しかし現在財の取得と保有がわずかに現在の生活を支えるに足るだけで、しかもそれほど遠くない将来に、たとえば歳をとりすぎて収入が枯渇する可能性の大なる人々こそは、最も多額の保険を必要とするであろうし、また保険への要求も強いであろうが、しかしここでは保険はこのような人々にとっては、手のとどかないところのものとなる。また保険よりすれば、このような人々は縁なき衆生とでもいえるところのものである。もしこれを無理に保険に結びつけたとしたならば、保険にとって逆選択を生じやすく、また失効・解約の続出ともなるであろう。せっかく現在財より将来財の方が価値が大であり、評価が高いことがわかっていながら。ただしなんらかの方法や形で保険がこのような人々に与えられると約束されていたならば、よしんばそれが少量のものであっても、それへの評価は絶大となり、またそれの価値は著大とされる。保険は、現在財と将来財の価値を等しくし、評価を同じからしめるものである。(7)

(注1) Pfeffer, I., *Insurance and Economic Theory*, 1956. pp.76〜78 において、"Time and Insurance" なる項をもって、経済計画の問題や経済の静態と動態についての保険の関連性の重要なることを指摘している。「時間と保険」という問題は、決して珍奇なるものではない。

(注2) Jevons, W. S., *The Theory of Political Economy*, fifth ed., 1957. Chapter II, Theory of Pleasure and Pain, pp. 28〜36, Appendix III, Brief Account of a General Mathematical Theory of Political Economy, pp. 303〜314

(注3) Menger, C., *Grundsäze der Volkswirtschaftslehre*, 1871. Erstes Kapitel, Die allgemeine Lehre vom Gute, S. 1〜31, Zweites Kapitel, Die Wirtschaft und die wirtschaftlichen Güter, S. 32〜76

(注4) Menger, C., *a. a. O.*, Viertes Kapitel, Die Lehre vom Tausche, S. 153〜171

(注5) Lerner, A. P., *The Economics of Control, Principles of Welfare Economics*, 1949. p. 244 「将来財は現在財よりも安くならねばならない。」

(注6) Böhm-Bawerk, E. v., *Positive Theorie des Kapitales*, Bd. 1, 1. Aufl., 1889. S. 328〜330

(注7) Carver, T. N., *The Distribution of Wealth*, 1908, pp. 235〜258 カーバーは、ボェーム・バヴェルクの、利子を現在財と将来財との価値の差に等しいとの説、現在財は同種同量の将来財よりも価値高しとの説に批判を下している。「もしも危険の要素を除外するならば、一ドルは一年先のそれよりも現在の方がより価値があるとは事実なりとは必ずしもいえない。」「具体的な財は現在の価値よりも将来の価値の方が大であることがある。それは具体的財が現在の欲望を満足させはするが、より強い将来の欲望を満足させるという見込みがあるからである。かかる場合においてはこの具体的な財の欲望充足力が将来

増加するということを推測して、よって貯蓄には高い報酬が支払われる。……　従って(たとえ倉庫料を払っても—筆者加筆）地下の倉庫を借りうけても貯蔵されるのである。」「現在の欲望が十分に満足されている時には、財貨の将来の用は現在の用よりも高く評価される。現在の消費の限界効用がきわめて低いからである。……　もしこれを貸付けるならば、これを消費しないために要せられる保管のための人を雇うような犠牲と同じだけの利子をとることができる。」そして後半においてカーバーは、「喪失の危険は、貯蓄を思い止まらせるに有力な要因である。」そして危険を解消させるために、それに見合う分だけ利子からこれを除外するが、しかもそれは具体的なまた測定可能な危険、「火災、洪水ならびに相場の変動より生ずる危険だけ」であり、測定不可能な危険、「たとえば貯蓄する人が、その貯蓄を活用せずに死にはしないか、生きていても将来家計が豊かであって、その貯蓄は現在感じているだけの必要はなくなりはしないか」の危険が存し、後者の危険を貯蓄の標準的なる犠牲から除外することはできそうにないとして、「この種の危険が資本の蓄積を妨げる範囲では、それは利子率を増加させる。」「具体的な測定可能な危険は、貯蓄よりもむしろ企業を妨げて、従ってそれは利潤の一源泉である。」よって「利子理論上の生産力説と犠牲説（the productivity and the sacrifice theories of interest）とが調和するのは、価値論上の費用説と効用説(the cost and utility theories of value）とが調和するのとまったく同一である」と。

Carver, T. N., *ibid.*, pp. 272～287「普通の保険にあっては、被保険者から保険者へ危険を転嫁しても、負担される損害率は減少しない。しかしながら危険の総額は減少する。というのは損害を転嫁された人は、つまり保険者は、被保険者よりもより容易に、すなわちより軽く損害を負担するからである。ゆえに被保険者は保険者に、損害を償うに足るよりもより多くの保険料を支払うことができて、これが保険業の利潤となる。」企業者は特有の優れた損害を避けるための予見力や手腕を有して、この特有の機能を遂行しながら、だれをも搾取や収奪をしないで剰余を獲得する。「かれの剰余のこの部分こそは、もしかれが負担しなければ、他の人々（労働者、地主、資本家—筆者加筆）が負担したはずの危険以下に、これを軽減したという事実によるのである。」企業者の危険負担機能による利潤の獲得である。そして「投機者は、他の人々の危険を軽減させることによって、一種の保険を与えているのである。」カーバーはかくて、「利潤学説としての危険負担説と利子学説としての制欲説（the risk theory of profits and the abstinence theory of interest）には類似がある。……　生産物を現在の価値で買い入れて、将来の収益の成熟するのを待望する人は、ここに利子という剰余を取得し、同様に不安定な条件下で危険にさらされて企業を営む人にとっては、設備、そのうちには雇用労働を含むそれらの現在の価値は、生産物の予想される価値よりも、利子を考えてもなおより少なくなるわけであるから、よって企業家は利潤としての剰余を取得する。」「利潤は他の分け前を支払った残余である」と。

二　経済における予想と保険

消費し尽くされることのない社会的富、または一回の使用では消耗せず、従って長い期間に消費し尽くされる社会的富を固定資本（capital fixe）または一般に資本（capital en général）と呼び、一回の使用によって消耗する社会的富を流動資本（capital circulant）または収入（revenu）としよう。資本を消費するということは、まず資本を収入と交換し、しかる後にこの収入を消費することを意味する。同様に収入を資本化するには、これを資本と交換しなければならぬ。資本は貯蔵（approvisionnement）ではなく、資本の本質は収入を生ぜしめることにある。収入の本質は資本から直接または間接に発生することにある。資本と収入との区別を明らかにするために、資本の使用によって成立する収入に用役（services）なる名称を付する。この用役のうちで公私の消費の対象となるものを消費的用役（services consommables）、生産物に変化せられる用役を生産的用役（services producteurs）とする。前述の資本と収入の定義を考慮して行なえば、ここに社会的富を四種に分かつことができる。第一は土地（terres）であり、これには住宅、庭園等の敷地から、工場道路、鉄道等の敷地が属する。これらの土地はいずれも収入を生ずる。ゆえに土地を土地資本（capitaux fonciers）と呼び、その収入を土地収入（revenus fonciers）または土地用役（services fonciers）、地用（rentes）という。土地は使用によって消滅せず、その用役は持続する。第二は人（personnes）、人的資本（capitaux personnels）である。人もまた収入を生ずる。閑人のなす享楽、官吏が提供する用役、労働者が行なう生産はいずれも収入である。土地と同様に人もまた一回の用役を産出した後も持続し、その用役は継続的収入となる。ゆえに人を人的収入（revenus personnels）または人的用役（services personnels）、労働（travaux）と呼ぶ。第三は土地または人以外のすべての資本である。家屋、家具、工場、機械、樹木等がこれに属する。これらのものもまた収入を生ずる資本である。一回の使用によって消滅せず、その用役は持続する。これらを動産資本（capitaux mobiliers）または狭義の資本といい、その与える収入は動産収入（revenus mobiliers）または動産用役（services mobiliers）、利殖（profits）ともいう。第四は収入である。すなわち一回の使用によって消滅する消費財および原料の一切がこれに属する。かくて生産要素としては三種の資本と三種の用役があるとせられる。土地資本と人的資本と動産資本とであり、土地用役と人的用役と動産用役とであり、そして土地と地用、人と労働、資本と利殖とである。

価格は市場においてしかありえない。従って生産物の価格と用役の価格とを決定するためには生産物の市場と用役の市場とを考えるのと同様に、資本の価格を決定するためには、資本市場と称せられるところの資本が売買せられる市場を考えねばならない。生産物は利用があるゆえに需要せられ、用役は利用があるゆえにかつそれによって製造せられる生産物が価格を持つゆえに需要せられる。しからば資本はいかなる理由によって需要せられるのであるか。資本が持っている地用、労働、利殖の理由によってであるのはもちろんであるが、ことに資本が地代（fermage）、賃金（salaire）、利子（intérêt）を生むからである。資本の価格は用役の価格すなわち収入に本質的に依存する。それは明らかに別個な次の諸要素から組成されている。ここからワルラスにおけるその保険理論(8)が展開せられてくるのである。

現に存在する諸資本は使用によって破壊せられるのではあるが、いずれの資本も同様の速度で破壊せられるのではない。そこで収入が同一であっても、資本の消耗が速いか否かによって、人はこれをあるいは低廉にあるいは高く購うという結果がでてくる。さらに諸資本は偶然事故により突然に不意に消滅しうるのであるが、同様の速度で突然に不意に消滅するのではない。そこで収入が同一であっても、資本が偶然事故により消滅する速度に従って、人はこれをあるいは安くあるいは高く購うという結果がでてくるのである。そしてこれら二つの事情を数学的に計算の中に入れることは甚だ容易である。まず第一の要素に関しては、資本を常に新資本の状態に維持するに必要な額を、または資本が使用しえないようになった場合にこれを再設備するに必要な金額を、資本の価格に比例して、年々の収入の中から控除しておくと仮定すればよい。これはいわゆる資本の償却をすることである。この目的のために控除せられる金額は償却費と名付けられるものであるが、この額は各資本によって同一ではない。けれども一度控除がなされた時には、すべての資本は使用による減損という点についてはまったく同一となるわけである。

第二の要素についてみても同様である。年々偶然事故によって消滅するすべての資本と同様なものを再建設するに必要な金額を、資本の価格に比例して収入から控除しておくと仮定すればよい。これは資本保険(assurance du capital)と呼ばれているものである。この目的のために控除せられる金額は保険料(prime d'assurance)であるが、これまた各資本によって同一ではない。けれども一度控除が行なわれた後は、偶然事故による消滅という点からは、すべての資本はまったく同一であることとなる。かくてすべての資本は償却費と保険料の存在によって不滅となるのである。

資本の価格をPとする。用役の価格をpとし、これを償却費と保険料を含む収入、すなわち粗収入(revenu brut)とする。μPを償却費、νPを保険料とすると、粗収入から償却費と保険料を差し引いたところの純収入(revenu net)πは次のごとくである。

$$\pi = p - (\mu + \nu)P$$

土地は自然的資本(capitaux naturels)であって、人為的資本(capitaux artificiels)でもなければ生産物でもない。土地は破壊せられえないところの不滅の資本(capitaux indestructibles et impérissables)である。従って土地の場合には、償却費も保険料もその収入から控除する必要がない。そして人間の人的能力もまた自然的資本であるとされる。その量は産業的生産の運動によって定まるのではなく、人工の運動によって定まる。だが土地と異なり、人的能力は破壊せられ死滅する資本であり、その償却と保険とは、生殖および労働者の妻子の維持、教育および訓育によってなされると考えてよい。かかる理由によって、人的能力の量もまたわれわれの問題の与件であって未知数ではない。これらに対して人為的資本なる狭義の資本は、破壊せられかつ消滅する資本であるから、その収入から償却費と保険料を控除せねばならなくなるのである。

さて収入の消費に対する超過額と、資本の償却費および保険料との関係について三つの場合を区別することができる。まず第一は、この正の超過額が資本の償却費と保険料の合計に等しい場合、この場合には人は自己所有の資本をまったく単に維持するにとどまり、これを増加も減少もしないのである。次いで第二は、正またはゼロまたは負の超過額が、償却費と保険料の額より小であり、これを償うに足りない場合、この場合には人は狭義の資本の一部を現実に消費しているのである。この資本は償却も保険もなされないで、次の年度にはもはや全部の額すなわち従来の額に等しい額は存在しない。なぜならばこの資本の一部は使用によって破壊せられ、一部は偶然的出来事によって消滅するであろうからである。さらに第三は、正の超過額が償却費および保険料の額より大である場合、この場合には人は資本の量を増加して、消費的生産物を需要する代りに狭義の資本の生産を需要する。すなわち貯蓄をなす。貯蓄とは、収入が消費を超過する額と狭義の資本の償却費および保険料の額との正の差額である。

人が単に狭義の資本の償却と保険をなすにとどまるか、またはその元金の一部あるいは全部を食らうつまり消費する限り、新資本を需要する代わりに多かれ少なかれ消費的生産物の生産を需要する。これに反し貯蓄をする場合には、消費的生産物を需要する代わりに、多かれ少なかれ新資本の生産を需要する。収入が消費を超過する額が正であり、かつ現存の狭義の資本の償却費と保険料との額よりも大でなければ、真に貯蓄はありえない。ここで永久的純収入(revenu net perpetuel)という一つの商品を仮定してみる。その価格Peは$1/i$に等しく、その需要量deは計算貨幣を単位として表わされる。iは永久的純収入の資本価格に対する比率である。もしその純収入が永続的でないとすれば、その価格Pe'は$1/i$より小となり、iの関数となる。かかる理念的商品を相当の程度に正確かつ具体的に代表しているものは、生命保険料の計算の基礎になっているところの、可変的ではあるが一定の期間一定した率iをもつ永久的純収入である。保険会社は、正または負の貯蓄の創造者と資本の市場との仲介者である。保険会社は死亡者に保険金額を、また他の者には支払を延期していた資本(capitaux différés)を支払うために純収入を需要し、あるいはまた他の者に終身年金(rentes viagères)を与えるために純収入を供給する。そして結局もし会社の準備金が増加することになれば、国家は新資本を生産したのであり、反対の場合には国家は現存する資本を消費したことになるのである。

ワルラスはさらに続けていう。狭義の資本は破損・消滅する資本である。ゆえにその純収入はその収入から償却費と保険料を控除したものである。資本の価格は、その総収入を純収入の資本に対する比率である純収入率で除した商に等しく、あるいはその粗収入を粗収入率すなわち純収入率(taux du revenu net)、償却率および保険料率の和で除した商に等しい。新資本の販売価格は、純収入率・償却率・保険料率の合計で総収入を除した商である。償却費または保険料が大となれば資本の価格は小となり、もしそれが小となれば資本の価格は大となる。これは資本価格の変化の法則の一つを示している。しかしてもし狭義の資本の償却と保険とが、用役と利殖の消費者の負担となり、資本の所有者の負担とせられないという条件の範囲内において、自由競争によって支配せられる市場における資本化は、収入の消費を超過する額が、貯蓄の創成者と新資本の用役の消費者に最大満足を与えるように狭義の新資本に転化する作用である。欲望の最大満足および貯蓄形成をする個人の最大満足および新資本の利殖を消費する社会の最大満足を生ずるに適当な性質と量との狭義の新資本に転化される操作である。

再三の記述のごとく、資本の価格は総収入なり償却費なり保険料なりに予想される変化によっても変化するものであるが、同時にまたこのような予想される変化に関しては、その評価は人によって著しく異なることをも注意せねばならぬ。多くの人々は、理由の有無はともあれ、純収入の減少する憂のある資本を売り、同じく理由の有無はともあれ、純収入の増大が予期される資本を買うのである。しかして土地にあっては、総収入と純収入とが同じであるから、価格変動の二原因、すなわち償却費の変動からくる原因と保険料の変動からくる原因とがないわけである。人的能力にあっては、奴隷制度の許されていないところではその売買は行なわれない。ゆえに残るものは、総収入や償却費や保険料が一定していないで、従って価格がはなはだ変動しやすく、投機の興味のために日々売買されている狭義の資本のみである。かかる動産資本の市場こそが重要な問題である。たとえば資本が工場または国家に貸付けられた資本であり、企業または国家の破産の危険に対する保険料があるとすれば、この工場または国家の社債または国債の価格は、これらの危険に生ずるまたは予想される変化に応じて変化するということになる。

さて今、約二、五〇〇万から三、〇〇〇万人の人口を有する一つの国があり、そこには総価値 $T=800$ 億の土地と、総価値 $P=500$ 億の人があり、総価値 $K=600$ 億の固定および流動資本すなわち狭義の資本と収入とがあると仮定した場合の純収入率は $i=\frac{2.5}{100}$ であり、土地から年々 $t=20$ 億の土地収入を生じ、人は $p=50$ 億の人的総収入を生み、このうち一二億五、〇〇〇万は純収入であり、三七億五、〇〇〇万は家族の維持や教育等に費やされる償却および保険料であると仮定する。また狭義の資本は総動産収入 $k=30$ 億を生み、このうち一五億は純収入、他の一五億は償却および保険費用であるとする。この償却および保険費用は新狭義資本の購入に用いられ、本来の意味の貯蓄の結果として資本家みずからあるいは地主または労働者が購入する狭義の新資本に損害を生ぜしめないものとする。土地資本のうち三二〇億は消費的用役を生産し、四八〇億は生産的用役を生産するものと仮定する。人的資本のうち一四〇億は消費的用役を、三六〇億は生産的用役を生産する。また総資本は四〇〇〇億の固定資本と二〇〇億の流動資本とに分かたれ、固定資本のうち一二〇億は消費的用役を、二八〇億は生産的用役を生産すると仮定する。さらにまた流動資本のうち四〇億は消費者の手中にあり、そのうち二〇億は消費財の貯蔵の形で、他の二〇億は流通貨幣および貯蔵貨幣の形で存在し、一六〇億は企業者の手中にあり、そのうち四〇億は新資本の形で、四〇億は原料の貯蔵の形で、六〇億は新収入の形で、二〇億は貨幣の形で存在すると仮定する。かくて生産の要素の一三項が揃ったわけである。

流動資本の数字は年々の生産および消費の数字と一定の比を保つ。一年の生産および消費を一〇〇億とするためには、一、〇〇〇億の取引すなわち交換が必要であろう。企業者は消費者に売るだけでなく、相互に原料を売り、商品を卸売りする。各企業者は一定額の取引をなすために、一定の流動資金を必要とする。流動資金の取引額に対する比は生産物の種類によって同一ではない。ある農産物たとえば葡萄酒のように生産に一年を要するものは、流動資金は取引額に等しくなければならぬ。ある商業的生産物たとえば野菜のように、朝に大口に買い入れられ、一日のうちに小売りされるものは、流動資金は取引額の三百分の一にしかすぎない。そこで平均を求める必要がある。取引額を一、〇〇〇億、流動資本の額を二〇〇億と仮定し、従って製造の期間の平均を五分の一年と仮定するのである。

総額の $T+P+K=1,900$ 億は、資本および収入にわたってこの国の社会的富の総計を表わしている。t、p、k で表わされているのは、土地、人的能力、固定ならびに流動資本が生産に協同している割合である。また土地所有者、労働者、資本家が年収入 $t+p+k=100$ 億の消費にあずかる割合である。この一〇〇億の年収入は、土地資本、人的資本および動産資本の所有者自身なり、またはこれらの地用、労働および利殖の獲得者なり、または個人なり、または国家なりによって直接に消費せられる地用、労働および利殖三〇億と農業・工業・商業によって生産物に変形されるべき地用、労働および利殖の七〇億とからなる。もし欲するならば、一〇〇億の年総収入のうち、八〇億が消費せられ、二〇億が資本化せられ、さらにこの二〇億のうち一五億は現存の狭義の資本の補償および保険の目的に供せられ、五億は新狭義資本の創造の目的に供せられると仮定してもよい。

最後に、現実にいよいよ接近していくために、一年を期間とする市場の仮定を捨てて、永久市場(marché permanent)の仮定を採らねばならぬ。すなわち静態から動態に移るのである。そのためにさきに数字を示してきた一年の生産および消費を一年内のすべての時間にわたっているもの、一年内のすべての瞬間に分散せられているものと考え、また問題の根本的与件が各瞬間において変化すると考える。消費財の貯蔵二〇億、新資本四〇億、原料の貯蔵四〇億、新収入六〇億は、あたかも一方の枝端が絶えず切断せられ、他の枝端が絶えず成長している樹幹のようなものである。あらゆる時間、あらゆる瞬間において、流動資金の諸部分の一部が消滅したり、現われたりしている。人的資本、狭義の資本、貨幣もまた同様に消滅し、再現する。ただこれら生滅の速度が遅いだけが異なる。そして土地資本だけがこの更新を免れている。このようなものが永久市場であり、それは常に均衡への傾向を示しているが、決して均衡には達しえない。なぜなれば永久市場は模索によってのみ均衡に向かうものであり、この模索が行きつく以前に問題のすべての与件、たとえば生産物や用役の所有量ならびに利用、製造係数、消費に対する収入の超過部分、流動資金の必要等が変化して、再び模索が始まるからである。その有様は湖水が風に攪乱せられ、水面が絶えず均衡を求めながら、決して均衡の状態になりえないのと同様である。用役や生産物の有効供給がその有効需要に等しくて、生産物の販売価格が生産的用役から成る生産費に等しい場合は決してないのである。損失を蒙りつつある企業の生産的用役はもちろん利益のある企業へ種々なる方法で、その主なるものは信用の作用であるが、転用されていく。しかしこの速度は甚だ遅い。ある場合には販売価格が常に生産費以上に上がり、生産物の量の増加も価格騰貴を停止せしめないことがあり、またこの騰貴に続いて起こる価格下落が、生産費を急激に販売価格の上に出でしめて、企業者をしてこの生産から後退せしめる場合がある。たとえば湖水面が時として暴風のために深く動揺せしめられるのと同じく、市場もまた均衡の急激な一般的攪乱である恐慌によって激しく動揺せしめられる。そして均衡の理想的条件をよく知れば知るほど、これらの恐慌を阻止し、又は予見しうるのである。

ワルラスは、その経済理論のうちにおいて、比較的多く保険の問題に触れているが、その大要は上述のごとくであった。ところでワルラスはその理論にあって確かに経済の発展的状態についても論じ、静態から動態への理論の移行に努めている。一般均衡理論は、均衡状態あるいは静態における経済過程の記述を任務とするものであり、この限りにおいて経済の変動過程そのものはその考慮の外に置かれるであろうが、しかし経済理論はさらに一層豊富なる問題の解決を要求して、一般均衡理論そのものがさらに一層の現実化を要求されてくる。そしてその結果一般均衡理論の側から、一般均衡理論を出発点としながら、経済変動の問題に接近しようとする志向が現われ、努力が払われるようになる。これはワルラスにおいてもすでに十分認められるところである。

ワルラスは経済状態が静態的でありうるためには、保険が必要であることを述べている。保険によって諸資本は不滅となりうるのである。交換および生産の均衡に到達するためには、一定の時間中、問題の与件を不変であると仮定しなければならない。原則としての均衡の成立を目的とする予備的模索の過程を思いうかべればよい。考察される一定の期間中、問題の与件に変化がなく、与えられた条件において、生産的用役および生産物の引渡しに関し均衡が有効に当初から成立する静態過程がこれである。そして与件の変化による均衡の不断の攪乱ならびに攪乱せられた均衡の不断の回復の動態過程が考えられ、ここに静態の観点から動態の観点に移り行く可能性をいっている。しかして与件である自然的資本としての人間の人的能力の量と人為的資本としての狭義の資本である生産物の量を既知数として一定不変に保つのが保険であるが、しかも永久市場においては問題のすべての与件、たとえば生産物や用役の所有量などは変化するものであることをワルラスは指摘し、そしてまた保険料が変化し、決して一定していないことをも同じくワルラスは指摘している。かくて与件は変化し保険料もまた変化する。ここに至って、主として資本化の理論と経済的発展の条件と結果に関する理論の両部分において、静態理論のうちに動態理論が採り入れられていくのである。

ワルラスの静学的理論は、結局は市場状況の変化の間において摩擦が存しないことを仮定するものであろう。そしてさらにかくのごとき市場状況の変動は、与件の変動よりしか生じえないとするものである。またかかる与件の変動に対する経済の組織の適応速度が無限大であることを仮定していると認められる。そして問題の与件が時間の関数として変化するとしたところで、ワルラスの理論は、交換、生産、資本蓄積および貨幣を含む過程の時間的断面のそれである。問題の与件、そしてそのうちには保険料率も含まれて考えられてよいが、これらの変化は考察せられた期間の次の期間においてしか働きをなさないとすることによって、経済状態は依然として静態的であるとするのである。

動的な過程としての現実の経済を、各時点における無数の静的均衡状態の系列とみるというのが、終局的にはワルラスの立場であった。経済発展の時期を区画しつつ観察し、各時点をそれぞれ不連続のもの、階段状のものとしながら経済発展を説くワルラスにおいては、本来長時間にわたって固定の率を堅持し、しかも経済の静態的状態を前提として、その中でそれを持続すべく機能する保険が、比較的丹念にその理論体系中に組み入れられたのは、まことに当然といえる。そもそも保険料率は、過去の統計と経験より割り出され、それを現在に適用し、しかも保険契約の存続中将来に向かってもまた適用するものである。しかも保険は人的能力の破壊や死滅、諸資本の偶然事故による消滅の蓋然性・確率を完全予想することができるとの立場に一応立っているのである。保険料率をも変えずにはすまないであろうし、また完全予想が決してなしえないところの不断の連続的な経済の発展は、保険においてはとりえざるところである。ここにワルラスのとりえた階段状の、時間的断面としての、不連続の無数の静態状態の積み重ねによる経済発展の把握の理論が、保険にとくに適することになる。つまり保険は各時点、ただしそれは相当の長期間にわたるものと考えられているが、この静態的一時期内においてこそ、その中にあってのみ、その中のものであった時に、真に十分にその合理性を持ちうるとなる。このような保険が、それぞれ別個のものとして無数に積み重ねられていくところに、経済発展に即応した保険があるとなる。ワルラスの経済理論に基づいて保険を解釈したところである。

静態的均衡は経済的事象の完全なる予想を前提としている。しかして完全なる予想というものがあるならば、模索の必要はないであろう。模索が行なわれる限り、そこには完全なる予想というものは考えられぬ。しかるに均衡は不完全なる予想の上に成立するものではない。結局模索の過程を経ることによって、その結果はやがて不完全なる予想が修正せられて、模索の終わるところ市場に関する完全なる予想がえられるとなるのである。しかしながらすべての経済的事象間に相関の関係がある以上、それらの財の需要または供給を完全に予想するためには、資料としてはすべての財に関する予想が必要となって、かくのごときはとうてい期待することはできない(9)。また模索を行なっているものは、個々別々の一単位の経済主体であるが、それら各主体の抱いている予想の総体としての需給の総合すなわち社会的需要供給について、それが均衡を成立せしめる完全なる予想と考えること自身に疑問がある。また各個別経済主体はきたるべき時期の経済的事象に関する予想のための十分なる基礎の上に立っているものでないから、これまた問題点となろう。過去の長い経験から推して遠き将来の事象に関する予想をなすに際し、その困難性の大なることは指摘するまでもない。これを保険についていえば、保険がなされるためには、予想関数が客観的に確立せられていること、ならびに予想の試行が相当に大なる回数において行なわれて、しかもそれが累積せられることが必要条件である。

将来の変動(10)に対して各個別経済主体が適応する方法は、その変動に関してあらかじめ予想を立て、それによって計画を運んでいくことである。かくて時間の要素がここに含まれてくるのであるが、予想に関して不確実と危険とが区別せられる。数学的測定の不可能なるところの予想と事実との離れの生じうる可能性を不確実性といい、数量化しうるものを危険と称して、この後者のみが保険の対象となりうるとする。不確実のある限り完全なる予想はなく、完全なる予想のない限り静態均衡はない。

経済変動の時間的経路が既知なものと仮定しその分析をすすめるところの静学的な均衡分析にあっては、もっぱら経済諸量間の同時的関連が考察せられ、その時間的経過に対してはさしたる注意を払わなかったのは当然である。しかしながら経済諸量の変動を、その時間的経過に従って追求しようとする、経済変動の時間的経路を直接その問題の対象とする傾向が強まってきた。そしてそこではまず経済諸量の変動を連続的な各時点に関する変化率として把握する方法と、次いで時間の経過を不連続的な単位期間に分割し、経済諸量をその単位期間当りの大きさとして把握する方法とが考えられる。保険は明らかに後者の方法のうちに考えられ、また保険自身が後者の方法に則っている。後者の方法によれば、各経済主体は、その期間中は予想と現実と違うことがあっても計画を変更せず、その期間中は、価格は一定の高さに維持され、その変動はただ次の期間との境目において初めて起こるごとき単位期間を設定し、経済変動をかかる単位期間に刻み、この単位期間内の均衡が次々に連らなった鎖として経済変動の模型を構成する。この中で与件の変動もまた一定として把握されている。偶然の災害の発生率も当然一定に抑えられていて、次の期間に移った時にのみその変更と修正が許される。かくて保険によって経済諸量の変動を極力最小限に抑えながら、保険料率もまた一定の高さに維持せられて、そして単位期間内の均衡を保持するのである。しかも保険自身も、その保険料率を固定させることによって、単位期間内での安定あるいは安全を保持していくのである。

重ねてワルラスに触れる。ワルラスは経済発展の時期を区画しつつ不連続的に階段状のものとして考察した。しかしてこの単位期間を短いものとさせることによって、経済発展を連続化し、時間的経過に伴う変動を描き出すことは一応理論的には可能であろう。そしてワルラスは資本化を論じて新投資の問題にも及んでいるが、そこでの新投資は、それが行なわれたとしても、その作用が即時的に直接的には発揮されず、またその作用が経済の在り方や規模を大きく変えるほどには考えられていない。かかる理論的制限の下での静学の動学化である。保険は偶然事故に対する完全予想の上に組み立てられるべきものである。この意味においては、まさにワルラス的思考方法が適合する。ワルラスは保険料率の変化についても言及しているが、そこには一定の限界が存することが暗黙に前提せられているとみるべきである。ところで経済の発展が急速であり、経済変動の規模が大である時は、ワルラスの保険理論のみでは不十分となるのである。このことは保険の静態均衡的な、その本来の性格に深く由来するところである。

（注8）Walras, L., *Eléments d'économie politique pure ou Théorie de la richesse sociale*, 1926. レオン・ワルラス著、手塚寿郎訳『純粋経済学要論』（岩波文庫、上巻　昭和二十八年十一月、下巻　昭和二十九年五月、岩波書店）。ワルラスの保険論は次の各部分にある。上巻　第四編　生産の理論、第二十章　生産方程式　三一八頁。下巻　第五編　資本化及び信用の理論、第二十三章　粗収入と純収入とについて。純収入率。消費を超える収入の剰余について　九～二六頁。第二十五章　資本化及び信用の方程式の解法。純収入率の成立の法則　三七頁。第二十六章　消費的用役として用いられる新資本の最大利用の定理　六三頁。第二十七章　生産的用役として用いられる新資本の最大利用の定理　七一頁。第二十八章　純収入率の変動の法則。新資本の購買及び販売の曲線。資本の価格の成立及び変動の法則　七三～八一頁。第七編　経済的発展の条件と結果。純粋経済学諸体系の批判、第三十五章　永久的市場について　一七三～一七九頁。

（注9）Knight, F. H., "Profit", Fellner, W., Haley, B. F. ed., *Readings in the Theory of Income Distribution*, 1954. pp. 533～546「現在の経済社会についても完全な知識を持っている人はないのに、まして将来における諸現象の動向を予見するのは、なおさらむずかしいことである。」「企業者の優秀あるいは劣等の程度、不可抗力的な運、不運によって、予想と現実の一致と不一致が生ずる。」「このことから企業者獲得の利益差が生じ、いわゆる成功と不成功が生ずるのである。」

(注10) Newman, W. H., *Administrative Action, The Techniques of Organization and Management*, 1958. p. 58 ニューマンは、予想の確実性は、それが将来の長期間に及ぶにつれて、急激に減少するとした。

Gutenberg, E., *Grundlagen der Betriebswirtschaftslehre*, Bd. II, Der Absatz, zweite Auflage, 1956. S. 56「企業の長期的計画には、大なる不確実性要素がある。」

補注(1) Kalecki, M., *Theory of Economic Dynamics*, 1954. p. 157「経済が静態を保持し、攪乱がなければ、周期的変動は発生しない。」

補注(2) Miller, D. W., Starr, M. K., *Executive Decisions and Operations Research*, "Certainty, Risk, and Uncertainty", 1960. pp. 80〜81

補注(3) Lange, O., *Introduction to Econometrics*, "Irregular Fluctuations……(a) fluctuations caused by exogenous factors——catastrophic fluctuation……(b) random fluctuations——random errors", 1956. pp. 22〜23

三　経済計画における時間と保険

経済計画 (economic planning, wirtschaftliche Planung) の問題は、経済に対する国家計画が現実に顕著な姿を現わしたのにつれて生じてきた。そしてそれは現在の世界各国における最も重要な経済問題となったのである。それは現存の経済制度における多くの矛盾を解決し、そしてより一層よい経済制度を創造せんとする意図のもとに行なわれる。どのような性格のものであれ、またその程度は相違していても、資本主義諸国は、多少とも計画化を採用しつつ経済の建て直しに努めている。そこではかつての自由経済に立ち返ることはおよそ考えられていない。資本主義制度の限界内において計画化の諸方策を実現せんとするのが、資本主義的な経済計画化であり、そこでは一応資本主義の経済制度の基本的な特質が維持されながら、計画化が推進せられていく。経済理論の提供する知識を基礎として、達成さるべき計画目的と、それを実現する諸手段とに関する知識を組織立てることを課題とするのが経済計画の理論である。経済計画は、一国国民経済の経済活動に関するある目的を立て、それを実現するための諸手段を講ずることを意味している。しかしてこのことは、最近の経済学の発展によるところが多く、つまり巨視的な経済の分析方法が発達して、一国全体の経済を計画的に組織し、運営することを可能にする理論の成長したことがこれである。現代の資本主義が、かつての黄金時代のように、自由放任のままではありえなくなって、国家が経済活動に大なる比重を占めるに至って、政策の最も進んだ型としての経済計画が全面的に登場してきたのである。そして経済計画は、目的の実現可能性を事前的に吟味するという意味で、計画作成の作業の中に経済予測の問題を含んでいる。経済計画は過去と現在とを出発点として、将来を展望して作成せられる。それは実現しようとする目的ないし目標を設定することより始められ、次いで現在および将来の調査と予測を基にして、すでに設定した目的ないし目標を有効に実現するために、実現可能な具体案を作成し、かくて作成せられた案を実行するための諸措置をとることである。経済部分の計画を問題にするものである経済計画においては、それが計画といわれるからには、将来に対する時間的展望の重視があることはもちろんであり、時間的要因を含む経済計画が、さらに危険なる要因を蔵していることも自明であろう。計画とは危険要素を考慮に入れなくては十分に適正なものとはされがたく[11]、危険要素のあるところ保険も必ず関係を有する。

危険の存在が、主要な経済計画の形成や作成に大なる影響を与えることがまず指摘せられる。経済計画の作成に関し、計画の立案者は種々なる条件を考えて、それが計画の実施の過程にあってどのように現われるかを計るものである。与えられたるものとして取り上げられて組み込まれる条件と、その実際に事実化した状態との間の開きができるだけ小さくなるように計画は作られなければならないが、ここである種の危険が大きく見積もられれば、そのことによって長期の計画が思い止まられるような事態すら生ずるであろう。たとえば戦争の危険が著しく大であれば、長い期間を経過した後に初めて財や用役を提供するであろうような投資は、断念せられる。しばしば火災や洪水ならびに病気の危険などが考慮せられて、経済計画が破棄せられることがある。これらの危険の存在が、経済計画の立案時における条件と、[12] 経済計画の実施時における条件との開きが大となる可能性を予想せしめるからである。危険は経済計画の立案時における条件と経済計画の実施時における条件との開きのうちに存在し、またその開きをきたすものであるとされる。この両者の厳密な区分が必要であると認識された時に、経済理論のうちで、危険に関する諸理論が正当な評価を与えられたのであった。

経済計画における危険は、その計画のうちに種々なる対策を含むことによって避けえたり、克服せられたり、また処理せられたりする。現代の経済組織内にある諸個人が当面するかも知れないような危険の諸結果を最小限に止めることは、経済計画における目的達成のために、または目的の早期あるいは円滑なる達成のために追求せらるべきところである。このことは、まず諸個人をして、個人的な自己自身の決定に従って保険組織へ加入せしめることより始められる。諸個人がその身体あるいは財産を傷つけ損うような疾病、傷害、火災、盗難等に対する将来の臨時的支出に、保険をもって備えるのである。それは個人的危険に備えるための、個人的な貨幣の予備的蓄積である。[13] この個人的危険の補償を保険の機構を通じて実現させ、この方法によって、不完全であったり不十分であったりはすることがえてしてあるが、しかも経済計画の実施と達成のための一障害は除かれるのが実際である。経済計画の遂行に、諸個人の自由的な保険加入を活用するのである。

国家の力によって、保険組織へ強制的に加入せしめて、危険の補償に必要な金額を、その所得のうちから徴収する方法は、諸個人の自由意志による保険組織への加入よりは、一層経済計画にとっては直接的であり強力的である。しかしこれよりさらに全般的な社会施設の創設と国民所得にその基礎を置く保険基金の形成によって諸個人の当面する危険の諸結果に対する保障を与える方が、より経済計画の本義と性質に合致する。しかして実際には、同一の危険が年々ほぼ同一の大きさで生じているがゆえに、この種の危険の補償のために徴収さるべき金額は容易に予測されうるのである。この金額は、その経済計画を採用し、実施し、達成せんとしている国家の、不生産的諸支出の一部を形成するものである。

国家内における諸個人の身体や財産を傷つけ損うような危険のほかに、その国家の財産をめぐって存在する危険がある。これは火災、地震、水害その他による国家公共財産の一部分の破壊である。この場合には、国家はその補償金の支払に充てられる財あるいは貨幣を、その国家財産から控除することになり、従って一般的な意味での保険はそこには現われてこない。そこでは国家は、その年間に補償さるべき危険の総計と性質とを包括的に予想し、この補償に要する総額を国民所得から控除し、これと並行的に、この危険の諸結果の効果的な修復に要する諸財貨を、総生産のうちから控除するのである。そしてこのことを行なうことによって、経済計画遂行を可能としていく。その過程での危険に対処していく。

真に十分に完全である経済計画の下においては、失業の問題などはありえない。そこでは失業というよりはむしろ高年齢者の老後の生活保障としての問題のみがありうるだけである。しかし資本主義社会においては、失業の問題は重大なる問題であり、そこでの諸個人の収入のほとんどが労働によって獲得せられ、財産の運用によってえられるのでない場合、とくに失業の問題は深刻であり、老齢者問題でさえも一種の失業問題として現われてくるのである。失業は、経済計画にあっては、生産力の不使用または生産力の不利な利用として現われる。このことは一般の生産力の、たとえば機械とか設備とかあるいは土地とかの不使用または不利な利用と同一に論じられてよい。所得をもたらす雇用を発見しえない失業者の存在は、一種の生産力の浪費である。この生産力の浪費に対する最大の効果的な保険は、完全雇用と生産力の合理的な利用とを同時に実現する経済計画の採用そのものである。経済計画の遂行につれて、当然若干の失業発生の危険が考えられるが、経済計画はこの危険への配慮を含まなければならない。そもそも失業の危険は、資本主義の経済発展には不可避のものであり、また相当大規模に、時として周期的にまた慢性的に発生するものであるから、これに対して失業保険をもって対処しても必ずしも十分ではなく、むしろこの失業の危険の存在が、経済計画の誕生を促し、その広範なる採用をもたらしたのであった。

いかに経済計画の立案者が細心の注意をもって合理的に作成したとしても、しばしば原計画を変更しこれを新しい情況に適用させることの必要が生じてくる。[14] この場合は、かかる事態を誘発した危険が、実は保険数理的に、つまり現在の水準の保険数学では把握しがたいものであったことによるのである。[15] 数量として把握しがたいもの、把握できないものは計画に組入不可能である。一般に、経済計画にあっては、その主要計画は経済活動の大方針だけを決定するにすぎない長期の計画であり、これに対して短期の計画をもって、その時々の主要計画を修正しつつ、計画立案時の条件と計画実施時の条件との接近を成就させなければならない。短期の計画は大綱を定めた長期の計画を修正するものである。完全なる予想は、多くの場合はありえないのである。時間の流れには、それが長ければ長いほど、人智の及びえず、うかがいえない要素が存在し、要因が含まれている。予測は、遠い将来にわたるに従って急激にその確実度を減ずる。従って経済計画の立案に際しては、ある程度の融通性をもたせることが不可欠である。精密な経済計画であるということと、融通性がそのうちに含まれていることとの二つが同時に存在していなければならない。

経済計画のうちにあっては、保険は絶対に欠くことができない。しかしながらそれは、現存の一般社会において行なわれているいわゆる保険制度そのものだけをいうのではない。経済計画が具体化され現実化していく過程において、その経済計画が完全であればあるほど、それは経済計画全般を通じての全体的なる保険として、経済計画それ自身が一種の保険となる。しかして現存の一般的な意味でのいわゆる保険は、それだけ経済計画のうちに吸収せられて姿を消していく。ましてその経済計画が、私有財産制を制限し、または私有財産そのものの存在を減じさせていくものであれば、それだけこの傾向は促進せられる。経済計画は、それ自身が保険化しながら、保険の機能を吸収し発揮して、そして保険を代行していく。保険は、私有財産とその活用の自由の存するところにより多く発生し、よりよく発達する。行なわれる経済計画が、この両者に制限を加える程度に応じて、保険は発展的に解消していくことになる。あるいはより高次の保険へと成長していくことにもなるのである。これが経済計画と保険の関係の一つの発現形態である。しかしながらまたこれとは別な発現形態もあるのであって、むしろその方が実際の姿である。

経済計画の遂行のうちに、その経済計画自身が一種の保険機能をも含むようになるのと平行して、従来の保険組織を活用し、保険機構を動員して、時間的な広がりをもつ経済計画の予測に不可避的に附随する危険に備えんとする。この方法が実際に採られることが多い。経済計画は、その目的や目標の設定をなし、主として長期的な大方針や大綱を、経済の主要部分や部門につき、相当程度の融通性と弾力性をもたせながら、具体的に実現化していく。しかしながらこれの実際の担当者と実行者は、民間の私的企業とすることが多く、またしばしば国営あるいは公営企業にそれをさせることもある。しかして短期的な経済計画によってこれを補正し修正していくのである。とくに重要でない経済部門については、これを私的企業の自由に任せるのが普通である。そしてこれら経済計画のうちにあって、経済計画に則って、実際の活動はそれぞれの責任と自由に任せられている私的企業ならびに国営・公営企業が行なうが、その経済活動の成果である財または用役の価格やその使途を国家が拘束して、それを経済計画の下に統制していく。

経済計画の実際の実行者である私的企業ならびに国営・公営企業が、危険によって損傷を受けたなら、経済計画の達成は不可能となる。従って経済計画の立案者は、財または用役の価格のうちに保険料を含ませることを認めながら、保険に加入することを強制する。さらに保険に対して補助や援助を与えたりもする。その保険が私営であっても国営・公営であっても、この場合問題はさして変わらない。国家が経済計画の実行のうちに、危険の諸結果の効果的な修復に要する諸財貨と諸用役を、危険の総計と性質との包括的な予想に基づいて、あらかじめ国民所得から控除するという方法ではなくて、実に保険の技術と組織を利用し、保険機構に基づく保険機能の活用によるの途を選んでいるのである。保険の大規模なる発達がここでは要求せられてくる。また保険が、経済計画の達成には絶対に必要とされてくる。このような場合には、経済計画は保険の発展・普及を結果するし、また保険の運用・利用によらなくては経済計画は必ず支障をきたすことになるであろう。

(注11) Drucker, P. F., *The New Society, The Anatomy of the Industrial Order*, 1950. p. 59「計画経済において、不確実性は悪魔のような割合をしめる。」

(注12)「これを与件という。計画遂行中に、与件は事実上変化するであろう。予想外な寒い冬は、欲望を変転させたり、冬作に冷害をあたえる。期待されたものとは異なるところの自然与件をもたらす。病気のために、使用できる労働者の予期せざる減少もある。計画発足時の、まえもって生産されて貯蓄された財貨が、火災によって失われたり、減少することがあり、そして新建築技術の活用に際しては、期待ほどの効果がないこともある。…… 不確実の存在。……危険の作用」(Eucken, W., *Die Grundlagen der Nationalökonomie*, 1950. p. 139)

(注13)「予見できない損失発生に対して、経常的な現金準備が必要となる。」(Stackelberg, H. v., *Grundlagen der Theoretischen Volkswirtschaftslehre*, 1951. p. 87)

(注14) Eucken, W., *ibid.*, pp. 139~140

(注15) Theil, H., *Economic Forecasts and Policy*, 1958. p. 156 タイルは、計画がくるうのは変動の過小見積りが主たる原因であると考えて、その事態発生の根源は、必ずしも予測の誤差だけではないとした。つまり現状を構成する諸事実が、すで

に不均衡にして、これが長期予想の形成に加わるからであるとした。してみると、現状分析の不正確からしてが、まず計画の遂行を乱すことになる。

四　経営計画における時間と保険

企業の総合的または全般的な活動目標は、一般に目標の利益額を達成することである。それは利益額が経営活動の成果の総合的反映だからである。従って全社的な総合的な経営計画の設定は、利益計画に具体化する。利益計画とは、企業における各部門活動の総合的結果としての計画利益を実現するための経営計画のことである。かかる計画(planning)は、当然未来の予想を前提とする以上、これは時間の経過とともに発生する諸変化との関連を無視して考えることはできないであろう。しかして計画には予想の確実性が前提とされる。将来の事情が既知とされるならば、経営計画は一定の目標を目指して、ごく固定的・安定的に作られる。そしてその達成はほとんど確実と目されてよい。しかしながら正確なる予想は決して容易ではない。それはなかなか予想し難い、つまり変転常なき一般社会情勢や人間の行為を扱ったものが多いので、予想にはその確実性について一定の限界を置かなくてはならない。できるだけ予想に必要とされる資料の収集を図り、その分析を正確に行なうしかない。

企業の内外における与件の変動を捨象した静態的状態の下における経営計画では、予想の確実性が前提とされている。そこでは企業の外的条件に変化がなく、また内的条件も固定的に把握される。既知の市場条件と生産条件をもとにして、代替的諸手段から、達成可能の企業利益を最大にするものを選択し、結合することが努められる(16)。しかしこのような確実性の想定は、著しく現実性に欠けるものといえるであろう。ここに動態的状態の下における経営計画が考えられなければならなくなる。そこでは不確実性の問題が登場する。そして動態的に与件変動との関連において計画が把えられるから、企業内外の諸条件がどのように変化するかのその動向を、可及的に正確に予想することが要求されるのである。予想の確実性がもっとも強く要求されながら、しかもそれは絶対に与えられない。与件の変化を全面的に正しく予想できるとは期待されない。未来の事象はほとんどすべて不確実であり、予想は不確実なのがむしろ正常の状態である。ゆえにそこには常に損害・損失の発生の可能性が存在する。それは不可避のものであるがゆえに、計画に際して、それがどの程度に、どの時点に、どの部門に現実化してくるかを推測・考察して、その対策を採り入れておかなければならない。動態的状態下における計画にとって、不確実性の問題は必然の条件である。不確実性または危険の存在がとくに意識されるのは、動態的状態での場合である。

予想は、遠い将来にわたるに従って急激にその確実性を減ずる。予想する期間が長くなればなるほど、それだけ不慮の事故ならびに事態が生じて、計画が破壊される可能性が大となる。予想の確実性と時間の長さとの関係は、逆の関係にある。現実の問題として、動態的にかつ長期的に考えられなければならないから、この不確実性ならびに危険への配慮が、経営の計画決定にとくに大なる作用を及ぼすことは事実である。そして各企業の経営構造は、ひとたび決定せられたならば、そこには固定性が生じて、長期間にわたって経営の諸活動を制約する。これは簡単に変更しえないものであるから、経営計画は、まず長期的なものとならざるをえない。しかもそこには動態的な、そして長時間となるに従って不確実性ならびに危険を増大させていくといった状態と傾向が待っているのである。

動態的状態下で、しかも長期にわたって経営計画を実施して、できるだけ多くの利益をえようとする経営者は、予測の不確実性からくる損失発生の危険を避けるために、最初に経営計画の立案に際して、とくに不確実なる方面を避ける途を選ぶことである。そのために若干の利益獲得の機会を失うとしても、合理的に行動せんとする経営者は、必ずこれをなす。

次いでその経営計画に弾力性を持たせることである。なるほど一切の条件が完全に予想されるならば、その計画は不動のものとなりえて、一切の経営活動はもっとも確実に行なわれ、最有利の費用状況を実現しえて、従ってかかる計画に従うならば与えられた条件の下において最高の利益が獲得されるのである。しかし不確実性ならびに危険の作用する場合の計画は、多くの変化の可能性を考えて弾力的に形成せられる。これをもって変化への適応あるいは転換をもくろむのである。計画における余裕の設定がこれである。弾力的なる計画は、固定的なる計画より、おそらく費用的には不利であり、利益獲得の面でもまた不利となろう。しかしながら計画が一定の条件に固執せずに樹立されたならば、その計画に活動の余地が与えられて、変動する事象に即応し、その弾力性が発揮せられてくるのである。事象の展開が予想された通りになった場合には、弾力性のための費用、余裕設定のための費用は損失となる。しかし大なり小なり、動態的な長期的状態においては、かかる費用がすべて損失化してしまうことはないのである。結局まず先に比較的予想が確実性を有しうる部面において、相当詳細なそして固定的な計画を設定し、その後でその計画の上に比較的予想の確実性が少ない部面においての弾力性を強く含んだ計画を作成して、そしてこの二つの計画をより高い立場から適正に結合させるのがよいのである。

経験的にいって、もっとも利益の上がる経営計画は、多くの不確実性ならびに危険を含んでいるものである。それが実現する可能性は少ない。かかるものを目標にして計画を立てることは望ましくないので、多数の代替的計画よりもっとも起こり易いと思われるものを選び、それを選択するのが一般である。これは最有利なものより不利にあるのが常であるが、かかる生起の確率の大なるものを選択することによって、計画の安全性が保たれていく。そこにおいては平均の法則が採用せられている。計画は必然的に予想に基づいて立てられ、それは不測の出来事ならびに事態の発生によってくつがえされることも多い。ゆえに確率を基準として考えられることが必要となるのである。種々の不確実な要素が介在し、そして可能性の予想に困難がある場合には、現在の推測・予想可能な数字に基づいて、計画を組まなければならない。このことを各部面において行なって、それを総合して、ここに全体的な経営計画の、とくに起こり易いもの、すなわち平均のものを選定するのである。しかして平均の法則をもっとも実体化し、真に実現せんとしているものが保険である。保険によって、ことに企業における投下資本に対して生ずるであろう偶然の災害の発生による損失が克服せられ、この面での危険が除去せられるのである。それだけ経済の動態的状態下における長期の経営計画が立て易くなり、確実性を保有しうるようになるのである。

確率分布を作り、もっとも起こり易い平均的なものを選ぶ方法も有効ではあるが、完全に決定的手段そのものではない。また各個別の経営において、繰り返されない事項については、確率分布を適用することのできない場合もある。そして現在の保険学の理論と技術をもってしても、また保険制度の機構と組織によっては、保険化しえない偶然の災害の発生が存するのである。これらに対しては、経営計画の立案と実施に際しての経営者の性格や判断力、すなわちその能力による予想に基づくよりほかはないのであって、ここに経営計画に対して、保険は万能ではないということにはなるが、しかも保険の経営計画における役割はきわめて大なるものであり、今後も一層大となっていくことは間違いないところである。保険は、経営計画、とくに経済の動態的状態の下における長期のそれにとっては、まさに絶対必要不可欠なる要素である。

さて計画において、根本的に問題となるのは、一定の事象の経過の将来の形態を予想することである。そして経営者たるものは、その当初においては予想しえなかったもので、その後計画に迫ってくる事柄から計画を護り、計画を円滑に摩擦なく進行せしめて、最終の目標に到達せしめることである。計画は確実性の多い場合にはそれだけ容易に設定されうるが、不確実性の条件が多くなるにつれて、その設定は困難となる。ところが確実な条件があって、確実に事象の方向が特定されているときには、そこには実は計画の必要はないのである。まことに計画は不確実性が存在するがゆえに必要となるのである。不確実性が多大なればなるほど計画の必要が大となり、そしてそれとは逆に、計画の設定ならびに実施とその達成が困難になるのである。保険もこの困難性の解消に力を尽くすものであり、そしてそのほかにも多くの方法が考えられているが、しかもやむをえざる時には計画の修正や変更さらには放棄が避けられなくなってくるのである。計画の変更や放棄は置くとしても、計画は絶えず修正されなければならない。

それが長期的なものであるだけに、一定の年限をかけて完結するように固定化された経営計画が、その時々の社会経済の情勢や企業内事情によって修正を余儀なくされるのである。この場合経営計画の目標を達成するために、具体的には、短期的に期間を区切って実施し、遂行していくのであるが、この短期の経営計画のうちで、まず事態が処理されていく。しかもそれだけではどうしても解決しきれない時に、ここに経営計画は修正されざるをえなくなる。経営者は、将来に関して一定の前提の下に計画を設定しているのであるから、この前提が変化すれば、その程度に応じて、すなわち短期的な経営計画内に吸収しきれるものは吸収し、そしてそうでないものには、計画の修正をもって対するのである。もちろんそのうちのあるものは、保険において吸収されるであろうし、保険はまた長期的な経営計画と短期的な経営計画との調整と統合を達成するものである。企業経営の各年度、それは通常短い一年という期間、平均化された一定量の保険料を恒常的に支払って、そして経営計画の長い全期間にわたって、偶然の災害による損失発生の危険を、保険金の収得という方法によって処理し、経営計画の目標達成の条件を作っているのである。

ここでさらに問題は進んでいく。企業の経営は、その活動が活発・発展的なるときに、もっとも安全な状態であるといえる。企業は不断の成長過程にあらねばならない。成長過程にあるときを、その企業が順調であるという。そして企業の成長過程は拡張過程をも、ほとんどの場合は意味するのである。そして不確実性ならびに危険が、企業の拡張の計画に制約を与えることもまた事実であろう。その拡張計画の規模が増大するにつれて、将来に対する長期的な予想部分が多くなり、その結果は、その企業における不確実性ならびに危険が増加するのである。それだけではなく、企業が成長して拡張されるときには、それにつれて投資が拡大されていくが、よし損失の確率が一定であったとしても、その企業にとってのあらゆる意味での危険は、投資額の増加につれて重大となる。従って企業の拡張計画は、絶対量としての、増大する一切の危険によって制約されることになるのである。

実際は、企業の成長して拡張されていく過程にあっては、損失の確率が従前通り一定であるということはまずないのである。偶然の災害の発生する確率は、企業の規模が一定して静態的状態にあるときよりも、その規模が拡大されつつ企業の構造も変更されていく発展的な動態的状態の方が、ただ単に大となるだけでなく、その種類も増加し、思わざる、予想せざる偶然の災害なども生じて、一層大規模にそして複雑となっていくのである。一応長期的な固定的率として把握せられ、しかもそれは過去の事象の考察から導き出されたところの、保険における偶然の災害発生率、危険率では、とてもかかる事態に、即時に完全な適応を達しえないのである。

企業の成長過程では、その拡張計画に弾力性をもたせたり、または計画自身を控え目にして、不確実性ならびに危険に対応するが、それに関する多くの資料の収集を必要とする。しかし、それは概して将来、未来により多く関するものであるから、決して十分には集めえないであろう。将来の予想を、ここでは経営者が主観的になさねばならないが、偶然の災害の発生に関しての、経営者の主観的判断なる方法は、どこまでも客観的判断によって成されている保険とは根本的に相違するところである。この場合では、将来の予想に関する経営者の主観的不確実性を減少させるために、確かに将来に影響すると考えられる要素についての情報や資料を、より多く獲得するという努力がなされるであろうが、しかし結局は経営者の気質や性格がそこでは全面的に出されてくることは、避けえないであろう。拡張計画が進行するにつれて、企業が資料を求めても存在しなかったり、また資料を集めようとしても不可能であるような状態に立ち至るであろう。かかるときには、経営者の主観的判断によって、多くことが決せられるが、そうなると不確実性ならびに危険はますます大となってくるであろう。進取的な企業においては、常にその成長と拡張をめぐって多くの危険が存在している。しかしながらかかる過程を歩んで企業がいよいよ大規模化したときには、おのずから別の現象も現われてくる。まず大規模な企業内にあっては、各経営者の個性は比較的鮮明には出にくくなる。従って各種の情勢判断や予想に関して、多くの経営者の気質や性格が相互に相殺されて調整され、ここに判断の平均化が達成せられるのである。かかる判断は各経営者の主観的なものより生じながら、一応客観性をもちえてくる。偶然の災害の発生に関する予想的な判断もまたこれにならう場合が多く、一応この限りにおいては合理性や正確性も認めることができる。保険において求められるものにやや近くなってくる。

順調な成長を遂げて拡大された規模となった企業においては、不確実性は著しく減ずるものである。[17][18] これを偶然の災害についていえば、損失が発生しても企業にそれに耐える力があり、それを企業内において解消してしまうからである。さらに大規模なる企業においては、その中で保険が成立せしめられる可能性もあり、これのさらに進んだものが自家保険となる。一個所においての利益をもって他の個所における損失を塡補していく。またそこでは物件が多いから、偶然の災害の発生が大数法則的な確率に従って起こることすらありうるのである。企業自身がある意味では保険となる。不確実性ならびに危険は、もちろんそこでも存在するのであるが、大規模企業においては小規模企業ほどには、大なる脅威とはなっていない。しかも大規模企業ほど多額の保険料負担に応じられる力もあるわけである。社会に存在する各企業が、成長に努め拡張を図って、その規模を大としようとする要因の一つは、かくすることによって不確実性ならびに危険を、保険ともどども克服せんとするところにある。企業経営に際しての不確実性を克服し、ここに確実性を確保して、もって永続的企業維持に努めるのである。

社会一般の企業経営は、過去から現在へ、そして未来へと常に成育・発展するものであり、その途上には多数・多種の危険が存在している。そしてそれが、単に成育と発展を阻害するにとどまらず、その死滅をきたすことすらあるのである。かかる場合は、時の流れとともに生存してきた企業経営がその生命を断たれたことになる。企業経営が永遠の時の流れとともに長期間存在するためには、常に種々なる危険を克服していかなければならない。しかして生産ならびに流通の技術の高度化と企業経営をつつんでいる社会経済が複雑化するに従って、危険の種類は増加しその規模も増大する傾向にある。(19) かかる企業経営上の危険は、概してその性格は不規則性が強く、偶発性が大である。従って非予見性のものである。これらの危険に対してあらかじめ備える必要があるが、これはおおむね三種に分けることができる。つまり危険の起ることが予想できず、従ってその数的測定もできないもの、あるいは危険の起ることが予想できても、それを金額的に把握できないといったこれら企業経営の進行中に発生する危険を、次の三様について分けるのである。

平常発生する小さな災害で、個々には偶発性を有するが、しかし時間をかけ、つまり長期的に観察すると必ずしも偶発的のものでなく、しかも経営内において原価計算上調節しうるものがその第一である。

次いで個々の損害が大であって、一企業経営内において調節することの困難なるもので、これはそのまま原価に計算することはできない。これこそ保険事業に任せらるべきもので、そこでは危険を共通にする団体が形成せられ、大数観察による大数法則と確率計算が実施せられ、それによってかかる危険は克服せられていく。つまり各企業経営は、この種の危険による損害を補償するために、まず保険契約を結び、所定の保険料を支払い、これを原価要素として計算に入れる。この支払われた保険料は危険を原価化したものである。これは企業経営においては経費として扱われる。さて三種の危険のうちの最後のものは、偶発性が強く、損害額が大となって、企業経営の内部における調節も、危険を等しくする団体における調節も不可能なるものである。たとえば地震、戦争、風水害等の危険による損害は、直接にも間接にも原価に計算することはできない。従って企業経営の利益の積み立てによって主としてこれに備えるよりほかはない。[20]この意味での積立金の大小が、その企業経営の強固さを示すものであって、しかしてそれが多額となるためには、その企業経営そのものが長期の時の流れのうちに成育と発展を続けたものでなければならず、そしてまた今後も順調な発達を期待するためには、かかる積立金を一層増加させていくべきで、かくて時間のあるところ不可避的なる三種の危険のすべてがここに克服せられることになる。これらの諸対策の根底には、経営者自身の「機敏な行動をとる」[21]ところの判断力と決断力の必要なることが当然のこととして前提されているのである。要は根本的には経営者の人にあるというのが、未だ抜けきらないところである。

(注16) Koch, H., *Betriebliche Planung, Grundlagen und Grundfragen der Unternehmungspolitik*, 1961. S. 110「予想についての努力強化による予想の確実性の程度の向上を図ること。」「過去の出来事や現在の事実を通じてのみ事実を知ることができる。……　予想の改善は、まず過去の展開と現在の事実の分析の努力強化のうちにある。」さらに S. 118 では、将来の予見の不確実性は経営計画に影響するところ大であるから、与件値の活用に関しては、「控え目の原則」が必要であるとした。

(注17)「大企業そして特に独占的・寡占的地位にあるものは、小企業よりもはるかに大なる危険負担が可能であり、またとくに異質的な諸事業の集合体や多角経営体にあっては、そのこと自体が保険の機能を代行しているといえる。」(Baumol, W. J., *Business Behavior, Value and Growth*, 1959. p. 90)

(注18) Kalecki, M., *ibid.*, p. 91「increasing risk が企業の拡張に伴って発生する。拡張的な企業は、もし企業者の資本の額が一定ならば、投資された額とともに危険が増大するという事実に直面するであろう。」これと同一の原理は、Hamberg, D.,

Economic Growth and Instability, 1956. p. 114「企業が自己資本に比して負債を多くしていくに従い、予期せざる損失が発生したときには、財産そのものがすべて無くなるという危険が逓増する」と。

（注19） しかしながら、ことは保険においては別の現象として現われる。保険が危険の引受けに際して列挙責任主義をとる限り、保険契約の期間が長ければ長いほど安全性は増すのである。

（注20） Leontief, W. W., *The Structure of American Economy, 1919〜1939*, 1951. p. 26 経済学者であるレオンチェフは、固定投資額や在庫を維持することに失敗し、それが貨幣残高の減少か新追加投資によって、補塡融資されなければならない場合のあることを指摘していて、まことに経済学でも経営学でも、この点の見解に関して共通なることが分かる。

（注21） Newman, W. H., *ibid.*, p. 66

補注(1) Stackelberg, H. v., *a. a. O.*, S. 86 経済とくに生産の場において時間の問題が介在してくるのは「長期迂回生産的収益逓増の法則（Gesetzes der Mehrergiebigkeit längerer Produktionswege)」が作用することに起因するとした。

補注(2) Miller, D. W., Starr, M. K., *ibid.*, "Self-Insurance", pp. 62〜63「保険（積荷保険のこと―筆者加筆）をかけるかどうかは、明らかに荷主の資産量に依る。」

補注(3) Robinson, J., *Essays in the Theory of Economic Growth*, 1962. p. 67「不確実性は、それが引き起こす期待の変化しやすさのゆえに、企業を不断に self-contradictory policies に導いている。」

補注(4) Smith, R. A., *Corporations in Crisis*, 1963. p. 18「われわれの急速に動く社会では、その変化と企業の危険間には、重大な相関関係がある。」p. 19「企業の困難になることは、環境の犠牲たるよりは、危機に対しての不作為のため。」

補注(5) Gutenberg, E., *Unternehmensführung, Organisation und Entscheidungen*, 1962. S. 76「将来の事象はまったく不確実で、しかも大なる企業家的成功は不確実性にもとづいているのである。」

補注(6) Gutenberg, E., *Grundlagen der Betriebswirtschaftslehre*, Bd. II, Der Absatz, zweite Auflage, 1956. S. 56「企業の長期的計画には、大なる不確実性要素がある。」「長期計画は大なる不確実性要素を含む。」

第六章　利子と保険

一　利子学説と保険論（1）

保険料または保険費用として保険が具体的に把握せられ計数せられて、保険が商品の価値を形成するとする見解はある。利潤が商品の価値を形成し、保険がそのうちにあって利潤の構成要素を成すとの見解もある。利子が商品の価値を形成し、または利子は利潤の構成要素であって、いずれの場合にしろ、保険は利子の構成要素であるとの見解もさらに存する。保険はもちろん、利潤も利子も商品の価値を形成せずとするものも必ずあり、そこにおいても利潤の構成要素として、また利子の構成要素として、さらに利潤の構成要素としての利子のまた構成要素として、保険を理解するのである。本稿は、利子と保険との関係をまずこの点より解明せんとするものである。

利子の構成要素として保険料を認める説は、利子学説史上においても決して少なくはない。利子は制欲[1]、不忍耐および機会[2]、時差[3]、待望[4]等への報酬として支払われるものと把えながらも、しかもかかる純粋の利子とでもなしうるものにつけ加えて、ここに危険の要素を導入し、危険の保証としての危険プレミアムすなわち危険保険料（risk premium, Risikoprämie, prime de risque）を第二の利子とするのである。この二つの要素の理論的調整のうちに、保険の本源的姿態ならびにその機能がうかがえるのである。

貨幣の貸借において、きわめて冒険的なる事業家に貸し出される場合は、この高率なる危険に対しては多額なる利益をもって補塡せられるとされた。かかる場合には、利益は貸与される貨幣の利用の報酬とは考えられずして、むしろ貸主の蒙るであろう損害の補償と考えられたのである。そうであるならば、まさに危険プレミアムは利益あるいは利潤となるべきものと思われるが、しかし本来かかる意味の利益あるいは利潤は、貨幣の姿をとるとらないにかかわりない資本に生ずる損害に対する賠償として、またはそれの補塡としてあるものとなって、このように考えると、危険プレミアムはやはり利益あるいは利潤とは異なることが分かる。すなわち危険プレミアムは、いかなる意味においても損害の賠償ではなく、補塡ではない。つまりいかに高率・多額の危険プレミアムとはいえ、それが元本に及ばない限りは、資本滅損の補償とはならないからである。また貸主は、資本滅失の確実なる場合には、いかに危険プレミアムを徴収しうるからとはいえ、貨幣を貸し出すということはしないであろう。つまりこのように考えを進めれば、貨幣貸借に際しての危険プレミアムは利益そして利潤とは相違するとするのが妥当であろう。

結局、危険プレミアムは現実的なる損害の賠償ではなく補塡でもない。それは貸主の貨幣供給を刺戟し、借主の貨幣需要を抑制する高率かつ特殊的なる利子、純粋の利子以上に膨脹したる部分と解されるところのものである。それは偶然性を有する災害に関連する点において、利益あるいは利潤と類似してくるのである。冒険的なる事業家は高利益または高利潤に引かれて活動を行ない、そして冒険的なる貨幣の所有者は高利子に引かれて貨幣の提供をなすのである。かくて一見利益または利潤と思われる危険プレミアムもまた、利子の、すなわち純粋の利子を上まわるところの高利子として、利子そのものを構成することになるのである。

ところで、貨幣の貸借には常になにほどかの危険は伴うものである。かかる危険は貸借の範囲が拡大され、しかもそれが不断に組織的に行なわれる場合には、客観的に確定することができる。経常的にこれを計上することができる。この経常的なる危険に対しても、同じく危険プレミアムが必要となるが、この部分は利子中に加算されるべきものである。しかしてこれはやはり純粋の利子(5)ではなく本来の利子でもない。経常的危険による経常的損害に対する経常的補塡費用として把握されなければならない。それは貨幣の貸付に伴う一種の不可避的なる危険プレミアムである。かくて利子は、純粋にして本来的なる利子、それらは時として制欲、不忍耐および機会、時差、待望等への報酬として支払われるものと理解せられているが、それに加えて高率危険プレミアムならびに経常的危険プレミアムより構成せられることになる。

同一量の貨幣をもって土地を購入し、家屋を買い取り、そして貨幣をそのままで、それぞれ貸付けたとすれば、地代、家賃、利子の支払を受けることができるが、それらは同額であるべきに、しかも相互に相違しているのは、それぞれ危険に差異があって、従って危険プレミアムの高が異なるからである。しかもその貸借のどれであっても通常は必ずなにがしかの危険を伴うから、よって一切の貸借には危険プレミアムは必ず付随する。危険プレミアムは地代の一構成要素であり、家賃の一構成要素であり、そして利子の一構成要素であるといえる。危険のあるところ、多少の相違はあっても、必ず危険プレミアムは存在する。危険あれば保険あり。

さらに考察を進めれば、経常的危険はこれは客観的に確定可能であり、数量的にも把握できるものであるから、従って経常的危険に対する経常的危険プレミアムは、また一定の確実さをもって計算することができる。この分だけは明確に純粋な本来的利子に加算することができるが、ここでいう高率なる危険については、結局それは正確には把握不可能なものである。それは事業開始ならびに続行に際しての冒険的なる従って賭博的なる要素をめぐって存在するものである。それは貸主と借主のそれぞれの主観による場合がまことに多い。かくて貨幣の貸し出しを躊躇する貸主をして決意せしめ、貨幣の借り受けを望む借主を抑制するところの高さにおいて危険プレミアムは決定せられる。つまり貨幣に対する一種の需要供給関係を契機としてそれは定められていく。むしろ高利子は損害塡補費用に基づくというよりは、かくのごとくにして利子需要供給説に発展していく。純粋の利子、つまり本来的利子、つまり基準的利子に超過的に追加せられて特殊の一部分を構成する危険プレミアム、基準的利子と危険プレミアムを合わせてこれをもってこれこそ利子というならば、危険プレミアムは利子の構成要素であろう。しかし高率の危険の存在が予想せられて、貨幣の貸借つまり需要供給関係が一段と緊張して、そこで高まった利子を生み出したとするならば、危険プレミアムは利子の一構成要素とされることからさらに進んで、高まった利子そのものを生み出していくとなって、ここに高危険による利子の貨幣需要供給説が生誕可能となる。危険とそれに対する危険プレミアムが利子の一部を構成するのではなくて、危険の存在による貨幣の需要供給関係を通じて利子が定められていく。危険は利子の発生契機となるのである。基準的利子に危険プレミアムが追加される関係ではなく、予想されたる危険の存在が貨幣の需要供給関係を通じて高めたところの利子のこの膨脹部分、これが危険プレミアムに転化していくとなる。

貨幣を借入して、資本として利用することから貨幣使用利子が生ずることになり、損害補償としては危険プレミアムがあてられるとすれば、現実の利子は二つの部分より成るとするか、または二つの部分に分かたれるとするかのいずれかの見解を必ずとらなければならない。危険プレミアムは、信用の大小や担保の厚薄によって多くなり少なくもなるのである。純粋の、本来的の、この意味においては基準的の利子と危険プレミアムとは、根拠と原因とを異にするとの見解は、かくて生まれるのである。しかして危険プレミアムは、信用の大小によって、信用それ自身が利子に作用するのではなくて、供給を通じて作用するという方法によって、つまり貨幣の需要供給の緩急によって、大きくもまた小さくも定められていくとなる。(6)

一応、貨幣を土地に投ずれば、土地より収入があがるであろう。そして土地への貨幣の使用は危険性がきわめて少ないもの、または皆無なものと考えられて、ここに土地に投資した貨幣には、ただたんに土地収入、土地資本の利子のみが与えられる。これが純粋の、本来的の、しかして基準的なる利子である。これに対して貨幣が事業家に貸付けられた場合には、その危険度に応じて危険プレミアムが追加されていく。そうしてこの場合かかる危険度は概して借主をめぐる諸事情によるとされるから、それは任意的また人為的に定められると結論せられるであろう。

貨幣のいかなる貸付に際しても、全然危険がないということはありえないから、従って危険プレミアムは必ずなんらかの形で利子に関連してくることは不可避であるが、これはしばらく論議の対象からはずそう。結局は借手の債務弁済についての危険が、危険プレミアムを生まれ出させ、つくり出す。よしんばここで貨幣の貸付自体になんらの危険も存しない場合を想定しても、なおかつ借主の生命自体の不確実性は無視できない。まことに人間の生命の不確実性は否定でき難い。かくてもっとも安全な貸付においてさえ、生命危険の存在によって利子は引き上げられるのを常とする。ここにはやはり危険プレミアムが認められるであろう。人間の生命の不確実性すなわちかかる危険の要素の存在は、多くの人々にとって将来えられるであろう収入より現在えられるところの収入をより高く評価させて選ばせるのである。(7) ここにも利子を高める要因が認められて、いずれにしろ人間の生命をめぐる危険の要素の存在は、危険プレミアムを利子としてなさしめるものである。

貨幣の貸借に際し、その期間が長びけば長びくほど、危険の要素は増大していく。その事業そのもののうちにも、その事業をめぐる社会経済の情勢のうちにも、そして貨幣を借り受けてその事業を行なっていく借主の生命についてさえも、貸付の期間の長さは危険をより多く盛り込んでいく。より以上に盛り込まれた危険には、それだけ危険プレミアムが向けられなければならない。時間の問題を契機にして、利子と危険プレミアムが一層緊密な関連を持つようになるのである。

（注1） Senior, N. W., *An Outline of the Science of Political Economy*, sixth ed., 1872. p. 133

（注2） Fisher, I., *The Theory of Interest*, 1930. pp. 119～121

（注3） Böhm-Bawerk, E. v., *Positive Theorie des Kapitales*, Bd. 1, 1. Aufl., 1889. S. 318

（注4） Marshall, A., *Principles of Economics*, ninth《variorum》edition, 1961. p. 633

（注5） Hilferding, R., *Das Finanzkapital, Eine Studie über die jüngste Entwicklung des Kapitalismus*, 2. Aufl., 1920. S. 160「純粋の利子、それはすべての危険プレミアムから解放された利子である。」

Walb, E., *Der Finanzwirtschaftliche Bilanz*, 2. Aufl., 1947. S. 78「原価計算規則および利潤分配規則（die Kalkulations und Gewinnabführungsvorschriften）では、企業家賃金、給付プレミアム、一部ではまた危険プレミアムを控除して、その残りがいつの場合でも資本利子である。」

（注6） Robinson, J., *The Rate of Interest*, 1952. p. 6 「貸手の危険。すなわち借手の部分的あるいは全面的不履行についての危惧。」

Newlyn, W. T., *Theory of Money*, 1962. p. 55 「不履行の危険は、貸手によって要求される収益に対する危険プレミアムを単純に加算させて……。」

Lindahl, E., *Studies in the Theory of Money and Capital*, 1939. p. 161「……さまざまな危険に応じた修正……。」

Lindahl, E., *ibid*., p. 248「……危険に対して適当な控除……。」

Einzig, P., *The Euro-Dollar System, Practice and Theory of International Interest Rates*, 1964. p. 68 「その国向けの金利」……「追加金利に反映される『保険料』が実際の危険を償うのに……」……「信用上の危険に対する伝統的な警戒心。」

（注7） Böhm-Bawerk, E. v., *a. a. O.*, S. 336～337

二　利子学説と保険論（2）

すでに一概に利子といっても、純粋なる利子と危険プレミアムなる保険料に擬せられる要素より成ることは論じたところである。危険プレミアムは、貨幣の特定の借手が支払能力に薄弱なるところがあり、つまり貸し出される資本が支払われる確実さにおいて欠けている場合、それが支払われうることについての個別的な危険があって、貸手がこの危険を負担することについての報償がこれである。それはあくまで、資本用役の売買の個別的場合にそれぞれ特有なることである。従ってもっとも確実に回収が予期せられて、そしてそのために最低の利子の支払われる資本に比して、回収の確実性において欠けるところの資本の貸手は、個々の場合に応じて異なれる危険を負担することになる。貸手はこれらの負担に対して、それぞれ危険プレミアムなる利子を与えられるのである。

ところですべての資本の貸手はことごとく共通に、ある程度の危険を負担する。すべての貸手にとって共通に変動する危険負担の要素があり、これに対して共通に、純粋の利子の引上げによって備えられる利子こそ、まさに保険料たるべきものである。かかる危険と危険プレミアムなる利子部分こそ、それがあらゆる資本にとって共通的なことから保険化が可能であり、保険料として処理されるべきものである。

これに対して個々の場合に異なるところの貸手によって負担せられる危険は、たとえばその危険の大きさは、借手の資力により、また提供せられる担保の内容いかんにより、資本の用途いかんにより、また借手の能力ならびに人格のいかんにより、かつまたその他の周囲の雑多なる事情により種々に異なって、かかる差異に応じて危険プレミアムの大きさ、つまり利子歩合を異にする。共通なる純粋利子と共通なる危険プレミアムつまり保険料の上に、さらに付け加えられるかかる危険プレミアムは、危険負担の報償なるところに保険の要素があり、それが個別的なるところに保険の要素を破るものがある。よってかかる危険プレミアムなる利子要素を称して保険料的要素とするのが妥当であろう。かくて利子は、純粋の利子要素と保険料要素と保険料的要素より成って、現実に支払われる利子は、人により、場所により、それぞれ著しく相異なるものとなる。

さて利潤と利子の関係において、危険ならびに危険プレミアムはいかなる関連を有するに至るか？(8) 利子の源泉は企業利潤のほかにはありえない。ところで企業利潤の要素のうちには危険プレミアムの含まれていることもまた疑う余地がない。ここにいう危険とは、収支の不確実さという経済的危険を初め、名誉、名声、生命、健康等に関する経済外的危険をも含むが、後者はここでは除外して考えてよい。企業者はすべての生産費を支払い、利子と地代を支払った上に、さらに企業そのものに伴う危険が報いられなければ、決して企業活動を続けないであろう。この危険に対する報償、つまり危険プレミアムがまた企業利潤に含まれているとするのである。そして企業利潤における危険プレミアムの要素と、利子における危険プレミアムの要素とはいかなる関係に立つのであろうか？

利子における危険プレミアムの要素は、貸付けたる資本の回収の不確実さに伴うものである。この危険プレミアムと企業そのものに伴う危険とそれに対する危険プレミアムとの関係ならびに関連がここで問題となるのである。人の生命や健康などについての人的危険を別にして、貸付けたる資本の回収に関する危険は、企業が支払いえなくなることの危険である。しかもこれは、企業そのもののもつ、企業そのものに伴う危険に基づきはするが、その一部分のみが転化または反映せられたるものにほかならないのである。つまり企業は損失を生じたとしてもなお、負債の利子元本をその自己資本をもって支払いうる。そして企業の危険は、企業活動の続く限り永続的のものであるのに対し、これに貸付けたる資本に伴うところの危険は一時的なものにして、その回収とともに消失するものである。もし企業に伴うすべての危険が、すべて資本貸付に伴う危険のうちに転化または反映するものであるならば、後者の全危険プレミアムは前者の全危険プレミアムにほぼ相等しきものであるとしなければならない。従って企業利潤において報われるところの危険要素は、この転化または反映されないところの、いわば残存・余剰の危険でなければならない。この残存・余剰はもとより企業者と資本家との企業に関する知識の程度からも、その見込みの差異からも生ずるが、しかし主として企業自体の資本たる自己資本と他人資本たる借入資本との大きさの関係から生ずる。

なんらかの変化によって費用の増加し、収益の減少し、さらに進んで損害の発生する可能性を意味する企業そのものに伴う危険、企業そのもののもつ危険の方が貸付けたる資本の回収の不確実さなる危険より必ず大である。よしんばその企業がその資本をすべて借り入れている場合であっても、なおかつ企業を組織し、運営していく過程に、資本である貨幣の貸借以外になにものかがそこに発生し付与されるものであるならば、たとえば企業の優先的・独占的地位の獲得とか、土地・労働・諸施設・諸資財等の適正組成とか、適切なる生産・財務・労務・販売等々の管理方式とか、過去・現在の業績に基づく信用とかが存在するならば、これらを損傷され喪失するかもしれない危険は、これは企業そのものに伴いそれのもつ危険であるといえる。これに対して危険プレミアムが発生し、これが企業利潤の一要素となることは肯定できるところである。

広い意味での企業の内容の良・悪につれて企業利潤は高・低する。そこに貸付けられたる資本の回収の確実さに強・弱が生ずる。従って貸付けられたる資本回収についての危険に小・大があって、よって危険プレミアムに少ない・多いが現われてくる。企業内容の良い企業に貸付けられたる資本の利子は少なく、その逆は多くなる。一方企業内容の良・悪につれて、そこでの企業危険は小・大となり、従って危険プレミアムも少ない・多いとなる。よって企業危険（企業そのものに伴う危険、企業そのもののもつ危険）の小なるための少ない危険プレミアムより貸付けられたる資本回収の危険の小なるための少ない危険プレミアムが引算せられ、企業危険の大なるための大なる危険プレミアムより貸付けられたる資本回収の危険の大なるための大なる危険プレミアムが引算せられるのである。しかして広い意味での企業の内容の良・悪につれての企業利潤の高・低は、利潤と利子との間の危険と危険プレミアムの引算の結果より生ずるものではなくて、別の要因によって起こる現象であるとこれをするのが正しい。そしてこの別の現象の原因を究め、その根源を追求するのが利潤論の課題である。そもそも企業利潤の量は決して危険の大小とは平行していない。危険の大なるものにして企業利潤の小なるものがあり、危険の小なるものにして企業利潤の大なるものがある。しかしながら企業利潤から利子が支払われて、その利子に危険プレミアムなる要素が含まれ、一方企業利潤には、企業そのものに伴いそれのもつ危険への危険プレミアムが含まれているのである。自己資本と他人資本の合計以上にある企業の価値、従って自己資本と他人資本をめぐって生ずる諸危険への危険プレミアム以上の危険プレミアムが企業活動に際しては発生してくる。企業利潤額によって資本化されたる企業価値は、必ず企業資本額よりも大であり、企業の自己資本と他人資本の合計額への諸危険に対する危険プレミアム以上に、企業そのものに伴う危険、企業そのもののもつ諸危険に対する危険プレミアムは多大でなければならない。

経営内容・状況の良い企業は自己資本と他人資本すなわち企業資本額以上の企業価値を有する。そして企業そのものに伴いそれのもつ危険は小にして、危険プレミアムも小である。貸付資本の回収についての危険も小にして、危険プレミアムもまた小となる。それとは別に企業資本額以上の企業価値部分についての危険とそれへの危険プレミアムも、当然存在しなければならず、これが平均以上の高企業利潤部分の一要素を成している。ほかの便法としては、企業資本額以上の企業価値部分を、その企業のあげている平均利潤以上の高利潤額で資本化して、それをも資本量・自己資本量に加えて、それに存在している危険を計測してそれへ危険プレミアムを配するのである。かくて企業における一切の危険が危険プレミアムによって克服せられる。ここでの危険プレミアムとは利潤ならびに利子の一要素としての保険料的要素のことである。

（注8） Hilferding, R., *a. a. O.*, S. 198「危険プレミアムが利潤の発生の根源ではありえないし、その説明の根拠でもないことである。」

補注　Myrdal, G., *Monetary Equilibrium*, 1962. p. 60「たとい将来の収入や費用の予想に変化がないとしても、もし割引きの要因であるところの将来の利子歩合に対する期待が変化するならば、やはり資本の利潤または損失が発生する。」利潤↓利子、利子↓利潤の二つの影響関係を忘れてはならない。

Sayers, R. S., *Modern Banking*, 1958. pp. 181〜182「利子負担は……会社や公共事業体にとってはきわめて重要である。……一般的にいって、ある資本財の耐久性が大であればあるほど、そして生産性の不確実さが小であればあるほど、それに対する需要はより一層利子率の変動に感じやすいであろう。」

三　ケインズの保険観（1）

予想あるいは期待の問題がきわめて重要な役割をつとめているケインズの経済理論において、保険がいかに扱われているかを探り、さらにそれが利子論とどのように関連してくるかを分析することは、経済学においても、保険学にとってもまことに有意義であろう。経済事象の原動力は、将来に、現在に反映された将来にあるのである。予想は、だれがそしていかなる根拠に基づいて形成するのか？　また予想はいかなる形で行為の計画に入り込んでいき、そしてその計画が実行に移されるのはいかなる方法によってであるか？　これをケインズはその主著[9]において採りあげて、予想あるいは期待が、あらゆる事業上の決心を定め、かつ消費に対しても決定的な役割を演ずるものとして描き出しているのである。[10] 予想はもちろん時間の要素をその中に含むところのものである。

ケインズは、企業者の所得（income of entrepreneurs）についてふれながら、まず保険に関するかれの理論を展開している。企業者の統御することもできなければまたかれの経常的決意にも関係のない理由によって起こるかれの資本設備の価値の非自発的な損失がありうるとする。たとえば市場価値の変化とか、陳腐化またはたんなる時の経過による損耗とか、あるいは戦争または地震のような災害による破壊を列挙している。そして非自発的な損失のある部分は、不可避的なものにして、概して予想できないものではない。使用すると否とにかかわらず、時の経過によって蒙る損耗とかの、詳細にではないにしても、少なくとも大体において予見されうるほどに十分規則的であるところの、正常な陳腐化など、さらに「『保険にかけることのできる危険』と通常みなされうるほどに十分規則的である社会全体に対する損害を、そのうちに加えてよいであろう。[11]」非自発的ではあるが期待されえないものでない設備の減価を、すなわち期待される減価が使用者費用を超える額を、「補足的費用（supplementary cost）[12]」と呼ぶと。

かくて企業者の純所得（net income）および純利潤（net profit）を計算するにあたっては、保険費用を含めて補足的費用の推定額を、企業者の所得および粗利潤（gross profit）から差し引くのが通常である。なぜならばいくばくを自由に消費し、いくばくを貯蓄しうるかを考慮している場合の企業者に対して、保険費用を含めて補足的費用のもたらす心理的効果は、事実上あたかもそれがかれの粗利潤から脱落したと同じものであるからである。設備を使用するか否かを決意する生産者としてのかれの資格にとっては、主要費用（prime cost）および粗利潤は重要な意味をもつ概念である。しかし消費者としてのかれの資格にとっては、保険費用を含めて補足的費用の額は、かれの心にあたかもそれが主要費用の一部でもあるかのごとく作用する。総純所得を規定する場合には、保険費用を含めて補足的費用を使用者費用（user-cost）とともに差し引くのである。使用者費用、主要費用、純所得、純利潤、粗利潤は、ケインズにおいてすでに与えられている概念である。

市場価値の予期せざる変化とか、例外的な陳腐化とか、災害による破壊とかいうような非自発的であって、また広い意味において予見不可能な原因に基づく設備の価値変化の問題がある。これはわれわれが純所得を計算する場合にさえ考慮されないものであって、資本勘定に記入されるこの項目に属する実際の損失は、これを「意外の損失(windfall loss)」とする。[13] 意外の損失には保険費用は含まれない。ところで所得勘定の借方に記入することが適当であると思われる不可避的な損失としての保険費用を含めて補足的費用と、資本勘定における意外の損失とを画する線は、ある程度惰性的なあるいは心理的なものである。それは保険費用を含めて補足的費用を算定するものとして一般的に認められている標準いかんに依存するものであるという点を、思い起こせばうなずけると。つまり保険費用を含めて補足的費用の算定に対して、一義的な原則を樹てることはできないのであって、その額はわれわれの会計方法の選択に依存するからである。設備が新しく製造されたものである場合には、保険費用を含めて補足的費用の期待値(expectation)は確定的な大きさである。しかしそれが後に至って再評価される場合には、設備の寿命の残余期間に対するその額が、その時までにわれわれの期待の上に起こった変化の結果として、変化していることがありうる。その場合保険費用を含まない意外の資本損失は、使用者費用と保険費用を含めて補足的費用の合計の将来における系列に関する従来の期待値と修正された期待値との間の差額を割引した値である。

広く承認されている企業会計の原則では、設備を入手したとき、保険費用を含めて補足的費用と使用者費用との和にあたる数字を確定し、その後における期待の変化には頓着せずに、この額を設備の存続期間を通じて変更せずに維持することになっている。この場合には、一定期間における保険費用を含めて補足的費用は、この始めに確定された数字が実際の使用者費用を超過する額として考えられなければならない。このことは、設備の全体としての存続期間を通じて、保険費用を含まない意外の損失が零となるべきことを保証するという利益をもっている。しかし、場合によっては任意の会計期間ごとに、その時々における価値と期待とを基礎として、保険費用を含めて補足的費用の見込み額を算定し直すこともまた合理的である。最初設備を入手したときの保険費用を含めて補足的費用の当初の期待額を「基礎的補足的費用（basic supplementary cost）」[14]と呼び、時々の価値と期待とに基づいて新しく算定し直された当該額を「経常補足的費用（current supplementary cost）」[15]と呼ぶのであると。「かくてわれわれは、補足的費用は、一典型的企業者が（株式会社の場合に）配当を行いまたは（個人の場合に）彼の経常消費の大きさを決定する目的で、彼がその純所得と考えるものを算定する前に、彼の所得から差引く額の合計であるとする以上に、補足的費用の数量的定義に近づくことはできない。資本勘定に意外の損失を記入することは筋違いなことであると判定されてはいないから、疑わしい場合には、資本勘定に一項目を設けて、補足的費用にはそこに属することのむしろ明瞭なもののみを含めることがよりよいことであることは明らかである。けだし、前者への過重負荷は、経常消費率に対して過重でない場合よりもいっそう大きな影響をそれにもたせることによって、これを訂正することができるからである」[16]とケインズは主張した。

ケインズはまた次のごとくにもいう。使用者費用および補足的費用の観念はまた、われわれに長期供給価格（long period supply price）と短期供給価格（short period supply price）との間にいっそう明瞭な関係を樹立することを可能ならしめると。長期費用（long period cost）は明らかに設備の存続期間を通じて適当に平均化された期待された主要費用ならびに基礎的補足的費用を包括する額を含まなければならない。産出物の長期費用は、主要費用および補足的費用の期待額に等しい。そしてさらに、正常利潤（normal profit）を生み出すためには、長期供給価格は、かくして計算された長期費用を設備の原価の百分率として計算された、同等の期限と危険をもつ諸貸付に対する経常利子率によって決定された額だけ超過しなければならない。あるいはまた、もしわれわれが標準の純粋利子率（pure rate of interest）をとるならば、われわれは長期費用の中へ、実際の収益が期待された収益と異なったものとなる未知の可能性を償うために、「危険費用（risk-cost）」[17]とも呼ぶべき第三のものを含めなければならない。かくして長期供給価格は主要費用、補足的費用、危険費用および利子費用の総和に等しいのであって、長期供給価格は、これら数個の構成要素に分析することができる。

そして短期供給価格は限界主要費用（marginal prime cost）に等しいと。従って企業者は、かれが設備を買いまたは建造する場合、主要費用の限界値がその平均値を超える額のうちから、かれの補足的費用、危険費用および利子費用を償うことを期待しなければならない。それゆえに、長期均衡（long-period equilibrium）においては、限界主要費用が平均主要費用（average prime cost）を超える額は補足的費用、危険費用および利子費用の総額に等しいとケインズは述べている。長期費用、長期供給価格、短期供給価格、純粋利子率、長期均衡、正常利潤、限界主要費用、平均主要費用等々はすでにかれにおいて与えられている概念である。

さらにケインズはいう。実際にはわれわれは、通例、暗黙のうちに一致して、事実上一種の惰性（convention）に頼っている。この惰性の本質は、われわれが変化を期待する特別の理由をもたない限り、現存の事態が無限に存続するであろうと想定するところにある。このことは、われわれが真に現存の事態が無限に存続するであろうと信じていることを意味するのではない。われわれは広範な経験からこのようなことはもっともありうべからざることであることを知っている。長い期間にわたる投資の実際の結果は、ごく稀にしか初めの期待と一致するものではない。またわれわれは、無知の状態にある人にとって、誤差は正負両方面に対して均等的な確率をもつものであるから、均等確率を基礎とする平均的な「保険数学的期待値」[18]が残ると論ずることによって、われわれの行動を合理化することもできない。なぜならば、無知の状態を基礎とする算術的均等確率の想定がばかばかしい結果に陥るということは、これを容易に証明することができるからである。われわれは、しかし実際上、現存の市場評価は、いかにして到達されたものにもせよ、投資物の収益に影響をもたらす諸事情についてわれわれが現在もっている知識との関連においては一義的に正しいものであって、この知識の変化に比例してのみ変化するものであると想定しているのである。もとより、純理的にいえば、われわれの現在の知識は産出された保険数学的期待値に十分な基礎を提供するものではないから、それは決して一義的に正しいということはありえないけれども。実際上は、市場評価の中には予想収益になんら関係をもたないあらゆる種類の考慮が入っているのである。それにもかかわらず上記の惰性的計算方法は、われわれがかかる惰性の維持を頼りとすることができる限り、われわれの事態の著しい程度の継続性ならびに安全性と両立しうるであろう。予想収益 (prospective yield) の概念についてはケインズにおいてすでに与えられている。

もし組織化された投資市場が存在し、われわれがかかる惰性の維持を頼りにすることができるならば、投資家は自己の冒す唯一の危険は、近い将来における情報の真正の変化の危険であって、その危険がおよそいかなるものであるかについては、かれみずからの判断を下すことができ、しかもそれは著しく大なるものではありえないであろうという観念によってみずからを鼓舞して誤りがないであろうから、上記のごとくいえるのである。けだし、かかる惰性が妥当すると仮定するならば、かれの投資の価値に影響を及ぼすことのできるものはこれらの変化だけであって、十年後にかれの投資の価値がどうなるかについてなんらの考えをもたないという理由だけで、かれの安息がかき乱される必要はないからである。かくして投資は個々の投資家にとって、もしかれが惰性に破綻がなく、そしてあまり多くの時間を待たないでかれの判断を改訂し、かれの投資を変更する機会をもつことができるということを信頼して誤りがないとするならば、短期間においては、従ってそれがいかに多くとも短期間の連続を通じて、かなり安全なものとなる。社会全体としては固定している投資も、かくして個々人にとっては流動的なものとなる。われわれの指導的な市場は、およそこのような行動を基礎として発達してきたものである。しかし惰性が、事物についてきわめて恣意的な絶対観であるという点において、その弱点をもつべきことは驚くべきことではない。十分な投資を確保するというわれわれの現下の問題の少なからざる部分を創造しているものは惰性の頼りなさであるとケインズは指摘している。

ケインズは、投資信託とか保険会社とかが、しばしばその投資証券（securities）からの所得のみでなく、市場におけるその資本評価をも計算する場合のやり方は、通常慎重であると考えられているけれども、また後者の短期変動にあまりにも多くの注意を向ける傾向もあるであろうと明示している。(19)

（注9）Keynes, J. M., *The General Theory of Employment, Interest, and Money*, 1936 J・M・ケインズ著、塩野谷九十九訳『雇傭・利子および貨幣の一般理論』（昭和三十九年五月　第二十九刷発行、東洋経済新報社）。
（注10）Keynes, J. M., "The End of Laissez-faire", 1926. p. 47 資本主義社会の主たる経済的弊害の要因としての、「危険、不確実性と無知」があるとされている。
（注11）Keynes, J. M., *ibid.*, p. 56 前掲『一般理論』六六頁。
（注12）Keynes, J. M., *ibid.*, p. 56 同右書六六頁。
（注13）Keynes, J. M., *ibid.*, p. 57 同右書六七頁。
（注14）Keynes, J. M., *ibid.*, p. 59 同右書六八頁。
（注15）Keynes, J. M., *ibid.*, p. 59 同右書六八頁。
（注16）Keynes, J. M., *ibid.*, p. 59 同右書六八〜六九頁。
（注17）Keynes, J. M., *ibid.*, p. 68 同右書七九頁。
（注18）Keynes, J. M., *ibid.*, p. 152 同右書一七〇頁。
（注19）Keynes, J. M., *ibid.*, p. 159 同右書一七六頁。

四　ケインズの保険観（2）

ケインズは、利子率（rate of interest）はつねに流動性（liquidity）を手放すことに対する報酬であるために、貨幣所有者が貨幣に対するかれらの流動的支配力を手放すことを欲しない度合を示す尺度であるという。利子率は投資のための資金需要を現在の消費を抑制しようとする心構えと均衡させる価格ではない。それは富を現金の形態において保有しようとする欲求を使用しうる現金量と均衡させる価格である。もし利子率が低下するならば、すなわちもし現金を手放すことに対する報酬が減退するならば、公衆が保持しようと欲する現金総額が使用しうる供給量を超過するに至るということ、そしてもし利子率が上昇したならば、なにびとも保持しようと欲しない現金の過剰が生ずるに至るであろうということを意味するものである。もしこの説明にして正しければ、貨幣量は、流動性選好（liquidity preference）と結び付いて、与えられた状況のもとにおける現実の利子率を決定する他の要因となるのである。流動性選好は、利子率が与えられた場合、公衆の保持するであろう貨幣量を決定する潜在力または関数的傾向である。従っていま利子率をr、貨幣量をM、流動性選好関数をLとすれば、$M=L(r)$となる。貨幣数量が経済機構の中へ入り込む場所と仕方とはこのようなものであると。

われわれは日常経済生活の取引のための貨幣の用途と富の貯蔵としてのその用途とを区別して、前者に関しては、流動性の便益のためにある程度まで一定額の利子を犠牲にするに値いすることは明らかである。しかし、利子率が決して負とならないという条件が与えられた場合、なにびとにもせよかれの富を利子を生む形態において保有することを選ばないで、利子をほとんどあるいはまったく生まない形態において保有することを選ぶのはなぜであろうか？

このことに関する完全な説明は複雑であるが、しかしながら、富を保有する手段としての貨幣に対する流動性選好の存在のために欠くことをえない必要条件がある。これすなわち、利子率の将来についての、つまり将来支配すべきもろもろの満期に対するもろもろの利子率の複合体についての、不確実性（uncertainty）の存在である。

もし将来のあらゆる時点において支配する利子率が確実に予見できるならば、将来のすべての利子率は、満期を異にするもろもろの債権に対する現在の利子率――将来の利子率についての知識に調和すべき――からこれを推定することができるであろうからである。たとえば、$_1d_r$ を r 年間据えおかれる一ポンドの現在の年1における値とし、n 年から r 年間据えおかれる一ポンドの n 年における値が $_nd_r$ となることがわかれば、$_nd_r=\frac{_1d_{n+r}}{_1d_n}$ となる。したがって、一債権を n 年後において現金に換えることのできる割合は、経常利子率の複合体のうちの二つのものによって与えられることになる。もし経常利子率があらゆる満期の債権にとって正であるならば、富の貯蔵としては現金を保持するよりは債権を購入する方が常に有利でなければならないと。

将来の利子率が不確実であるならば、われわれは期日の到来した場合に $_nd_r$ が $\frac{_1d_{n+r}}{_1d_n}$ に等しくなると必ずしも推定することはできない。かくしてもし流動的な現金の必要が n ヵ年の経過以前に起こることが予想されるならば、長期債権を買入れ、後に至ってそれを現金に換えることは、現金を保持する場合に比して、損失の危険を伴うであろう。「保険数学的利益」[20] または現存の確率に従って計算された収益の数学的期待値は、失望の危険を償うに十分なものでなければならない。そしてまたそればかりでなく、もろもろの債権を売買するための組織化された市場が存在する場合には、利子率の将来についての不確実性の存在から結果する流動性選好が存在するためのいまひとつの根拠がある。なぜなれば、異なった人々は将来の見込みについて異なった推測をするであろうが、市場相場となって現われる支配的な意見とは異なった意見をもつ人々にとっては、もしかれが正しいならば、後に至っていくつかの d_r が相互に誤った関係におかれていたことが明らかにされた場合に利益を得るために、流動的資産を保持することが合理的であろうからであると。さて流動性選好の三つの種類は次のものに依存するものと規定されうるとケインズはする。(一)取引動機(transactions-motive)、すなわち個人的ならびに営業的交換の経常取引のための現金の必要、(二)予備的動機(precautionary-motive)、すなわち資産総額のある一定割合と等価値の将来の現金についての安全のための要求、(三)投機的動機(speculative-motive)、すなわち将来起こるべきことがらについて市場よりもよりよく知ることから利益を得ようとする目的。利子率、流動性、流動性選好、不確実性、取引動機、予備的動機、投機的動機等々はすでにケインズにおいて与えられている概念である。

いま取引動機ならびに予備的動機を満たすために保有される現金の量をM_1とし、投機的動機を満たすために保有される量をM_2とする。現金のこれら二つの流動性関数(liquidity function)L_1およびL_2をもつ。L_1は主として所得水準に依存し、他方L_2は主として経常利子率と期待の状態との間の関係に依存して、ここに$M=M_1+M_2=L_1(Y)+L_2(r)$となる。Mは全貨幣存在量、Yは所得である。rは利子率である。L_1はYに対応する流動性関数であってM_1を決定し、L_2はrの流動性関数であってM_2を決定する。そしてM_2とrとの間の関係の問題があると。

利子率の将来の推移についての不確実性が、現金保有M_2を導く流動性選好L_2の型を明瞭に説明する唯一のものと思われるが、そうならば一定のM_2が一定の利子率rに対して確定的な数量的関係をもつということはないであろう。問題となるのはrの絶対的な水準ではなく、信頼されている確率計算から推してかなり安全なrの水準と考えられるものからのその乖離の程度である。それにもかかわらず、ある与えられた期待の状態のもとにおいては、rの低落はM_2の増加と結びつくであろうと期待してよい二つの理由がある。第一に、もしいかなるものがrの安全な水準であるかについての一般の見解が変化しないとするならば、rのあらゆる低落は、市場利子率を安全な利子率に比して引き下げ、従って非流動性の危険を大にするであろう。そして第二に、rのあらゆる低落は、資本勘定における損失の危険を相殺するための「一種の保険料」[21]として役立ちうる非流動性からの経常収入を、旧利子率の自乗と利子率のそれとの差に等しい額だけ、減少させるであろう。たとえば、長期債権（long-term bonds）に対する利子率が四分であるならば、確率のつり合いから見て長期利子率（long-term rate of interest）が毎年それ自身の四分ずつよりも速く、すなわち毎年〇・一六分よりも大なる割合いで上昇する心配のないかぎり、流動性を犠牲にした方が望ましい。しかしながら、利子率がすでに二分にまで低落しているならば、現行収益はわずか年〇・〇四分の利子騰貴を相殺するにすぎないであろう。このことは、実に、利子率のきわめて低い水準への低落に対するおそらく主要な障害であろう。将来の経験は過去の経験とは著しく違ったものとなるであろうという理由が存在すると信じられないかぎり、たとえば二分の長期利子率はさらに低落するという希望よりは上昇する危惧の方により多くの余地を残すと同時に、きわめてわずかな程度の上昇の危惧を相殺しうるにすぎない現行収益を提供すると。ケインズはかくのごとくその理論を展開した。さて、流動性関数、長期債権、長期利子率等々は、かれにおいてすでに与えられている概念である。

ケインズはまた保険について次のごとく触れている。貨幣を除く大部分の資産は、収益を生み出すために用いられるといなとにかかわらず、たんなる時間の経過を通じてなにほどかの消耗を蒙り、あるいはなんらかの費用を伴う。これを持越費用（carrying cost）という。さて流動性と持越費用とはともに程度の問題であるということ、そして貨幣の特異性はただ持越費用に比して高い流動性をもっているという点にのみ存在するということは、強調するに値いすると。たとえば流動性打歩（liquidity premium）が常に持越費用を超える資産の存在しない経済——これはいわゆる貨幣なき経済について与えうる最善の定義である——を考えれば、その場合には特定の消費財と特定の資本設備——その資本設備は、長短さまざまな期間を通じて、それらがつくり出すことができ、またはそれらの助けによってつくり出すことのできる消費財の性質によって、多かれ少なかれ特殊化されている――のほかにはなにものも存在せず、それらすべては、現金とは違ってこれらが所有される場合には、それらに付与されるいかなる流動性打歩をも超える額の減価または費用を伴う。このような経済においては、もろもろの資本設備は次の諸点において相互に区別されるであろう。(イ)それらがその生産を助けることのできる消費財の種類において、(ロ)それらの産出物の価値が安定している程度において、(ハ)それらに具現されている富が、産出物を生み出し、その対価が欲するときにまったく異なった形態に再具現されうるという意味において、流動的となることのできる速度において。

その場合、富の所有者は、富を保有する手段としての各種資本設備の、上述の意味における流動性の欠如を、危険を斟酌したそれらの予想収益に関する最善可能の「保険数学的推定[22]」と対比させて、評価するであろう。ここで流動性打歩は部分的には危険打歩（risk-premium）に類似しているが、部分的にはそれと異なったものであるということに気がつくのである。その差異は、われわれが確率に関してなしうる最善の推定とわれわれがその推定をなす場合の確信との間の違いに対応する。われわれが予想収益の推定について、その推定がいかにしてなされるかについての詳細には立ち入らずに、そして議論の錯綜を避けるために、流動性の差異と危険自体の差異との間に区別を設けなかったが、しかしながら、自己利子率（own rate of interest）を計算する場合に、われわれが両者を考慮に入れなければならないことは明らかであるとケインズは主張している。ここでも持越費用、流動性打歩、危険打歩、自己利子率については、かれにおいてすでに概念は与えられている。

最後にケインズは、ゲゼル（Gesell, S.）の貨幣および利子の理論について触れながら、ゲゼルの有名なスタンプ付貨幣（stamped money）につき記しながら、「政府紙幣は（……）、保険カードと同じように、人々が郵便局で印紙を買って毎月それを貼附しなければ、その価値を保持することができない[23]」と、保険なるものを入れているが、これはなんらケインズの理論の大局に関係する保険の採りあげ方ではない。

ケインズにおいて保険なる語が記されている個所は、「第二編　定義および基礎概念」の「一　所得」、「第四編　投資誘因」の「第十二章　長期期待の状態」、「第十三章　利子率の一般理論」、「第十五章　流動性への心理的ならびに産業的動因」、「第十七章　利子および貨幣の基本的性質」、および「第六編　一般理論の示唆に関する若干の覚書」の「第二十三章　重商主義その他に関する覚書」等々である。

(注20)　Keynes, J. M., *ibid*., p. 169　前掲『一般理論』一八九頁。
(注21)　Keynes, J. M., *ibid*., p. 202　同右書二二七頁。
(注22)　Keynes, J. M., *ibid*., p. 240　同右書二七〇頁。
(注23)　Keynes, J. M., *ibid*., p. 357　同右書四〇三頁。

五　ケインズの利子論と保険論（1）

資本の減価は、これを二つに大別することができる。企業者の利潤極大を求めての自発的決意の結果として生ずるものとしての自発的減価なる使用者費用と、企業者の統制することもできなければ、その経常決意にも関係のない理由によって生ずる非自発的な損失としての非自発的減価そのものである。そしてこの非自発的減価はさらに二つに分けられて、その一はもちろん正確ではないけれども大体予見することができ、従って資金的に用意することのできるもの、すなわち正常な陳腐化とか、保険にかけられうる危険とかが含まれる。かかる資本減価に備えるための資金的準備が補足的費用である。そして他は予見も資金的用意もまったく不可能なものであり、震災、戦災のような不慮の災害による資本損失が含まれる。そしてかかる予見することもできず、またそのために資金的に用意することのできない資本減価を意外の損失とするのである。これは前者が会計上は費用として処理されるのに対し、資本損失として処理されるのである。しかも補足的費用と意外の損失とを明確に区別することは困難であり、従って企業者が配当を行ないまたはかれの経常消費の大きさを決定する目的で、かれが純所得と考えられているものを算定する前に、売上げ金額から使用者費用以外に差し引く額を補足的費用と考えるほかに、補足的費用を数量的に把える途はないし、また会計処理上は、性質の明確なもののみを補足的費用として計上し、疑わしきものはすべて資本勘定に計上することが良いとされる。資本勘定への計上がかりに多すぎたとしても、それだけ計上消費率への影響は多くなり、他方補足的費用への計上が少なかったために生ずる計上消費率への影響が少なくなることを十分補いうるからである。

長期費用とは、設備の存続期間を通じて適当に平均化された主要費用と基礎的補足的費用との期待額であって、正常利潤を生み出すためには、設備の減価の一定割合として計算された同等期間の貸付に対する経常利子率すなわち利子費用と、実際の収益が期待収益と異なることのある可能性をカバーすべき危険費用とが加えられねばならない。ところで短期供給価格は限界主要費用に等しいのであるから、企業者が設備を新たに買いまたは製造する場合には、主要費用の限界値が平均値を超える額から補足的費用、危険費用および利子費用を償うことを期待しなければならない。それゆえ、長期均衡においては、限界主要費用が平均主要費用を超える額は補足的費用、危険費用および利子費用の和に等しい。そして限界主要費用が正確に平均主要費用と補足的費用との和に等しくなるような産出高は、企業者の損益分岐点であって、従って純利潤ゼロの点である。ここに企業者の利潤極大の追求は、短期ではなくて、長期において貫かれるとの思考は明白となっている。

さて、正常利潤とは利子費用と危険費用とを内容とするものであるとする。従って利子費用と危険費用は、他の要因費用（factor-cost）とは異なった性質をもつことがわかるのである。賃金その他の要因費用は主要費用に含まれるが、利子費用と危険費用は主要費用には含められない。それは正常利潤の一種である。これはある意味では利子も保険料も粗利潤を源泉とすることを認めるものである。

利子は、これを受け取る側からみれば、貨幣の所有によって生ずる潜在的利益を手放すことに対する報酬すなわち流動性打歩と解することができる。このように危険やあるいは時間の損失なしに他財と引き換えられる性質、すなわち流動性を手放す代価としての利子を純利子＝純粋利子（net interest）というのである。純利子はその程度を異にする危険を含んでいる。つまり流動性に対する将来における人々の評価の変更は、種々な程度に現在の純利子決定の人人の態度に反映される。かりに純利子を、このような期待の変化から生ずる危険（risk due to expectation change）から切り離して、危険をまったく伴わない資産への貨幣の投資による利子、つまり最短期利子と考えると、長期利子は純利子から少しずつずれてくる。危険を冒すことへの報酬、危険打歩は、(1)貸手の危険、つまり自発的・非自発的な債務不履行の危険、(2)借手の危険、つまり借手の企業者が予想収益を取得しえないことにともなう危険、(3)貨幣標準の価値に不利な変化の生ずる危険、これら三危険に対する代価である。利子期待の変化による危険は、流動性打歩と危険打歩の現実に区分しがたい境界線を形成する。このほか流動性打歩にも危険打歩にも入らないところの、借手と究極的貸手を結びつけるための仲介的な諸費用、つまり投資費用（investment cost）がある。投資費用と危険打歩の合計と純利子の和は粗利子（gross interest）である。

純利子にあっても、なおかつ危険打歩、危険プレミアム（risk premium）の部分がある。利子期待の変化による危険、利率の将来の経過に関する不確実性、これらに帰せられるところの利子部分は純然たる危険要素に基づくところのものである。さればこそ流動性打歩と危険打歩の現実に区別し難い境界線が形成せられるのである。「富の所有者がある与えられた時点において流動性に関する彼等の気持を表現する彼等の意中における選好の序列は確定的」(24)であるとはされながらもなおかつ、「『流動性』には絶対的な標準はなく」(25)、「何が『流動性』に寄与するかについての観念はある程度漠然たるものであって、時により変化し、社会の慣行と制度によって異なっている」(26)と。してみると現実の利子(actual interest)は、かかる危険要素に対するものを含めて、二つの危険プレミアムすなわち保険料的利子要素を含んでいることになる。

ところで最短期利子を考察するに、危険をまったく伴わない資産への貨幣の投資の場合でも、投資のための手数料としての投資費用と、かかる資産の貨幣に比較しての一般受領性の不足がここに貨幣額以下に資産の価値を割り引かせて、その差額を利子たらしめるのである。(27)従って現実の利子の最低線は、理論的には投資費用と投資された資産の一般受領性不足より生ずる利子の合計となり、漸時に長期利子となるに従って、その中に保険料的利子を含む流動性選好説に基づいて理解される純利子、投資費用、危険を冒すことへの報酬としての保険料的利子との総和となるとされるのである。いずれにしろ短期利子率は長期利子率に比して、危険費用なる保険料的利子部分だけ低めになることは明らかである。(28)

(注24) Keynes, J. M., *ibid.*, p. 240 前掲『一般理論』二七〇～二七一頁。
(注25) Keynes, J. M., *ibid.*, p. 240 同右書二七〇頁。
(注26) Keynes, J. M., *ibid.*, p. 240 同右書二七〇頁。
(注27) Hicks, J. R., *Value and Capital*, 1939. p. 166
(注28) Lutz, F. A., *Zinstheorie*, 1956. S. 156「短期 (short run) にみれば、貨幣要因が利子を決定し、長期 (long run) にみれば、資本の生産性と貯蓄との実物要因が利子を決定する。」
Newlyn, W. T., *ibid.*, p. 112「貸手をして資本価値の危険を受け入れさせるには、長期利子率は短期利子率よりもより多

くのプレミアムを与えられなければならない。」「長期利子率は短期利子率を超過するのが正常で、この関係を正常関係といい、長短利子率の差異を危険プレミアムという。」p. 115「期待の複雑性が導入される前には、長期利子率は短期利子率を、危険プレミアムだけ上まわるのが正常である。」

Lindahl, E., *ibid.*, p. 161「利子率水準の……短期貸付と長期貸付に応じた……さまざまの危険に応じた修正。」

Hicks, J. R., *ibid.*, pp. 166〜167「長期利率は、利率の不利な動きの危険を補償する機能を果たすところの危険プレミアムだけ、短期利率を超過する見込みがある。」

六　ケインズの利子論と保険論（2）

ケインズは、『一般理論』において、種々の満期と危険をもつ貸し出しに対する利子率の複合体としての利子率一般という概念を設定して、これについていわゆる流動性選好説 (liquidity theory of the rate of interest)(29) と名付けられる利子率決定理論を展開し、そしてまた他面において、その同じ著書の随所において、長期利子率と短期利子率とを区別して、この両者の関係について論述しているのである。まず貨幣の貸手と借手との地位の平等という仮定を除去して考察するに、現実においては、貸手の側は、自分の資金がいつ必要になるかもわからないという危険から、長期間の貸付を好まないというういわば強い立場に立っており、反対に借手の方は、その投資計画ないしは生産計画を金融するためになるべくは長期の借入をしたいというういわば弱い立場に立っているとしてよいであろう。このような現実における貸手と借手との地位の不平等という要因を導入してくると、長期利子率はその不平等から生ずる部分に相当するだけ、短期利子率よりも高くならなければならないということになる。この部分を称して「正常の逆鞘 (normal backwardation)」とするのである。短期利子率にして変化すると予想されないならば、長期利子率は正常の危険＝商品市場の「正常の逆鞘」にまさしく相当する危険プレミアムだけ、短期利子率を超過するであろう。結局短期利子率は純粋利子率に近く、長期利子率は純粋利子率のほかに危険要素の大となるに従って多くの危険プレミアムを含んでいるとされる。というのは、長期貸付は短期貸付よりも借手にとって便宜が大であるのに反し、貸手にとっては便宜が少なく、長期利子率は短期利子率に比し、より多くの危険プレミアムつまり保険料的利子を含んでいるからである。

貸手と借手とが直接に貸借するという仮定を廃して、銀行その他の金融機関の発達による金融市場の組織化の推進によって、長期利子率と短期利子率の現実の関係の推移をみるに、貸手の利用不可能の危険、借手の不履行の危険を除去ないしは緩和することによって一種の保険作用がそこには働き、両利子率の開きをますます僅少ならしめるのである。また銀行その他の金融機関自体は借手であると同時に貸手でもあるので、利子率の将来の変動の危険によってあまり強い影響を受けないので、従って銀行その他の金融機関は、自分が支払う利子率よりそれほど高くない利子率をもって資金を供給することができるのである。いずれにしろ、保険作用によって危険の一部が解消させられることが可能なのであるから、それだけ危険要素が減じ、危険プレミアムが減じ、そして保険料的利子が減じていくのである。

さて利子率のあらゆる下落は、資本損失の危険を相殺するための一種の保険料として役立つ。非流動性からの経常収入または利子収入を減少せしめるということである。いいかえれば、利子率の水準の低くなるに従って、利子収入によってカバーされうる資本損失は小となり、従って僅かの利子率の上昇も資本損失を相殺しえなくなるのである。しかしてまた、利子の変動の大勢については、実質的にみて逓減の傾向が存する。これは保険料的要素の逓減によるところきわめて大なることは否定できない。かくて利子逓減の法則がここではいいうるのである。

いかに利子逓減の法則が存するとはいえ、利子率をある水準以下へ引き下げることを困難にしている要因がある。

これは低利子率の時代においては重要となるものであり、つまり借手と究極的な貸手を結びつけるための諸費用、貸手が純粋利子率以上に要求する危険、ことに道徳的な危険に対する特別の斟酌がそれである。純粋利子率が低下しても、費用ならびに危険に対する斟酌がそれと同一歩調で低下することにはならないのである。従って典型的な借手が支払わなければならない利子率は、純粋利子率よりもその低下の度が遅く、現在の金融組織の諸方法をもってしても、ある最低水準より以下に引き下げることはできないであろう。この点は、道徳的危険の推定が相当高い場合にはとくに重要である。なぜなら危険が貸手の意中における借手の誠実さについての疑いに基づいている場合には、その結果課せられるより高い利子率を相殺するなにものも誠実な貸手の心の中には存しないからである。[30] 利子には危険プレミアム—保険料が関係し、そしてそれが長期利子率と短期利子率の場合にとくに問題となってくる。この間に借手の人間的信用の問題がまたからんできて、よってきわめて大きな構想下で論及される必要が生じてきた。しかも利子率それ自身の将来の経過に関する不確実性もまた利子を構成する要素にもなって[31]、かくなると社会経済とくに貨幣金融状況が強く関連してくる。その基底には、もちろん経済の生産力の開発とか社会経済事情の安定とかの問題が存在しているのである。さてここに、利子と保険の研究に際して、主として利子率、諸危険、諸保険的費用、人間の問題と、これらの相互関連の総合的判断が経済学において求められてくるのである。

(注29) Keynes, J.M., *ibid.*, p.167 前掲『一般理論』一八七頁。*The New Economics, Keynes' Influence on Theory and Public Policy*, edited with introductions by S. E. Harris, Chapter XXXI, "Keynes' Analysis of Expectations and Uncertainty" by A. G. Hart. pp. 420〜421

(注30) Hicks, J. R., *ibid.*, pp. 142〜143「同じ期日での違った貸付に対して支払われる貨幣利子は、二つの大きな理由によって相違する。(1)……。(2)借手による支払不履行の危険に差異があるから。」

(注31) Hicks, J. R., *ibid.*, pp. 163〜164

補注(1) Harris, S. E., *ibid.*, p. 415「予想の問題を表面にとり上げていく過程として、ケインズの研究ほどこれを劇的に説明しているものは他にない。」ケインズの経済理論は予想の問題・期待に関してのきわめて精密なる理論を含み、その点からして、保険・危険・不確実性についての理論が全般に登場してくるのである。ケインズの経済理論を解説したディラードは「予想はその特徴として大きな不安定を表わし、経済生活一般はその結果不安定となる」と述べつつ、「資本主義下の経済生活の不安定性は、その多くは資本資産から生ずる見込収益の性格が不安定であることに原因する」と(Dillard, D., *The Economics of John Maynard Keynes, The Theory of Monetary Economy*, 1958. p. 145, p. 142)。

補注(2) 編集代表高垣寅次郎『体系金融辞典』(昭和二十八年十月、東洋経済新報社)における「保蔵・保蔵性向 hoarding, propensity to hoard」一七〇頁。「ケインズによれば、貨幣保有の動機を三つに区別することができる。取引動機、予備的動機、投機的動機である。…… **予備貨幣**(辞典中でも太字であった。—筆者加筆)は元来不測の事態に対する予備として保有されるわけで、経済が平安であればその量は比較的小さく、また銀行その他の金融機関に預託されることもあろう。その保有量は経済不安の度によって最も強く左右される。……予備的及び投機的動機に基づく保有を保蔵と見なしうる。またその流通回避的なる点より見て、予備的保有のみを、或いは利子の変動に対する量的適応の敏感度から見て、投機的保有のみを保蔵と見る立場も成立する。」予備的動機—予備貨幣—保蔵。近代経済学においても、保険を予備貨幣に関連して把握することの可能性が示されている。

補注(3) Newman, W. H., Summer, C. E., *The Process of Management, Concepts, Behavior and Practice*, 1961. pp. 329〜330「呼吸が人間生命の一部のごとく、不確実性は企業生命の一部である。」「生命の不確実性→生命保険にて。」

補注(4) Klein, L. R, *The Keynesian Revolution*, 1947. p. 137「貯蓄関数は利子率にかんして非弾力的。……保険会社の発達、老齢と子孫への備えをしようという欲望とから、貯蓄が制度的にして自発的性質をもつようになる。」

補注(5) Kalecki, M., *Theory of Economic Dynamics*, 1954. p. 81「手形の期待割引率は不確実性に支配され、社債の利子率はそのようなことはない。手形より社債を保有する方が利益となる点はここにかなりある。」

第七章　保険における安全と危険

一　保険の原理と原則による安全性（1）

保険の安全性は、保険の原理と原則に準拠してこそ十分に確保できるものであろう。保険は、この資本主義社会における一つの経済的制度であり、それは一つの経済的なる仕組を意味するものである。この仕組をして可能ならしめるものが原理であり原則であって、かかる原理ならびに原則によって、一旦形成せられたる保険の仕組がさらに展開されつつ運行されていくのである。保険の原理と原則は保険の存在する社会すなわち現在の資本主義社会のそれと根源を同じくするものであり、またその発現に関しては、資本主義社会の方向と軌を一にする。そこには保険による姿態のかわりはあるであろうが、しかもその本質は同一である。つまり保険の原理ならびに原則の核心となるものは、合理的経済計算であって、それは個人主義的・利己主義的そして物質主義的・合理主義的なるものに根差している。保険の原理と原則のうちで、とくに中心的なるものは給付・反対給付均等の原則であろう。支払われる保険金は決して救済の性質をもたず、払い込まれる保険料は決して慈善的給付ではなく、各保険加入者は、その受け取ることあるべき保険金に対する正当な対価として、その数学的期待値にまさに相等しい額を保険料として払い込む。このことを明示するのがこの原理であり原則であって、これは各保険加入者が計算上個人主義的原則によって貫かれ、危険の高いもの、保険金額の高いものは、それに比例して高い保険料を負担することである。まさに個人主義的・利己主義的であり、技術的な合理主義的にして、およそ慈恵性を有しないところに物質主義的な面が示されている。これは資本主義的な原理・原則と同一である。

給付・反対給付均等の原則が、個々の保険関係の保険料算定の原則を示すものであるならば、ここに収支相等の原則は保険団体全体の収支を問題にするものである。同質・同型の危険事件に関して形成される危険団体としての保険団体について、必要な保険金の総額つまり保険者からみれば支出と、個々の保険料の総額つまり保険者からみれば収入とが、過不足のないように計算されていなければならないということである。給付・反対給付均等の原則は保険加入者の側からする原則でもあるが、収支相等の原則はまさに保険者の側からの原則である。そして収支相等の原則はさらに拡張せられて把握され、支出を単に総保険金のみとせずに経費をも加え、これらの支出を充足する保険料つまり純保険料部分に付加保険料をも加えた総保険料という収入を置き、場合によってはさらにこれに加えて保険資金運用による収入その他をも加えて、さてかかる両者の相等なることをもって原則とするものである。収支相等の原則は、まさに保険経営の安全のための原則であるといえる。給付・反対給付均等の原則と収支相等の原則は、これこそ保険の安全性の確保に関する二大根本・中心原則である。

(1)給付・反対給付均等の原則はまた保険技術的公正の原則ともいわれている。この原則に続いて(2)保険契約者平等待遇の原則も唱えられるが、これは個々の保険契約者にして保険料の増額をしないで担保危険の拡張を認めるがごときを許さないものであって、ここにこの原則を通じても保険の安全性が保たれる。(3)危険同質性の原則とは、保険料は大数の法則に基づいて決定されるが、この法則が十分に働くためには多数の経済主体が保険団体を構成することが必要であり、またこの経済主体は種々の条件、性質が同じであることが必要であると主張するものである。これにより保険の技術的な面からして保険の安全性が保たれる。しかしこの原則をあまりに厳重に守るよりは、むしろ⑷危険混合の原則を採用して、危険同質性の原則遂行過程に現われる多数危険結集不可能による大数法則の実現不可能に対処するのである。⑸危険を極度に細分することによって危険相殺の原則を適用する。⑹危険の選択と制限は、保険者が個々の危険の引受けに際し、その予定せる条件に適応せしめることを目的とするものである。そしてこれの実施によってますます危険の等級化・等質化を実現しながら、現実には⑺料率の割増し制度が採用されていく。⑻危険の変更に際し、危険の減少は普通は考慮されないが、それが著変・著増の場合には、保険契約の失効や保険者による解除権の行使、また危険の変更・増加後の事故についての保険者免責等の法的措置が講じられている。⑼危険の変更・増加の際には通知義務が生ずる。⑽危険の変更は量的であり、危険の変革は質的であるといわれている。変革は必ずしも危険の程度に増減は生じなくても、危険の同一性が失われて、全然別個の危険になることとされ、危険の変種ともいわれる。しかし両者の区別にはさして重要性が認められず、その扱いが危険の変更に準じられることが多い。結局同質性を有する危険を多数選択して、しかも逆選択を始めとする悪質危険や等級・等質ならざる危険を排除し制限し、危険の変更・増加や変革・変質には失効・解除・免責等々の措置を講じ、保険料の割増しを随時適切に行ない、もって危険と保険料との釣合を適正に保ちながら、保険の安全性を達成するのである。

補注　Dean, J., *Capital Budgeting*, 1951. pp. 29〜30 不確実性↕危険に対する方法の1つとしてのそれらを高く計算すること。

⑾保険契約者は保険者に対し保険料を支払う義務を負う。これは保険契約が双務かつ有償の契約であることよりして、保険者の危険負担に対する対価であるということになる。この二つの保険料支払と危険負担の義務の間には均衡がとれているのである。そして⑿さらに保険料不可分の原則がある。これは一保険料期間を不可分の一体として観察し、その単位期間中の保険事故の危険度を基準として保険料が算定されるという保険料算定技術の所産にほかならない。なおまた⒀保険料不返還の原則もある。保険者の責任開始後は、契約が将来に向かって消滅することがあっても、ある保険料期間に対する保険料は一単位として取り扱われるから、特約のない限り、保険料は返還されないのが原則である。どこまでも危険に対置されての保険料であって、この保険料は法的にも支払われなければならないという義務を課せられているのである。

⒁保険約款には普通保険約款と特別約款ならびに特約がある。特別約款・特約によって、特殊内容の契約の締結が行なわれ、保険料が割増しされる。⒂保険会社がその義務を免れるところの事由は、保険契約者に不利なる事項であるから、とくにこれを明瞭にする必要があり、保険会社の免責事由を保険事故の原因に及ぼすことはなんら妨げない。保険事故発生の可能性を有する危険の種類を制限し、特殊の原因による保険事故については保険金支払の責を負わないものと定めることはなんら支障のないところである。よって免責約款の効力を認めることは、保険当事者間の衡平を維持するものにして、きわめて合理的なる制度といえる。⒃さて保険契約に基づいて、保険者の負担する危険が複数である場合に、その担保危険の範囲を限定するのに列挙責任主義と包括責任主義とがあるが、列挙責任主義を採用

したとしても、特別約款によって列挙危険以外の危険を担保することがあり、また包括責任主義においても免責危険を定めることが普通である。この両者は実質上それほど著しい差異はないが、要するに危険の範囲を定め、危険の制限を行なうものにして、かくて担保せらるべき危険と保険料との衡平関係の達成によって、終局的には保険の安全性を維持するのである。

(17)保険契約者は、保険料支払の義務を始め、危険の著変・著増の場合の通知義務、保険事故発生の場合の通知義務、そして告知義務等々の義務を負うが、とくに告知義務については保険者が担保する危険の量を明らかにするものであり、これに基づいて保険料の増徴や保険契約の拒絶が可能となる。保険者も保険契約者もその義務の履行については、とくに信義誠実の原則に反してはならないとされ、保険契約につきとくにこの原則の適用を強調し、保険契約は信義誠実の上に成り立つ契約にして最大善意の契約であるとする。保険契約が射倖契約の一種であるとされるならば、とくにこれが強調されてよい。つまり射倖契約にあっては、当事者の授受する具体的給付の相互の均衡関係は、偶然の事情に依存するから、当事者が自己の有利な方向にその事情が経過するように操作を行なったり、その事情について相手方の不知を利用したりするような、不信行為が行なわれ易く、衡平の要求に反する不公正な結果を生ずる可能性があるからである。

(18)告知義務と関連して思い起こされるのは保険における信義誠実の原則である。

(19)保険は利得を許さずの原則は、とくに道徳的危険に関連していわれるものである。道徳的危険とは実体的危険に対応していわれる危険で保険金請求の機会の増大またはその額の増加を意識的または無意識的に希求する被保険者またはその利害関係者の、作為または不作為をいう。これは保険危険の一つで、保険の安全性を脅かすものである。結局これを阻止するのは、保険を利用しての利得の機会をなくせばよいのであって、(20)超過保険や重複保険の禁止も保険の安全性を確保するための努力である。(21)危険なければ保険なし。被保険利益なる概念の存在も、保険は致富の道にあらずという原則の担い手としてであり、これまた超過保険や重複保険を禁ずる。これも結局危険と保険料との関係を適正にして、保険の安全性を実現する。(22)危険と損害とがいかなる性質の関係にある時に両者の因果関係を認めるかは、保険者の損害塡補責任の決定に直接影響し、従ってきわめて重要なる問題であるが、ある損害が被保険危険によって発生せしめられたかという因果関係の追求により、給付・反対給付均等の実を一段と上げようと努力する。(23)保険価額の一部を保険に付したる場合においては、保険者の負担は、保険金額の保険価額に対する割合によってこれを定める。かかる規定を称して比例塡補規定という。この規定の実施によっても、結局は保険における給付・反対給付均等の原則が推進されることになる。かかる保険は一部保険である。

さて、保険の原理と原則による安全性の達成は、結局のところ保険の仕組全体に関連して、その各部分での構成を可能にし、さらにそれを運営しているところの各種各様の保険に関する諸原理や諸原則によって総合的になされているのである。(24)そして社会経済裡にあっては、これとは別に、実に科学技術の進歩による危険逓減の法則があって、保険にとってはきわめて有利な状況にある。元来保険は経済の相当な長期間を区切って、これを静態的にとらえ、とくに危険率を一定として、その上に独特な経済制度を組み立てたものである。文明の進歩によって、在来の危険が克服せられてくるや、当然に危険率も逓減の傾向を示し、従ってかつての高い危険率で計算された保険料では、給付・反対給付の均等が、保険者に有利に破られることになる。しかも同じく文明の進歩により発生する新種の危険は、おおむね担保せられていないから、その結果は保険者をして依然として有利たらしめるのである。

補注　$P=wZ$, $nP=aZ$（P 保険料、Z 保険金、w 保険事故発生の確率、n 保険加入者数、a 保険金受取人数）

三　保険経営の安全性（1）

保険の安全性は、保険を実際に担当する保険企業の経営が安全でなければありえない。およそ現代経済社会に存在する一切の企業は、その永遠の存続と繁栄を求めて、そのために経営の安全性の保持に努めるものであるが、他の企業や家庭の安全性の維持に貢献するはずの保険企業にして、その経営の安全性に障害をきたしたならば、保険に課せられている使命も任務もその一切が停止せられてしまうのである。保険企業の経営こそもっとも安全性を要求せられるところであり、従って他の企業と同じ安全性確保の諸対策が行なわれている以上に、保険独特の安全性強化の諸配慮がなされ、諸政策が実施せられているのである。企業経営の安全性維持の方向には、消極的と積極的の二つがあるであろう。消極的とは、具体的にいえば損失を発生せしめないことで、これをもって従来からの企業規模ならびに企業活動を縮小させたり、減退させたり、さらには滅失させたりしないことである。そして積極的とは、企業経営をより発展させて、その過程で安全性を脅かす諸要因と諸様相を包含し、吸収し、解消させてしまうことである。前者は損をしないことであり、後者は得をえることである。このためには企業経営に際して、多大の犠牲が払われるが、概してかかる犠牲は企業経営の発展成長を低下させるものであり、ここに安全性を維持すべく成長の一部を犠牲にしながら、しかも成長のうちにより一層の安全性を求めるという、まことに微妙な企業経営の在り方が求められてくる。われわれはいまこの現象を保険企業の経営に見ようとしている。

保険経営の安全性を確保せんとするには、まず保険企業みずからが(1)保険に加入することである。保険企業が所有し、保険活動に際し使用されている家屋、機械、器具等々に物保険・損害保険[1]を付けることである。次いでそこにて雇用されて労働に従事する労働者、従業員に人保険・生命保険[2]を付ける。とくに保険企業の経営にとって必要欠くべからざる経営者の生命に対して高額の保険を付けて、その保険金の受領者を企業それ自体とする方法なども活用して、物的、人的の両損害から保険企業の経営を守ろうとするのである。保険資本と保険労働の維持存続を図って、経営の安全性を期する。そのほか時に応じて各種の保険を、たとえば賠償責任保険や利益保険等々を活用するのであるが、とくに責任保険としての再保険[3]は忘れてはならない。これを利用することによって、保険者としての保険企業が引き受けた保険契約上の責任の一部または全部を他の保険者に保険することにより、保険経営の安全性を一層高めることができる。またもし利益保険を付したとしたならば、たとえば保険の目的が罹災した結果の営業の休止または阻害による営業上の損害を塡補することができ、ここでも保険の安全性が保持されるのである。いずれにしろ、保険企業の経営に際し、必要に応じて各種の保険を利用することこそ、保険経営の安全性の第一要請であろう。

(2)多種類の保険の販売。各種の保険を販売して、とくに新種保険を扱う場合にはそうであるが、ある種の保険を扱うことによって生じた損を、他種の保険を扱うことによる益によって相殺して、ここに保険経営の安全を期する。(3)この逆に、あまりにその計算基礎、仕組や技術、経営方式ならびに保険の性格、内容の相違する保険は、それの兼営を禁じて、共倒れを防ぐ。(4)その保険を手掛けることによって確実に利益が上がるか、または絶対に損失の発生のない保険だけにする。もししからざる保険を手掛ける場合には、国家の営業成績に対する保証を求めたりする。(5)保険契約の締結に際し、被保険者または被保険物件の審査を厳重にして逆選択を防ぐ。(6)損害発生に対しては、損害発生の原因調査を厳格にし、そして損害査定を厳重にする。(7)保険資金の投資運用に際しては、その対象を十分に調査した上実施する。上記三項目は調査機関や調査員の新設により、また在来の機関を利用したりして行なう。損害査定に関しては損害査定代理店もある。そしてこの三項目によって保険会社が損失を蒙る可能性が著しく減ずる。

(8)保険資金の運用に関しては、その安全性の原則に従って行なわれ、投機的な投資を避け、さらに投資が多様化されることによってよりその安全性が増す。換金性の大なることも、間接的ではあるが資産の安全性を強化し、そして保険の安全性を強大とする。(4) (9)保険会社はその厖大な資産の一部を利用して、その傘下に他の企業を創る。たとえば不動産売買や土地開発、住宅提供会社とか、演劇場やデパートその他である。かかる方式によって、保険業と保険業以外のものとを組み合わせて、ここに経営の多角化を行ない、これを通じて経営の安全性を図るのである。(10)保険資金の貸付制限を行ない、もって保険資金の安全を期し、保険経営の安全性も保つのである。もちろん貸付に際しては特殊な場合を除き担保を徴している。保険資金の運用に関して行なわれる諸配慮は、要するに保険業を金融業として解してであって、(5)金融業がもっとも尊重しなければならないのはその信用であり、そして保険資金の安全性を厳重に守ることが、金融機関としての保険企業の経営においてとくに重視されるのである。(6)このほか(11)恐慌時においては投資運用されている保険資金の価値下落を最小に止めるために有価証券にはできるだけ資金を向けないようにし、また経営の苦境にある中小企業なども敬遠して、もっぱら資金運用に関する安全性の原則を旨とし、そしてインフレ時においてはできるだけ保険資金の価値の維持を可能ならしめるために、有価証券のごときインフレに即応してその価値の騰貴するものにそれを向けなければならない。(7)

多種類の保険を販売するのも保険経営の安全性を確保する一方法であろうが、(12)取引条件の単一化を図ることによって危険を限定することができる。保険は付合契約の典型的なる契約として、契約の単一化によって経営の安全性を維持せんとする。そしてしばしば(13)混合保険を販売する。たとえば生存保険と死亡保険を組み合わせて、生死混合保険を販売し、逆選択を防止するのである。(14)義務的不足保険の形式をもって、保険金額の限定をなし、保険者は悪質危険の排除を可能とする。(15)保険金額の制限によっても同じく悪質危険の排除が行なわれて、ここにそれだけ保険の安全性が保たれるのである。保険金額の最高制限を定めるのは、危険の密集と道徳的危険を避けようとするからであり、最低制限を定めるのは事業経営上の便宜を主たる理由とする。ともに保険経営の安全性を思うからである。

⑯保険契約の解約に際しては解約賠償金を取って、優良契約の脱落を防ぐ。⑰異常な危険に対する保険においては、猶予期間なる若干延長された試験期間を設けることもある。そして⑱防災活動や予防活動を保険者が行なって、現在または将来の危険の改善に努めるのである。ある場合には保険料を著しく減額することによって、被保険者をして単独に予防装置、防災施設を整えさせるようにもする。生命保険や傷害保険においても、もちろん各種の物保険と同じようにかかる活動ならびに手段がとられる場合がある。⑲被保険者に損害防止ならびに軽減義務を課して、保険者の負担した危険が発生して保険の目的に損害が生じた場合または損害の発生が不可避となった場合に、これを防止・軽減させて、もって保険経営の安全性を達成するのである。⑳新旧交換控除の実施によって、保険による利得発生の可能性を排除する。上記のごとく考察してくると、保険の販売に際しては損失発生の可能性あるものはこれを排し、そして保険契約の締結に際しては、まず逆選択を禁じ、悪質保険契約をできるだけ排除し、良質保険契約の獲得と確保に努め、そしてひとたび契約を締結せる保険において、損害の多発・拡大を防止すべく防災または予防活動を行ない、さらに特定の付保危険の発生率または損害程度に差を生ずるところの道徳的危険の排除に努め、しかして保険資金の安全なる運用を行ないながら、もってますます保険経営の安全性を確保するのである。保険料の構成に際しては、(21)死亡率・危険率や経費率を高く踏んで、一方資金運用利率を低く抑えて、ここに純・付加保険料ともに、すなわち総保険料を高く定めて、ここからは保険経営上の損失が生じないようにする。保険経営の安全性確保のためであり、このような保険料が実現可能なのは、概して保険の独占性による場合が多い。

（注1） 企業保険としての損害保険がこれである。

（注２）　企業保険としての生命保険ならびに社会保険の保険料企業負担部分。
（注３）　Mehr, R. I., Cammack, E., *Principles of Insurance*, 1957. p. 687「再保険は保険の保険である。」Magee, J. H., *General Insurance*, 1957. p. 70「再保険は１保険会社の営業を他保険会社に移転する。」
（注４）　Maclean, J. B., *Life Insurance*, 7th ed., 1951. pp. 275〜276「元本の安全性、適切な利回り、分散投資。換金性は重要性なし。」
（注５）　Mowbray, A. H., Blanchard, R. H., *Insurance*, 1955. p. 376「保険者は金融機関である。」
（注６）　とくに生命保険者が金融機関化されるのは、その採るところの「平準保険料方式が、たんに純粋の保険だけでなく、投資との結合である」からである（Maclean, J. B., *ibid.*, p. 11）。
（注７）　保険に対し、恐慌ならびにインフレーションが及ぼす影響にして、契約部面（保険契約の獲得と契約にもとづく保険金の支払）へのそれは、ほとんど保険企業側では対策はないが、ただ財務部面を通じて若干の対策がありうる。
補注(1)　Steindl, J., *Small and Big Business, Economic Problems of the Size of Firms*, 1947. p. 63「非常なる大企業は、各種業種の持株獲得で、危険分散を達成する。」

補注(2)　Miller, D. W., Starr, M. K., *Executive Decisions and Operations Research*, 1960. p. 63「保険会社の立場からは、保険を受けることによって総効用が増すほど多くの金を持っているので、よって保険提供が合理的となる。」

四　保険経営の安全性　（２）

保険経営の安全性は、根本的には保険企業の経営の合理的適正化のうちにある。その内容が堅実であり、しかも広く社会経済のうちにそれの存立基盤が求められていたならば、そこには安全性が認められてよい。マーケティング論や経営学の理論が十分に実践されることがとくに望まれる。さらに金融経済に関する学理が活用され、また広く国家の経済政策との適切なる関連を持続していかなければならないから、かかる方面での知識も保持されていなければならない。

まず保険販売に関しては(22)保険料の前納制度を採用することによって、保険料徴収手数を著しく省くことができ、また他の諸企業における商品販売のごとき売れ残りの生ずる危険を排除する。また(23)先物取引としての予定保険契約方式の採用は、保険経営の安全性を強める。(24)オール・リスク担保の保険を販売し、つまり保険の総合販売形式をとり、それぞれの危険をそこにて相殺させながら、しかも保険販売の売上げを増大させる。安全性も増大。(25)そして具体的販売に際しては他の商品との抱き合せ販売方式などをとる。それはただ単に高級耐久消費財との関連での消費者信用生命保険だけでなく、旅行クーポン券と付随しての旅行傷害保険であったり、またさらに社会保障制度と関連しての調整年金保険の発売であったりする。(26)保険販売に関しては十分なる市場調査を行ない、たとえば農村保険市場などはこれを敬遠する。(27)保険料を月払にしたり、細分化して支払いやすくしたりして、保険の順当なる販売の達成に努め、前述した多種類の保険の販売あるいは保険品質の単一化・統一化としての付合契約方式を中心とする努力も、これら要するに現存マーケティング理論の保険における活用である。このことが行なわれれば行なわれるほど、保険企業の経営は合理化され近代化されるのである。

(28)多数の契約が獲得されればされるほど、多数の保険が販売されたことであって、この意味からして保険経営の安全性は強化されてくるが、さらに保険の数理技術上の大数の法則が発揮せられて、安全性は著しく増す。つまり保険は絶対に多く販売されなければ、その経営の安全性は期し難いのである。このことは保険資金量の増大につながるが、(29)保険資金量が大であればあるほど、結局は有効なそして強力な力をもつ投資運用が行なわれて、市場支配力は強化され、それだけ安全性が強化される。資金量にして大であれば、その一部の投資運用を誤っても他の部分での成功をもってこれを補うことができる。そもそも貨幣はその量が増せば増すほど、有利にして安全なる活用ができるものであり、これが保険資金量の多寡についても適用されるのである。(30)資金量が多くなれば、これを貸付けることによって他企業との連繫が可能となり、資金の貸付と交換に保険契約が獲得でき、さらに資金量が増大して、そしてまたこの方式が実施される。かくて自転的に保険経営の安全性が拡大していくのである。

(31)保険が大量に販売され、保険契約が多数獲得されて、さらに保険資金が非常に増加すると、ここに保険企業の規模が顕著に拡大されたことになる。現在の社会においては大企業ほどその存立が安全なのであって[8]、かくて保険企業においても無限の拡張を続けなければならない[9]。つまり大規模化につれて企業信用はますます増し、さらにこのことが一段と保険の販売、保険契約の獲得に有利となる。そして(32)保険企業の経営における適正規模は遠いものであるとされ、これが大規模化を一層可能とする。(33)大規模化するにつれて、それの公共性[10]の主張も可能となり、また真剣に採り上げられるようになり、保険企業の経営に際して、国家の保護や補助を期待することが可能となり、これも保険経営の安全性をより確実にする。(34)国家による監督や統制の強化も存在するが、これとても保険企業の経営の適正化を望むものであれば、その限りにおいては安全性を補強するであろう。(35)保険企業がその提供する保険に、保険以外の別の要素を盛り込んだとすれば、それにつれて国家の保証を求め、保障を受けることができる場合がある。たとえば産業開発・事業育成の要求を担わされている原子力保険、貿易振興のための輸出保険、戦争遂行に必要な戦争再保険等々は、国家の力によって最終的な責任がもたれて、その経営上の安全性について特別の配慮がなされるのである。(36)国家の政策達成の一役を受け持つ保険には加入強制が行なわれることが多い。たとえば自動車保険といわれるものがこれに当たる。加入強制によって保険の大量販売、保険契約の多数締結と、さらに国家的保証と保障が加えられたならば、保険経営の安全性は、他の条件にして破壊的でなければ、一応達せられる理である。(37)そもそも保険の強制は、保険の販売、保険契約の獲得にはもっとも適するものであり、従って、保険経営の安全性にもまたこの限りでは直結するものでありながら、しかし保険の原理のみではこれの達せられる可能性は少なく、たとえば社会政策的原理とか経済政策的原理などによらなくてはこの方式は採用され難いものである。(38)保険の団体扱い、団体保険も概して保険の強制を伴いながら、危険の相殺を達成する。(39)保険の普及こそが保険経営の安全性を増すのであろう。そのためには保険の社会化を達成しなければならない。徐々に層を厚くしだしてきた中間階級を主たる対象とし、できるだけ保険を社会公衆に公開して提供する。保険経営の遂行に関しても社会の要求をできる限り反映して、社会の趨勢に従うことにおいてその発展基盤を求めるのである。ここに保険のより一層の進化と進展の可能性を発見し、保険経営の安全性を達成する。

(40)保険企業が大規模化してその経営の安全性を増すためには、資本を多く集めなければならない。このために多くの保険企業は株式会社形態をとり、[11](41)それとは別に利益の社内留保を行なって、自己資本の増大を図るのである。(42)保険企業は各種の準備金を積み立てることを法的に義務づけられているが、この実施はやはり保険経営の安全性を増大させる。とくに損失塡補のための毎事業年度の剰余金中からの積み立てはこのことを一層強めるものである。さらに(43)異常危険準備金の積み立て制度もあって、ますます保険経営の安全性が確保される。[12]

(44)保険経営の合理化のためには、まず保険事務の機械化が行なわれるが、保険事務はとくにこれに向いている。事務費の軽減と事務の正確化の達成。そして(45)労務管理の一環としては、それみずからが扱っている保険を従業員・労働者に提供することによって、福利厚生施設の充実を図り、雇用の安定を達する。(46)保険経営の合理化と並んでその計画化[13]も実施されなければならない。そして保険は数理技術を中心に大数法則を基として組み立てられている制度であり、さらにその長期的性格は、他企業に比して計画化が実施しやすいのである。(47)契約者配当なる制度があって、保険企業の経営に際し、決算を行なって生じた利益金または剰余金を、保険料の逐次修正をして契約者に返還するが、この額を操作し、時には制限して保険経営の安全性保持を図るのである。⒅上記の剰余金分配上の操作と制限に並んで、相互会社組織においては、年度における欠損を、社員よりの追徴金をもって補填することも一応可能と定められている。⒆さらに相互会社においては保険金額の削減も可能とされていて、これらはともに保険経営の安全性を守らんがためである。

⒇保険企業は相互に連絡して、調査資料の交換などを行なう。そして重複保険の発生を阻止したりする。保険企業全体で保険経営の安全性を期するのである。(51)このほかにやはり協力して広告・宣伝やP・Rを行ない、また予防・防災活動も実施して、その他要するに相互協力によって、各企業それぞれ安全性確保に効果を期待するのである。(52)保険企業はカルテルを結成する。それは保険料率の協定を行ない、約款内容の統一を図るなどして結成される、価格カルテル、利潤カルテル、手数料カルテル等々である。これによって自由競争による各種の無駄を排し、進んでは利潤の確保ないし増大を図り、もって保険企業の経営の安全性を拡大する。(53)カルテルを一層緊密にした企業連合形態としての保険プールがある。これには再保険プールを始め各種あるが、ともに保険経営の安全性を激増する。(54)保険コンツェルンを結成し、保険企業がその資金を他種企業に提供することによってこれを支配し、もって産業界での地位を強化しながらそれみずからの安全性を強化する。(55)保険企業が合同して、その資本力または独占力の強化を図る。しかも新設保険会社の出現は当局の認可を要する関係上著しく制限されているため、[14][15]一種の少数独占の観を呈し、それらがますます権力を集中して、完全に経営の安全性を掌握する。(56)外国保険事業者に対する法律を制定し、日本における外国保険事業者の活動を規制する。(57)かくのごとく保険企業が独占体となりながら、企業系列を強化し、また金融資本としての成長を遂げるにつれて、その経済の恐慌時や不況時における経営上の抵抗力を強めて、あらゆる事態に際会しても揺がざる実力を持つことができ、さらに保険企業がその強大なる経済的支配力をもって、社会経済の

性格や趨勢そのものを自己に適するように改造し牽引して、その安全性を最高度に掌握するのである。(58)さて最後に保険の長期化をもって保険需要の安定を図り、保険の短期化をもってインフレ現象に対応し、資本主義社会に不可避の、また最大の脅威であるこの恐慌とインフレの二現象に備えて、経営の安全性を決定的なものとする。いかに諸条件を完備しても、この二現象への対策が十分でなければ、終局的な保険経営の安全性はないのであり、この保険の長期化と短期化以外にも各種の対策がなされている。

上記のごとく各項にわたって保険経営の安全性につき論じたが、これを要するに保険企業に流入する貨幣の総額・収入と、そこより流出する貨幣の総額・支出とを相等しくするか、あるいは前者と後者との差額を正にすることが、中心的であり根本的なる保険経営の安全性確保の努力となろう。このことの反復・永続のうちに、実に安全性が存在する。

(注8) Dobb, M., *Capitalist Enterprise and Social Progress*, 1926. pp. 164〜165「独占は不確定性を含むところの諸変化を有効なものたらしめるであろうが、独占のない時には、これらの諸変化はあまりにも重い負担となってかかってくるのである。」「企業は利得をより多くするという誘因に引かれて、不確定性の負担に直面するのである。」

(注9) Kalecki, M., *Theory of Economic Dynamics, An Essay on Cyclical and Long-Run Changes in Capitalist Economy*, 1954. p. 91「拡張に伴って危険逓増が生じる。」Kalecki, M., "The Principle of Increasing Risk", *Economica*, New Series, Vol. 4 (Nov. 1957). pp. 440〜447 ここでもかれは、危険逓増の原則を詳論して、企業が投資を拡大するにつれ、損失の確率は一定でも、企業にとっては、投資額の増加ごとに、より重大となると。企業の資産状態は、借入金で運営する場合に危険となる。流動性、つまり予期しない現金需要に応ずる能力は、自己の準備金を枯渇させるにつれて、また資金調達力が高度の非流動的投資によって影響される場合に、不安定となってくる。ここから企業の拡張計画は増大する危険によって制限されるということになるのである。

Newlyn, W. T., *Theory of Money*, 1962. pp. 124〜125「株主における危険逓増」の原理。

（注10）　Harrod, R. F., *The Trade Cycle, An Essay*, 1936. p. 224「保険の活動は、危険負担や判断によってよりも、むしろ数学と機械的な操作とに影響されるものであるから、保険は公共事業に一番適した仕事である。」
（注11）　Baumol, W. J., *Business Behavior, Value and Growth*, 1959. p. 91「危険な成長の機会を、保守的な経営者は放棄するが、それは、規則的な拡張に利用されれば、一層効果的に投資することができるような資源の浪費を防いだ。所有と経営の分離（株式会社企業形態―筆者加筆）は、危険を負担する寡占者のすぐれた能力にブレーキをかけることによって、結局成長を助長しさえする。」大冒険よりは堅実な成長を！　株式会社は、単に資本獲得のためばかりでなく、所有と経営の分離によって、危険を回避する。
（注12）　シュマーレンバッハは、「全企業を破壊させるような全損の可能性は、貸借対照表上引当金によって調節することができない。」「どの企業にも存在する一般的な危険は、その見込みは消極的なときは貸借対照表上顧慮する要はない。」「特殊な危険」―「鉱山の損害」・「汚水の害」・「有害なガス」―「特殊な危険引当金」ここでいう危険引当金は危険準備金のことをいっている（Schmalenbach, E., *Dynamische Bilanz*, 1948. S. 118～120）。
（注13）　Bierman, H., Foraker, L. E., Jaedicke, R. K., *Quantitative Analysis for Business Decisions*, 1961. pp. 143～144「ある投資計画について、将来の総収益と投資額の現在価値の差がプラスなら、それを採用する。」
（注14）　Stigler, G. J., *The Theory of Price*, 1953. p. 222「もし十年間でも、競争相手（ここでは新規流入企業のこと―筆者加筆）を排除できれば、巨大な利潤が得られるのである。」もって寡占者としての保険企業の超過利潤を思うべきである。
（注15）　Baumol, W. J., *ibid.*, p. 90　資産の大なる典型的な寡占者は、質の異なるところの諸事業を集めたものであるから、諸事業の危険を相互に相殺して、このことはまさに保険の原理に同じであると、かれはいう。保険企業は、みずからは保険の原理に立って保険を行ないながら、しかも寡占者としても保険の原理の上に立って、危険を排除しているのである。
補注(1)　保険経営は、一つ一つの保険契約締結に際しては損の生じないようにし、また一種類の全保険契約の集計においては損の生じないようにする。またその扱う全種類の保険契約の集計においても損の生じないように考えられてあり、このことはさらに一切の保険企業へ流入するものと、一切の保険企業から流出するものとの間においても損の生じないようにされていて、保険企業こそ真に安全性を確保している企業というべきであろう。

補注(2)　Pigou, A. C., *The Economics of Welfare*, 1952. p. 777「比較的知識の少ない人々の代りに、比較的知識の多い

人々が危険な事業を引き受けると、不確実性の負担（分量―筆者加筆）が、なんらかの方法によりより増加するであろう。」保険企業の経営者・従業員がより専門的な知識をふやせばふやすほど、保険の負担する不確実性がより増加して、それだけ社会の危険は処理されたことになる。そしてこのことは社会の安定の推進として、保険にもめぐりめぐって帰ってくるのである。

補注(3)　Harrod, R. F., *ibid.*, p. 224「保険範囲の拡張手段としての保険の国営化。」

五　保険における危険の発生（1）

企業や家庭における経済活動と生活の偶然の災害発生に備えるための保険にして、保険可能の範囲すなわち保険の限界なるものが考えられ、かかる一定の前提によって保険の活用が限定せられるのである。いかに保険の意義を論述し、保険の効用や効果を力説して、保険の発達ならびに普及を要望したとしても、現実にそれを画する要素が存在している以上、みだりにそれを越えかつ破ることは許されないであろうし、また不可能でもあろう。そしてこのことを逆にしていえば、かかる保険可能の範囲すなわち保険の限界内に止まることは、保険をして一応安全性を確保せしめる結果となるのである。つまり一定の前提なるものが、その時代的諸要求を反映するものであり、時代的諸制限を甘受することより生ずるものであり、そしてその時代の保険の発達水準によってもたらされるものであるならば、その一定の前提を確認してそれの拘束を受ける方が、そのまま保険の安全性の強化に連結するであろうと考えられる。各時代や各発展段階に、一定の前提が発生し、存続し、そして依然として強い影響力を有しているということは、その一定の前提の存在に社会的正当性が存するからとされるであろう。社会的正当性に準拠することが、その社会に在るものの安全性を保障する方途である。

あらゆる時代とあらゆる場所に共通普遍の保険などはおよそありえない。そのようなことを想定することは、保険をして観念的な抽象的なものとしてのみ把握してしまう。やはり現実社会での保険の具体的なる存在、保険の実践的なる機能を理解しようとするならば、ここに歴史的科学としての社会科学、とりわけ経済学的な分析によらなければならない。つまり保険可能の範囲すなわち保険の限界を、主としてこの現実である資本主義社会のうちにおいて解明することである。保険の存在しうる社会体制としての現代は資本主義経済のそれである。

商品生産を一般的な基礎とする近代社会に特有な範疇として規定される保険は、資本主義と呼ばれる近代社会における経済の運動と特有な関係を有するものとしての保険でもある。そこではまず自由主義と個人主義、そしてその一形態である経済的な自己責任主義が支配的である。これらは資本主義の精神といわれるところのものであり、保険もかかる経済的な自己責任主義を包蔵している社会経済体制のもとで初めて存在しうるのである。この主義の占める度合が大であればあるほど、その社会経済体制下での保険の存在の意義と存立の必要性が大となるのである。そしてよしんば資本主義の精神の一つであるとはいっても、経済的な自己責任主義の強度も、資本主義の各発展時期によって消長するものであり、それに応じて保険の発展度もおのずから画されるものであり、過度にこの限界を越えないこと、つまりかかる意味での保険可能の範囲を守ることが保険の安全性の確保に必要なのである。

資本主義の精神のもとに私有財産制度が是認せられ保持せられるのである。資本主義社会は私有財産を絶対神聖なものとする社会である。そしてさらにその背後には物質尊重、物質文明の崇拝が窺えるのである。これもまた結局は保険可能の範囲、保険の限界を画するものとして保険の安全性に関係を有するものとなる。

保険は貨幣制度の存在する社会体制のもとでこそ始めて成立可能であり、円滑な運営も期待でき、発展が容易となるのである。そして実に資本主義社会は商品生産が全面的に支配的となる経済社会なのであって、貨幣制度の発展の著しいものがあり、かかる種類の〈保険可能の範囲↕保険の限界↕保険の安全性の障害となるであろう条件〉はほとんどなくなった。しかし国際間での保険の成立や取引に関してはその限りでない。

資本主義にも各時代それぞれの発展段階があることはすでに述べた。そしてその時期に応じての文化発達の程度、経済水準、社会ならびに経済構造とその性格、さらにそれらの方向と趨勢に相違があることは十分理解できるところである。まず保険思想の普及程度であるが、これは主としてその時代の教育水準と科学の発達程度によるであろう。これが十分であれば保険可能の範囲は広まり、保険の限界は遠のき、従ってその中での保険の存在には安全性が約されるところである。

次いで直接保険ではないが、保険に関連する諸制度の拡充と強化の程度もまた関係してくるであろう。たとえば金融・信用制度、交通・通信制度、統計数理・計算制度、法律・裁判制度、医療・衛生制度、社会扶助・社会福祉制度、福利・厚生制度、災害防止ならびに査定制度等々ともろもろの制度の均衡的発展があって、初めて保険の進歩や強化さらに発達が可能となるのである。かかる諸制度が十分整理されていて保険の安全性が十分となるのである。

経済水準、つまり国民所得の多寡と経済規模の大小が、保険の発展に強い関係を有することはあまりに自明の事柄であろう。等価交換を原則とする資本主義社会にあっては、保険料を各経済単位がそれぞれ支出しなければ保険に加入は許されず、保険は成立せずに終わってしまう。保険料の支出の多寡は、一国の富の程度、そして国民各自の収入の高低によるところ大なのである。そしてさらに経済規模が大であればあるほど、そこでの保険可能の範囲は広く、保険の限界は遠くなる。国富が厚く広くなればなるほど、保険には有利な条件が整ったことになる。これを可能にする根本的な原動力は、その国の経済の生産性の向上、生産力の増大であろう。資本主義はこれを著しく達成したのであり、この意味では資本主義の誕生と高度化をまって、保険は出生し進歩したといえるであろう。国富のうちでもっとも重要なのは、過去から現在までに蓄積せられてきた資本の量であり、これによって経済の規模が設定され、さらにそれによって所得の量が確定されるのである。

社会ならびに経済の構造は、一概に資本主義といってもそれぞれに相違している。しかもそれらは自然や風土の条件により、人種や風習などの過去からの傾向としきたり、すなわち社会的な条件により、またその置かれている国際的環境条件などによっても影響されるものである。これらの諸条件が保険の成立発展に有利なものであるなら、保険可能の範囲つまり保険の限界に関係しての保険の安全性は確保されているとなるのである。たとえば自然や風土が激変・苛烈なものでないこと、人種とその風習が温和・節倹貯蓄的なものにして、さらに近隣諸国に好戦的・変革的なものが存在しないこと、これらはすべてその国における保険の安全性を強めるであろう。

経済の規模・資本総量と消費諸財総量、それに基づく国民所得総額の大なることは、保険にきわめて有利な条件であるが、その国の経済活動とその成長が著しい上に、さらに国民所得ができるだけ均等に分与されている方がなお保険に好都合な条件となる。ごく少数の富者と圧倒的多数の貧者の存在する国よりも、生活の安定した富裕の中間階級層の厚い国の方が、保険には適している。しかも単に経済活動が活発であり経済成長が急速であるだけではいけない。それらが定められた傾向と方向を持ち、しかもそれらがコンスタントであって、将来の推定・予測が可能にして安全を感じさせるものでなくてはいけない。このような状態であれば保険可能の範囲は広がり、保険の限界は遠く押しやられて、そこでは保険の安全性が確保できるのである。この経済状況にして、さらに偶然の災害による損失の発生や破壊の勃発に備える配慮をも有するものであるならば、保険をめぐるかかる傾向は一段と強化される。

経済恐慌とか危機・崩壊とかの現象下においては、保険の安全性は存在しないであろう。資本主義社会における恐慌の可能性は、資本主義的生産が基本的には商品生産であるという点にあり、さらにより深い原因は資本主義の基本的矛盾にあるとされている。とにかく過去の歴史においては確かに恐慌現象は存在したのであり、現在においてもそれら恐慌現象を引き起こした諸原因が完全に払拭されてはいないのであるから、依然として経済恐慌と経済崩壊の可能性は存在していることになる。そしてひとたび一般的過剰生産恐慌が発生したとなるや、きまった随伴者として貨幣＝信用恐慌、金融恐慌が呼び起こされるのであり、貨幣制度に立脚し、信用制度ならびに金融制度と深い関係にあって、それみずからも金融機関とされている保険では、経済恐慌こそその安全性を脅かすものである。

経済恐慌と並んで、やはり保険の安全性を脅かし、保険可能の範囲を縮小し、保険の限界を狭窄するものにインフレ現象があるであろう。保険の長期的性格がインフレに弱く、従って安全性が破壊されるのである。保険資産の価値がインフレによって著しく低下させられ、またインフレによって保険の提供する危険負担効用や保障効果が低落してしまうのである。保険機能の遂行に際しても、そしてより根本的には保険に対する社会的需要においてもそれが減退して、保険そのものが成り立たなくなってしまう。保険の安全性は根底より覆されることになる。(16)

保険は国家的制約の中にある。これがまた保険可能の範囲を定め、保険の限界を画するのである。国家は経済に対してきわめて大きな能動的な力を持つ。そして諸法律を制定して保険を拘束するのであるがこれは後述するとして、経済政策を通じて直接に保険を統制し、さらに間接的に他の経済政策を実施しながら保険を制御するのである。保険はかかる経済政策的統制・制御を脱することはできないのであり、あえてそれを行なわんとすれば、その安全性は乱されて、国家の強圧を受けることになる。国家の経済政策の目的は多々あるであろうが、結局は経済福祉の確保と増進であろう。保険の存在はそれへの貢献の限りで許されるのである。保険への国家による保護育成政策がとられれば保険可能の範囲の拡大、保険の限界の拡張として、保険の安全性の一層の強化が達成せられる。保険の発達しやすい社会環境や条件を整備してくれる場合でもこのことは同様である。

理想国家、理想社会においては、保険の必要はないとするものもあろう。この場合二通りの内容がある。その一は、理想社会においては、諸技術が大いに開発され、諸組織が適切に形成せられて、その結果偶然の災害が未然に阻止あるいは鎮圧されて存在しなくなるから、保険の必要はないというのである。その二は、よしんば偶然の災害が発生しても、社会の富は豊富にして、また生産力は無限大であるから、生じた損害もたちどころにこれを補填しうるので、保険の必要はないと。しかしこのいずれの主張も肯定し難い。われわれは理想社会を論ずるのであって、空想社会を論じているのではない。達成可能なものとして、現在社会を基礎とし、これの是正と発展を続けることによって成立しうるものとしての理想社会である。してみるといかに社会が進んでも、古い偶然の災害は消えることがあっても、新しいそれが生ずるであろうし、そして保険制度はますます広く普及し、ますます盛んに活用されるであろう。まして社会が豊かになればなるほど、この豊かさを確保し、持続するためにも保険は必要であり、むしろ不可欠なものとなる。理想社会になれば保険がいらなくなるのではなくて、保険が大いに活躍することが、それだけ理想社会に現在社会を近づけるのであると考える。この方が具体的な、実践的な論理である。かくて保険可能の範囲、保険の限界は、よりよき社会においてより広遠となり、保険の安全性はより確実となるであろう。

（注16）　Pigou, A. C., *ibid.*, pp. 777～778「二つの補完的な不確実を、一つの項目の下に結合する組織が形成せられると、両者は直ちに中和するか相殺する。」インフレになるかならぬかは、保険企業にはいかんともなしがたい不確実である。しかも保険企業の内部には、インフレにおいて有利な貨幣の借手と、不利な貸手との、相互に中和・相殺する不確実なる部面があり、よってインフレの不確実性は、なんらこの意味では、保険企業を危くするものでないとするのである。

補注　Klein, L. R., *The Keynesian Revolution*, 1947. p. 78 社会主義経済の国での、人々の貯蓄動機→ひいては保険意欲の減退論。

六　保険における危険の発生（2）

社会経済の状態が、保険可能の範囲ならびに保険の限界の問題を通じて保険の安全性に影響することは既述のごとくである。一応かかる意味での社会経済の規模と内容が設定せられると、そこにおいては保険に加入せんとするもの、保険に加入させられんとするものとしての企業や家庭が問題となってくる。社会経済に対するに個別経済の問題である。しかも保険の需要者としての個別経済であり、保険市場を形成し、保険市場内にあって保険販売あるいは保険提供の対象となるべき個別経済である。

保険の対象である偶然の災害の発生が、軽少の経済的損害しか惹き起こさず、僅少の経済的負担しか発生させない場合には、個別経済が単独に対策を立てることが容易にして、保険はそこでは成り立たず、従って保険の安全性を保持しようとしたならば、この部分は避けなければならない。

この逆に偶然の災害の発生が巨大な経済的損害を惹き起こし、莫大な経済的負担を発生させるような場合には、個別経済には保険料の拠出が過大となり、保険は成り立たなくなる。つまり偶然の災害の発生の影響が過度に重大なる場合には、これを保険において取り扱うと保険の安全性は破壊されるのである。

偶然の災害がきわめて稀にしか発生しない場合、たとえば個人の時間的な生涯を越えるほどに災害発生の間隔が大なる時など、保険によってこれに備えんとする個別経済の意欲があまり存在せず、よって保険は成立せず、かかる保険をめぐっては保険の安全性はありえない。そして他方偶然の災害があまりに頻繁に発生する場合、個別経済にとっては拠出すべき保険料が高額となってしまい、または保険料と保険金との開きが狭小となってしまって保険存在の意味がなくなる。保険は成立せず、かかる保険にかかわることは保険の安全性を阻害される。

偶然の災害が地方的に限られて、また職業や階級などに限られて、一部の人や物件に発生する場合には保険を求める個別経済が狭く片寄って、保険の成立する可能性が稀薄となり、保険の安全性も従ってかかる保険においては脅かされる。

偶然の災害が多数の個別経済に同時にまたは同程度に発生する場合にも、やはり保険料が高騰して結局保険は成立し難くなる。保険の安全性もない。

偶然の災害の発生による経済的損害の額・量が、個別経済において認知可能であること。この条件を欠くと、個別経済においては、保険によってこれに対応せんとの積極的な意欲を欠き、保険は成立せず、保険の安全性も考えられない。長年月にわたって徐々に累積せられていく損害などはこれの一種である。

偶然の災害の発生による損害が、金銭的に評価不可能であってはならない。たとえば個別経済にとって、何らかの理由で愛着著しいものの保険は、保険金といった貨幣によってはそれに生じた損害をことごとくは償いえないから、保険を求める意欲は少なくして、保険は成立せず。これの保険化は、保険の安全性の破壊となって現われる。

さて上記のごとく、保険市場に内在してそれを形成し、保険需要者となって保険の成立を可能ならしめる個別経済については、それらがどこまで保険を求めるかにおいて保険可能の範囲が設定され、どこまでしか保険を求めなかったかにおいて保険の限界が画定される。結局個別経済のそれぞれの保険への需要の有無によって定まるのであり、需要の強烈な保険は概してその安全性が保たれ易く、逆に需要の薄弱な保険は安全性が保たれ難い。個別経済における保険需要は、偶然の災害の発生可能性に基づく保険の必要感がいかに強く迫ってくるかと、それに備えるための保険の保険料がどの程度の高さに定まるかによるところが大きい。

保険需要者としての個別経済に対して、保険供給者としての個別経済がある。これは保険企業として把えられ、そこでの保険の限界は、保険の経営的限界と呼ばれてよいであろう。そしてこれの第一は、保険資本の充実であろう。つまり現在の資本主義社会における企業経営は個別資本の価値増殖運動であるとされ、資本の価値増殖上の機能的単位体が企業であるとされている。企業は利潤獲得における資本の機能的単位体である。保険資本なくして保険企業経営がなく、保険企業経営なくして保険はないとされるのである。そして保険資本は、結局は過去からの価値の蓄積である。それは萌芽的な初期の保険資本が、長い歴史の過程を経てそれみずから増殖を続けて今日に至ったのであり、また各種の資本が各種の企業経営活動を通じて蓄積してきた資本の保険業への流入・投下によって増大したものであった。従って現在の保険資本の量は、実に社会経済の発展過程に即応して、発展過程の結果としてのものである。保険資本が大であれば、保険活動は活発にそして広範囲に及ぶものであり、保険可能の範囲の拡大化と保険の限界の遠隔化につれ、そして保険資本の強化によって、保険の安全性はよりよく達成せられるであろう。

保険資本の強大化ももちろんそれによるのであるが、保険業が利潤をもたらすものでなければならない。しかもその額においても、保険資本に社会的平均利潤率を保証することが求められる。保険資本の利潤率が社会的平均利潤率以下であれば、保険業より資本が逃避し、以上であれば集中して、この資本運動のうちに保険資本の寡多が決まるのである。保険資本が利潤をえられるかどうかは、保険業の提供し供給する保険が時宜に適するかどうか、保険がその時代の社会経済内において魅力ある事業となっているかどうか、また保険資本の市場独占度、保険企業経営の適否等等の諸理由によるであろう。いずれにしろ資本主義社会においては、利潤の獲得なくしては企業経営活動なく、資本の存続もありえないのであって、よって保険は成立せず、保険の安全性のごときはとても約し難いところである。

資本主義社会においては、個別経済の各単位は、保険に、交換の方法によって、貨幣を保険料として支払って加入する。そして偶然の災害が起きた場合には、その結果の経済的損害に見合って保険金を受け取るのである。この行為のうちで、保険より提供される一切の価値すなわち効用と、保険に提供する一切の価値すなわち非効用とを比較検討して、この両者の損得を計るのである。もし保険に加入することが損だとなれば、保険に加入しなくなるだけである。そして別の方法、たとえば自家保険のごときを実施しだすであろう。このような結果を起こさせる主たる理由は、保険企業の、他の諸企業と比較しての生産性、能率等の低い結果での不当な保険料の高騰であり、つまり保険企業経営に際しての低位の労働生産性、企業経営の非能率が、それだけ高い保険料となって保険に加入を希望する個別経済に損害をもたらすことである。保険加入が著しく阻害されるだけでなくて、かかる保険企業経営の不適正は、すでに保険に加入せる個別経済へも不利をもたらし、それらの保険よりの脱退、つまり解約を引き起こす。より根本的には保険企業経営そのものが危殆に瀕することになり、これらはすべて結局のところ保険の安全性を破壊するのである。

保険企業経営は、競争財、代替財の存在に脅かされる。元来保険が社会一般の積極的需要に乏しい上に、さらにこれらの存在が保険需要を減ずるからである。国家による社会保険、社会保障、宗教団体による慈善救済制度、家族制度による血縁的救済制度、職種団体による職場救済制度、地域団体救済制度等。一見保険と直接の関連がない家屋や高級耐久消費財の月賦販売・現品前渡制度、海外見聞旅行、高等教育制度も有力なる保険の競争相手であり、これらが多数発生してくると保険可能の範囲は狭まり、保険の限界は接近し、この意味で保険の安全性は阻害される。

保険の経営的限界も、実は保険企業経営形態を変えることによって打破することができるし、また保険の安全性も確保することが可能である。たとえば保険国営を実施すれば保険の安全性は著しく増大するであろう。[17] このように保険の安全性といっても、そこでの保険企業の経営形態との関連において論じられるべきであり、ただ資本主義社会にあっては、中心的・一般的保険企業経営形態が私企業形態であるので、ここでの保険可能の範囲論、保険の限界論、そして保険の安全性論を論述したのである。

（注17） Boulding, K. E., *Principles of Economic Policy*, 1958. p. 240「保険を政府独占にすべきか、一般民間企業よりその方がより好ましいか等の程度によって、保険が強制的であるべきかどうかの問題が依存している。大規模化の利益があるなら、つまり保険契約の増加とともに経費が着実に低下するなら、多くの民間会社が競争しているよりも、保険の州独占の方が当然安くつく。反対に、もし一定の規模を越えるとコストが上昇しはじめ、しかもその一定規模のときにまだいくつかの会社の存立余地があるならば、州独占の論拠はきわめて薄弱となる。」

補注 Klein, L. R., *ibid.*, pp. 176〜177「民間保険業は、将来の不時の支出に備える大衆的低料率保険の発行に不成功で、……政府による利潤を追わない機関での広範な社会保障計画が必要となる。」

七 保険における危険の発生（3）

保険は経済制度の一種であり、従ってそれは経済的仕組と、その仕組を可能にしその仕組を運営するところのもろもろの技術の上に、技術によって成るものである。かかる技術にしてもっとも基本的なるものは数理的技術である。つまり保険は技術上大数の法則に立脚するもので、偶然の災害発生の確率の把握できないものは保険を成立させないし、把握の不明確なものは、保険が成立したとしてもすこぶる安全性に欠けるものである。偶然の災害発生要素が複雑であったり、またそれが発生して生じた損害の認定が不可能なるものは、十分正確な統計的基礎をもちえないから、つまり統計的基礎が常に不完全であって、従って保険の安全性も不完全な状態にある。この点長年月を経ず、経験を加えられていない偶然の災害の発生度に関しても、やはり不完全である。

偶然の災害発生の場と時と数が、現在の自然科学の発達水準の学理において、保険数理によって確率として把握可能なほどに規則性をもつこと。年々歳々の偶然の災害発生率に、偶然的な変動を生ずることの大なるものは、すなわち保険の成立可能の範囲を越えて保険の限界に抵触し、保険の安全性を期し難いものとなる。

現代の数理技術にはもちろん不完全なところもあり、時として偶然の災害発生の確率の把握に際して誤差を生ずることがあるが、これまた保険の安全性を乱すものである。このことは誤差の程度にもよるが。そもそも自然科学としての保険数理は客観的世界の諸法則を発見することによって、事件を予告しうるものであるが、それの発達ならびに発達結果の活用に関しては、多くの社会的な制約、主として階級的な強制、統制が加えられることなどがあって、かかる傾向そのものが保険についても技術的限界を設定するのである。保険技術の発達・活用可能の範囲に関するその社会とその時代での阻害条件が、結局は合理的な保険可能の範囲を画し、またその範囲内での保険の科学性を阻害したりして、ここに保険の安全性が弱化させられる。(18)

保険の法律的限界もしばしばいわれるところである。法律は国家の権力に基づいてそれの励行を強制してくるものである。保険も経済制度であって、終局的には保険に関する諸法を従わせるものであるが、しかし短期的現象としては、保険に関する諸法に経済制度としての保険が従わされているのが現実である。それは保険私法、保険公法の二部門にわたり保険を制約し、また保険の法律的限界は実に憲法を始め、ありとあらゆる諸法に関連して存在している。保険契約の締結や励行だけでなく、保険資金の運用に関しても、保険従業員の労働条件についても、保険会社の設立、運営、解散などをめぐっても規定されるところが多い。定款、約款、社則また判例、慣習等々もやはり保険の法律的限界の一種と考えてよいであろう。要するに保険可能の範囲は法律ならびにそれに準ずるものの定めるところに従って設定せられるものであり、保険の限界はそれらのものの定めるところに違わざるところにあり、そして保険の安全性は、大きく法ならびにそれに準ずるものに違反しない行為のうちにのみ存在するであろう。

被保険者または保険契約者自身の性格、もしくは被保険者または被保険物と接触するものの性格によって、特定の保険に付せられた偶然の災害の発生率またはその損害程度に差を生ずることをいう道徳的危険は、保険の道徳的限界をなすものであり、これは保険の安全性を破壊する要因である。もちろん道徳もまた歴史的所産として、現代の資本主義社会の社会的意識の一形態である。それは社会の経済諸条件を人間の行為の一定の基準として反映したものであるが、この道徳がひとたび形成せられて社会に臨むようになれば、その社会の個別経済としての各家庭ならびに各企業における各人の諸生活と諸活動は、一応はこれに制約されることになるのであり、保険の問題としてこれを考えれば、保険道徳は保険の経済活動を制約する。とくに保険においてはその数理技術的厳格性を保持するためにも、保険関係が長期にわたるためにも、それが金銭をめぐる金融的制度としてしかも偶然の災害なる不幸な状態発生に際して活動する経済制度であるためにも、ここに保険の公共性という主張を通じて、とくに保険の道徳的限界が力説せられる。もちろん保険の道徳的限界は、つまりその活動が社会的道徳観念によって強く統制されるという意味で、保険者つまり保険企業に対して存在している。保険の公共性の主張が、ここでこそもっとも顕著である。

おおよそ個人主義と自由主義をその主たる精神とし、快楽主義的な物質主義をその底流とする資本主義社会の道徳をもっとも強く律するのは公共の福祉の観念ではなかろうか。これは、法律にとっても重要なる構成要因となりつつある。そしてこれに違反する行為は、法律的にも道徳的にも許容されないものとして、保険関係においてもこのことが求められて、これが保険可能の範囲を示し、保険の限界を置くのである。被保険者も保険者も、保険に関係するものすべて公共の福祉に反する行為は取り締まられて、かくなくては保険の安全性は望みえないのである。

保険に関する諸法律規定も道徳規範も、永遠不変なものではなく、経済的諸事情と本質が変化すればそれらの形態と内容も変化する。しかしながらその間に時間的なずれが生じて、保険の経済の進歩と変革より保険の法律と道徳は必ず遅れて進化し変化する。このずれの程度分だけ、生成発展する保険は、その変動に際してその活動を制限されることとなる。この制限は実状に合わない現象として、保険の安全性を減ずるものである。

さて保険可能の範囲といい保険の限界といっても、社会経済は資本主義経済であり、個別経済としての保険の需要者も供給者も、資本主義的性格を有し、資本主義的原則に従って行動するものであり、保険の技術も資本主義経済の要求に影響され、制約され、さらに保険の諸法律も道徳も、ともに資本主義経済の諸原理の反映せるものであるから、ここに保険の安全性は、資本主義経済のうちにあり、そこに存立する限りにおいて確保可能なものといえる。資本主義保険は資本主義経済のもとでのみ、その安全性が保障されるのである。

（注18）「純理論的には危険の可測性は、危険の保険可能性とはまったく別のものである。」つまりよしんば危険が可測のものであったとしても、それは結局は程度の問題であって、完全なるものではなく、さらに危険は一般的な関連性をもち、互いに独立でないから、損害は多くの産業部門に同時的に発生し、厳密な統計的確率論の立場よりすれば、保険化実現は不可能となる。しかもこれを保険化しているのは、経済組織としての保険の完備そのものである。保険数理の不備を、保険経済ならびに経営が補充していることになる（青山秀夫『経済変動理論の研究　第一巻』《昭和三十三年六月、訂正第一版、創文社》一一二頁）。

補注(1)　Boulding, K. E., *Economic Analysis*, 1948. pp. 9~10 現代社会において保険に限界があるごとく、これを分析する経済学においても、現代社会における経済理論としての限界がある。「経済学の原則的注意は、価値が数量的に測定される範囲内に向けられており、友情、愛国心、誠実、忠誠とかの計量しえないところの大なる領域では、経済学者は権限を主張しえない。」つまり精神的な問題や趣味や政治・道徳そして宗教の問題などは、経済学の対象外である。

補注(2)　Galbraith, J. K., *The Affluent Society*, 1958. p. 86「財産を守る努力は、きわめて収益逓減的である。」このことある限り、多量の財産保有者は保険への魅力を減じ、また保険の限界の思わざる早期の発見の可能性が考えられる。

第八章　保険利潤に関する考察

一　保険利潤論の保険経済学的意義

保険経済学の分野において、かつて一時期に論じられた「保険と価値形成」の問題が、戦後再び取り上げられて盛んに論議を沸かしてより、保険学界も確かに一段と活況を呈したことは事実である。しかしここでもまた結論を見ないままに、問題が終熄するかの観がある。これはこの論争に携わった人々が、その属する経済学を異にするままに、経済用語と経済用具の間のなんらの調整もなさずして、いたずらにその主張を繰り返し合ったからであり、そして実に視角と方法を違える経済理論間の論争が、いかに困難であるかの実例を示してしまったのであった。その意味では完全に十分とはいいえない成果であって、大いに反省されてよい。

しかし、ひとたび発足せしめられた保険経済学は、新たなる問題点において再燃した。それがこの保険利潤論であり、特に保険利潤の源泉をめぐってのそれであった。まことに保険利潤論は、保険経済学界の一重要部分を成すものであり、そして好個の研究課題である。特に保険事業が私的の保険企業として実施されている場合には、利潤の問題、すなわちその源泉と額の問題は、きわめて大なる関心を、保険関係者ならびに社会一般に呼ぶであろう。そしてこの場合、保険の金融性と保険企業の金融機関としての機能および位置こそ、さらにこの問題に大なる投影をもたらすものである。

保険利潤論は、結局のところ「保険と価値形成」の問題と無縁ではありえないし、むしろその延長線上にあるべきものである。それは保険資本の運動法則の探究のうちに説かれなければならないし、そしてさらにさらに社会経済裡における資本一般の運動法則にまで遡られなければならないであろう。それは経済学全体系の中にあって位置づけられ、その中での一問題点として論じられているのでなければ、真に正しい解決を生み出すことはなくてしまうであろう。しかも経済社会が絶えざる発展を続けるという条件をも考察されている必要があるのである。社会経済が発展すれば、そこにおける保険も発展をする。その結果は保険をめぐる内外の諸条件が変貌して、ついには保険利潤にまで変化と変質の影響が及ぶであろう。問題を静止的に把えてはならず、歴史的に、つまり動きかつ変わりうるものとして論じなければならないのである。むしろ保険利潤論は、かかる要素の著しい問題といえるであろう。この問題を手懸けたものは、複雑なる具体的な現象面から本質を洞察し、しかもその本質が社会経済全般の進歩と変動のうちに、それ独自の変化を呈することを知り、かくてその難解に当面するのであるが、だからこそ保険利潤論、すなわち保険利潤の源泉をめぐって、深刻な論争が発生するのであるし、華やかなる学理が展開されることとなるのであろう。現段階における保険経済学の中心的課題は、保険利潤論である。

二　保険利潤に関する過去の見解

「保険費用の性格と保険業の利潤について——マルクスの保険理論研究——」(1)は、筆者が保険利潤について論じた最初のものである。ここでまず、保険費用の性格を、マルクスの『資本論』中における経済理論に従って論じ、次いで保険費用と修繕費用の関係に触れた後、保険業の利潤に言及して、保険資本は広義の商業資本の一種としての貨幣取扱資本であって、その機能は各個別資本における単独的貨幣準備の止揚とその縮約的費用項目化への転化媒介の過程に随伴するところの、一連の貨幣取扱の技術的諸操作の代行にして、具体的には一定量またはそれ以上の保険契約獲得とその整理、保険料の算定や徴収、発生損害の審査や査定、保険金の支払い、資産の管理や運用、簿記・会計等であり、これら諸業務を遂行する過程に、その結果として保険業の利潤が発生するとしたのである。収入された保険料の総額から支払われた保険金の総額を差し引き、さらに設備や消耗品の磨損や消費の諸費用ならびに保険会社員の給料を減じ、最後に契約者配当金を控除したその残部が保険業の利潤であり、それは社会的な平均利潤率を保険資本に掛けた額と同一のものとなるはずであるとしたのである。

しかしながらそこでは、結論として、保険業者の利潤は、かれが債権者として受け取る利子と、かれが債務者として支払う利子との差額であると断定した。保険業の企業収益の源泉としての危険差益または死差益と費差益ならびに解約益は、保険企業における超過利潤となりうることはあっても、保険業の一般的な、本来的な利潤とはなりえないものである。たとえば契約者配当として、これは結局は契約者全般に分配されなくてはならないものであり、かくのごとき保険料の修正的行為の中に、それは保険業における利潤源としての地位を失いつつあるのである。しかしこのことはまたいわゆる利差益についてもいえるところである。

すなわち利差益においても、それは超過利潤たりうることがあっても、保険業の一般的な、本来的な利潤とはなりえないのである。保険業の利潤の事実上の大部分を形成すると、一概に世俗的にはいわれているところの、保険資金の現実の利殖と予定の利殖との差益、予定利子の基礎である予定利率が実際の利回りよりも過少に見積もられているがための所産である利差益は、これまた保険料の修正としての契約者配当として、広く保険契約者全般に、進んで返還されなければならないとするのである。そしてその結果、保険業の一般的な、本来的な、つまり真の利潤は、上記各益よりなる剰余を契約者配当をして、その後にも当然残るとされる。残るべきはずのものであるところの、保険資金を運用して得られるところのものとされる。それは、それこそ利差より生ずる。保険業者が、保険資金を経済社会に投融資して得る利子よりも少ない利子を保険契約者に支払ったところの結果である。保険契約者に支払う利子以上に、経済社会から多くの利子を徴収したところの結果である。それはまさに貸すよりも安く借り、借りるよりも高く貸す行為のうちに獲得せられるものであって、このことは銀行業の場合と同じであるとしたのである。

この論文においては、筆者は、保険費用は流通費用なるがゆえに、保険資本は貨幣取扱資本となり、その結果、保険利潤の源泉は上述のごとき意味での利差にあるとしたのである。しかしそれは、平均利潤率に規制されて実現され、さらに保険利潤のそもそもの源泉は、産業資本の生み出した剰余価値にあると結論したのであった。

次いで「損害保険と生産性向上」(2)が、筆者が保険利潤について述べた論文である。その中において、「保険資本と保険利潤」なる章で、貨幣取扱資本を、再生産過程の中で運動している産業資本の独立した一部分の転化形態であるとし、保険資本もこれら貨幣取扱資本の一種であると規定した。社会的総資本の一部は、生産過程にあって生産資本として運動し、他の一部は流通過程にあって流通資本として運動する。この流通資本は、さらに商品資本と貨幣資本とに分かれて、商品資本は商品取扱資本となり、貨幣資本は貨幣取扱資本となるのである。貨幣取扱資本は、商品流通の単なる結果であり現象形態であるところの貨幣流通の純技術的諸操作を媒介し、かつそれらを集積、短縮、単純化するのである。よって保険資本は、産業資本の分身とされる。そしてその利潤は、社会的総資本のために、再生産過程における貨幣取扱上の技術的諸操作を代行し、その流通過程において要する流通諸費用を節約し、資本の追加的投資量を減少させる過程において収得されるものである。それは産業資本・生産資本が生産する剰余価値・利潤の一部を分与されることにおいて、みずからの利潤を獲得しうるものである。

資本の循環の攪乱、天変地異つまり偶然の事故による資本の再生産過程の攪乱に対応するための予備基金、すなわち予備貨幣の蓄積と保持は、これは資本蓄積のためではなくて、単にその再生産を維持し、続行するために役立てられるものであるから、それは貨幣資本そのものの一部ではなく、従ってそれはそのまま資本としては機能せず、それは貨幣形態にある剰余価値の一部であるとなる。予備貨幣として蓄蔵貨幣となるそれは、貨幣取扱資本からは独立して形成される。貨幣取扱業としての保険業、貨幣取扱資本としての保険資本は、全資本家階級のために、予備貨幣である蓄蔵貨幣を保管するという技術的方法によって、各資本家がそれぞれそれを個別的に管理する場合よりも、はるかにそれの総量を減少させ、そのままでは剰余価値を造出しないそれを、経済的最少限度に縮小させうるのである。貨幣取扱資本と予備貨幣たる蓄蔵貨幣の両者をこめて、すなわち貨幣資本そのものを節約可能とする。

ところで資本家的生産の基礎の上では、貨幣は資本に転化される。この転化によって、貨幣は単なる価値から自己増殖的な価値となる。貨幣の使用価値のほかに、資本として機能するという使用価値、追加的使用価値なる第二の能力を保有しうるに至るのである。貨幣は資本として販売され貸付けられうる。それは可能的資本としての属性において独特な商品となる。貨幣は資本として商品になる。利潤がこの場合貨幣の追加的使用価値として現われるのである。つまり貨幣が資本となるためには、それがその所有者によって、それを現実的に資本として機能させるところの他人に、すなわち機能資本家に貸付という独特な形式で譲渡されなければならない。ここにはじめて、貨幣は利子うみ資本、貸付資本に転化されるのである。貨幣は機能資本家の手を経て現実的運動の中に入り込む。そして借手によってあげられた増殖価値は、貸手と借手との間で分割されることになるのである。

純粋な形態の貨幣取扱業・貨幣取扱資本が行なう貨幣の諸操作は、商品流通の一契機すなわち貨幣流通の技術および貨幣流通から生ずるいろいろの貨幣機能とだけ関係するのであって、信用制度とは関係しない。しかし貨幣取扱業が純技術的諸操作を行なうだけでなく、貸付や借入の機能や信用取引をも合わせて行なう場合には、貨幣取扱業はここに完全に発達したものとなる。初期の貨幣取扱業は、本来の純技術的諸操作を行なうかたわら貸借業務を行なったのに対して、近代的なそれは、貸借業務を行なうかたわら貨幣の純技術的諸操作を行なう。実に近代的保険業は、貨幣取扱業と信用制度との結合形態の発展したものとして存在している。資本家的形態をとる貨幣取扱資本と利子うみ資本とは、近代的保険業において緊密に結合されていると指摘した。

今日、保険業者が営んでいる業務は、貨幣取扱業務と利子うみ資本の管理としての貨幣の貸借業務とである。しかして筆者は、この論文においては、前者を保険業者にとっては派生的な・第二次的な業務であるとし、後者を主要的な・第一次的な業務と判断したのであった。広く社会に散在している所得貨幣の一部、その貯蓄に当てられるものまたは一時不用な部分や蓄蔵貨幣の一部を、天変地異、偶然の災害に対する一種の用意・準備として、すなわち予備貨幣として、そしてそれを保険料として自分の金庫に引き寄せて資金となし、ここに一種の預金業務を遂行して、それらを利子うみ資本として転化させ、同じく広く社会に散在している機能資本家に貸付けて、この間に利子を取得し、それつまり借りるよりもより高く貸すことにおいて、または貸すよりもより低く借りることにおいてその差額を生み出して、それをみずからのものとして収得・確保するのである。これに対して他方、貨幣流通の技術的諸操作としての保険料の受取り・管理・保険金の支払なる一連の業務があり、貨幣取扱業としての保険業においては、これこそ本来的な主たるものであるはずであるが、しかし現今、現実には保険資金の運用こそが重視されつつあり、ここに主客は転倒せられつつある現象を呈している。

保険資本に、上述のごとき二つの業務がある限り、その利潤もそのそれぞれから生み出されるとする。本来の業務ではあるけれども、現在ではむしろ派生的あるいは第二次的とされている貨幣の技術的諸操作業務遂行過程において生じかつ獲得せられる利潤であり、別に今日では、保険業の主要的あるいは第一次的な業務とされている利子うみ資本の管理、貨幣の貸借に関する業務遂行過程において生じかつ獲得せられる利潤とである。保険業は貨幣資本を取引するものである。それは信用受入業務では利子を支払い、貸出し業務では利子を受け取る。低い利子で保険料なる資金を借り受け、高い利子でこれを貸付ける。貸付けた代償に保険業が取り立てる利子と、保険料として集合せられたる一種の預金に対して保険業が支払う利子との差額である。この差額が、保険業の現在でのもっとも重要なる利潤となる。このことは保険資本がますます独占化して、同じく独占化してきた産業資本と融合し、合成して金融資本を形成した時に、一段と顕著となろう。現代の経済社会における近代的保険業・保険資本の利潤は、前記の二つの利潤よりなる、二つの利潤の合したものであり、それの総額は、保険資本の総量に社会的な平均利潤率を掛けたものに等しくなる。しかしこの二つの利潤の重点は、ますます一方に偏しつつある。もちろんそのいずれに重点が置かれようとも、それが社会的に生産された剰余価値からの一控除分にほかならないというその性格は変わらない。このように、筆者は前記論文中において主張した。そこではただ予備貨幣という言葉が欠けているだけである。

最後に、「保険経済学の論争点――予備貨幣説への途――」の「第六章　保険利潤論」(3)において、筆者は保険利潤に関して一応の結論を示したのであるが、同論文を「予備貨幣理論の展開」として『保険経済学序説』の第十一章(4)に収録した。その主張のもっとも重要なる骨子は次のごとくである。すなわち、まず保険資本を保険企業に前払される資本とし、これは保険業務に投下される自己資本であって、これによって一種の保険業に特有な貨幣取扱業務が遂行されるのであるとした。そして保険資本としての自己資本の大部分が、固定および流動の形で保険経営のための費用として用いられているという事実に注目し、自己資本を経営の費用として支出することにより、実に保険業は保険料なる貨幣を吸引し、蓄積して、ここに保険資金を結成し、これを貸し出すのであるとした。これは偶然の災害の発生による資本の循環の攪乱を調整するための予備金としての貨幣蓄積基金の集積であり、これを貨幣市場に投じ、主として機能資本家へと向けて、ここに貸借業務が行なわれるのである。個々の保険料は、保険企業の下において集積せられつつある過程で、利子うみ資本への転化を遂げるのである。それに従って保険資本も、単なる貨幣取扱資本ではなく、まさに本来的な貨幣取扱資本と利子うみ資本との結合形態たる近代的保険資本に転化するのである。かくて保険業は自己資本の一部を、わずかな一部として、ほとんどは他人の貨幣である保険料よりなる保険資金を、一応は自己のものとして貸付に当てるのである。利子うみ資本の管理業務、すなわち貨幣の貸借に関する業務が重要な業務として登場してくるのであるとした。

保険資本における自己資本は他人資本を誘導している。この自己資本の機能がなければ、他人資本が生じ、かつ機能することはできない。直接の意味での保険資本であるこの自己資本は、独自の生命をもち価値増殖を行なう一個独立の価値としてあるのである。しかし保険料が保険資金として利子うみ資本に転化するのを契機として、その他人資本の集積量の増大につれて、保険資本は他人資本の運用のうちにその収益を求めるようになるのである。かかる主張のあとに、筆者は、保険利潤に関するみずからの結論を明示した。すなわち「ひとたび保険資金の蓄積が尨大となり著大となった時を想定せんか、この他人資本をめぐる展開を保険業の自己資本は自身の価値増殖の手段とするにすら至るであろう。他人資本の形成と運用とのうちに保険資本は、その主たる収益を求めるようになろう。かくてこの他人資本を誘導し働かしめんがための自己資本の投資となり、他人資本は自己資本の機能によって扶持されながら、利子うみ資本として機能して、ここに保険資本の大部分の利潤が獲得せられるようにすらなるのである(5)」と。保険利潤は、主として利子収入に始源する。保険資金の経済社会への投融資に対する利子の形で流入する収益が、保険資本の利潤となって現われてくるのである。

高度に発達した資本主義経済下における、同じく高度に発達した保険業下においては、保険資本の利潤は、上述のごとき意味での利子の差、すなわち利差に基づくものとなる。そしてかかる現象は、保険資本が、産業および商業資本と並列する独立の企業資本であることによって現われる一つの背理ではある。しかし現象の高次の展開にふさわしい背理であるとすることができるであろう。このことは、現代のごとく保険の発展が目覚ましく、その内容が充実して、保険業が圧倒的に大規模化した実状下においては、保険資金が絶対額においても、また保険資本との相対額においても、厖大にして著大なる域に達したことより結果されるところのものである。実に、社会経済の進歩発展・高度化に基づく保険の進歩発展・高度化であり、そして保険資本の進歩発展・高度化によるところの保険利潤の源泉の質的変化・高次化であるとしうるであろう。そしてここまで達するまでの前段階においては、保険利潤は「手数料」的なものと「利差」的のものとの、事態に応じ、実状に即しての混合によって獲得せられていたとされるのである。

保険利潤の源泉の質的変化・高次化をもたらす契機はなにかというに、それは信用制度の高度に発達した経済社会においての、広義の保険資本における狭義の保険資本としての自己資本の額に、平均利潤率を掛けて得られた積より、保険資金、より厳密にいえば保険資金に自己資本のうちで準備金などとして保留されているもの、または自己資本より設備資本などを控除した残部を加えた総額に平均利子率を掛けて得られた積が大となった時が、すなわちそれである。このように考察すれば、保険資本の利潤を、歴史的に把握することができるであろう。発展過程的にである。

（注1）『保険研究』第五集の「保険費用の性格と保険業の利潤について——マルクスの保険理論研究——」六五〜八四頁（昭和三十年四月、慶応義塾保険学会）。

（注2）『保険評論』（昭和三十四年七月号、第十一巻　第八号、通巻第一二二号）の「損害保険と生産性向上（その三）」三〜七頁（昭和三十四年七月、保険評論社）。
（注3）『商学年報1』（昭和三十五年二月、慶応義塾大学商学部）のうちの「保険経済学の論争点――予備貨幣説への途――」一四四〜一六〇頁。
（注4）前掲拙著『保険経済学序説』の「第十一章　予備貨幣理論の展開」の「六　保険利潤論」二六一〜二七六頁。
（注5）同右書二六八頁。

三　保険利潤の諸説とその批判（1）

保険利潤論は、保険経済学における重要課題となったことは事実であり、これに対して従来からのごく通説的な保険利潤の源泉に関する理論、すなわち保険利潤は死差益あるいは危険差益と費差益と利差益とより成るとする見解にあきたらない多くの人々から、研究が進められた。そしてそれらの人々のうちで、筆者の、前節においてその概要を示した保険利潤論に触れて批判をなされたものもあり、ここでそれらの概要を記しながら、さらにそれへの私見、つまり回答と反批判を行ないたいと思う。ただ保険利潤論が、そのつど保険費用の性格論や保険資本の運動形態に関する論議、または保険資金の性格論、さらに保険本質論などとの関連において論じられたことが多かったが、筆者はこの節においては、できるだけ保険利潤論に限って考察を進めることとし、必要に応じてだけ他の問題に及びたいと思う。

まず印南博吉博士の見解から始めることとする。同博士の『保険経営経済学』[6]にも、保険企業の収益すなわち保険利潤に触れるところがあるが、同書が相当昔のものであるので一応これは省略して、『保険論』[7]において、保険企業の損益とその分析に関して論じ、収益の源泉、保険技術的経営成果を、保険料収入を基として判断し、保険料の構成要素に対応させて、それを三種に大別しているのである。保険収益、運用収益、事業収益がこれであり、赤字の場合にはそれぞれの損失が生じると。これらが生命保険にあっては、死差益（死差損）、利差益（利差損）、費差益（費差損）ともいわれ、損害保険においては、保険収益と事業収益とを一括して営業収益と呼ばれ、これを投資収益（資本収益）と区別しているとも述べている。

この見解は『保険経済〔改訂第三版〕』[8]にも示されて、企業利潤の分析に際して、保険収益、投資収益、経費収益の主要三収益として論じられている。さらに近著『保険経営論』[9]においては、保険事業にとってのその主たる源泉を保険料収入とし、従って収益の源泉もまたこれに求め、しかしながら損益の決定、その数字的確定は、毎年度の決算にまたなければならない関係上、保険事業における収益の実現は、収入から支出の支弁を経てもたらされるという一般事業の場合と同様な取扱いがなされるとしている。そしてそこでも生命保険を例にとりながら、次のごとくに示している。

保険料の構成

付加保険料	事業費付加分	……費差益（または損）
	保証付加分	……死差益（または損）
純保険料	予定死亡による支払額	
	予定利率による割引	……利差益（または損）

さらに続けて同博士の主張に触れる。『保険の本質』[10]においては、筆者の「保険費用の性格と保険業の利潤について」における「保険業の利潤は、貸すよりも安い利子で借りるという意味の利差に基づくものであるとするのである」

との見解に対して、「しかしながら右の見解には賛同し得ない」と明記され、かかる理論は銀行の利潤に関してであって、保険業の利潤も利差とすることは、マルクスも決して述べていないと。マルクスいわく、「『貨幣資本が一特殊的部類の資本家によって、貨幣流通のこうした技術的媒介に投下される』ところの貨幣取扱資本に関するかぎりでは、『一般的な資本形態たる$G—G'$がここにも現存する。Gの投下により、$G+\varDelta G$が投資者のために生みだされる。だが、$G—G'$の媒介は、この場合には、姿態変換の物象的契機にではなく、その技術的契機にのみ連関する』と。」従って保険に投下された貨幣資本の利潤は、保険業によって行なわれる技術的契機から生ずるというべきであろう。保険に特有な貨幣操作、同博士がこれを$nP \to rZ$と表示したものがあり、それによっても利潤が発生する。いわゆる保険収益がこれである。しかして同博士は保険業の営む貨幣操作の中には準備金の運用も含まれて、従ってその運用によってえられる利息配当収入が利潤源泉の一部をなすことを否定するものではなく、ようするにマルクスの立場からする保険利潤源泉の説明としての正しい見解としては、「保険業の利潤は『利差』にのみあるというべきでなく、一般に保険業によって営まれる貨幣操作から生ずるとみるべきである。」これと同一内容の理論を前掲『保険経済〔改訂第三版〕』(11)でも示して、「営利を目的とする保険経営の立場からは、保険に特有な貨幣操作に基くと、金融的作用によるとを問わず、利潤の源泉としてこれを重視するのである。」保険に特有なのはその特殊な貨幣操作であって、金融的作用ではない。しかしながら資本主義の発展に伴い、後者は前者に劣らぬ重要性を帯びるようになると。

同博士の「保険資本に関する東独学者の見解」(12)も、見逃がすべからざるものである。まずワルトフリート・シュリーサー氏の手紙ならびに論文の内容を紹介され、そこにおいて保険資本の収得する利潤を、筆者のいう「利差」とする見解に対して、同氏が反対であるとされたと述べられている。そして同博士は同氏の論文の訳文を示され、さらにそのあとにそれへの評価をなされている。ことの順序として、同氏すなわちワルトフリート・シュリーサー氏のものから論じよう。

同氏は、実質的な構成において、保険資本は銀行資本に類似しているが、保険資本の二重機能、すなわち予備資本として役立つと同時に、貸付資本としても役立つそれを述べ、保険会社は、その保険活動と並んで信用供与者として活動する。保険資本の二重機能の認識は、保険利潤の分析にとって大きな意義をもっている。保険資金は全体として、保険企業が機能資本家たちに対して直接に、または銀行を介して与える信用の源泉である。保険資金は資本的性格を帯び、それが保険資本になる。資本に転化する。そしてこの保険資本は貨幣取扱資本の一部である。貨幣取扱資本の特殊な、専門化した部分と呼ぶのは正しいと。そして保険資本家たちの利潤は、剰余価値からの控除である。保険資本家は、この保険利潤をば、保険料収入と保険給付の差額から実現する。その高さは、機能資本家と保険資本家との競争の結果定まる。されば保険利潤は、二つの構成部分から成っている。

(a) 剰余価値の一部分。それは保険資本家たちが、保険作用（予備資本の一部の管理、常に保険金給付を用意すること）を引き受けることに対して機能資本家が譲渡するものであり、いわば保険作用に対する手数料である。

(b) 剰余価値の一部分。それは貸付資本がある期間自由にまかされることに対して、機能資本家が保険資本家に譲り渡すものであり、貸付資本に対する利子である。

さらに生産的分野の保険と消費的分野の保険を総括的に考察するならば、保険利潤は三つの構成部分から成るといえる。

1 保険作用に対し、資本家が支払う手数料としての利潤（剰余価値からの控除）。
2 勤労者たちの追加的搾取（必要な保険料プラス勤労所得からの控除）による利潤。
3 貸し出した資本からの利子による利潤。

かくのごとく構成せられる各保険会社の利潤は、その資本が自己資本と他人資本とに分かれていることと無関係である。競争によって決定される割合で、保険料の中に含まれる利潤部分と、やはり競争によって決定する利率とを前提とするとき、保険利潤の総額は、収入保険料の大いさ、および貸し出された資本の大いさ、すなわち結局は保険資本総額の大いさによって定まる。同氏の保険利潤論の概要は、上述のごとくである。

同氏のかかる主張に続けて、印南博士は全体としてそれを是認する立場に立たれて、その理論を展開されている。そこで筆者の、保険費用を流通費用として把握し、これに基づいて保険資本を貨幣取扱資本とし、そしてこの保険資本が本来的な貨幣取扱資本と利子うみ資本との結合形態となる近代化に応じて、保険業務の貨幣取扱業務と貨幣貸借業務との二つから保険利潤が獲得されながら、保険業の発展すなわち保険資金の厖大・著大化につれて、最終的には保険利潤は「利差」を源泉とするとの、一連の理論の自動発展的体系化をも批判されることになる主張をも行なっている。「思うに、流通費ないし流通過程の概念があてはまるか否かにより、ある資本が貨幣取扱資本であるかどうか、を判別することは行きすぎであり、妥当でないであろう。なぜならば、貨幣取扱資本の本質的な特徴は、別の点に存在するからである。」また筆者の保険費用流通費用論にも言及されているが、その賛否は明らかにされていない。(13)

さて同博士は同論文において、「保険利潤の分析ならびに経済準備説の立場——庭田氏の説にふれて」なる項において、筆者の利子一元説に反対であるとされ、銀行資本の利潤には利子一元説があてはまるが、保険資本の場合には、本来の保険業務による収益と貸付＝投資業務による収益＝利子を合算したものが利潤となる、保険資本の場合には二つの業務があるのであるから、それぞれ別の利潤源が併存するのであると。ちなみに保険資本の貨幣取扱資本たることと、ならびに保険料の流通費用たることに関しては、前掲『保険経営論』(14)にも触れられていて、そこでは一応「保険資本を貨幣取り扱い資本の一種とみることは正しいといえるであろう」とされながらも、しかも明確なる断定を避けられている。

（注6）印南博吉著『保険経営経済学』（昭和十六年六月、笠原書店、経営研究叢書　第五巻）二一四〜二四七頁の「第一七節　保険企業収益論」。
（注7）印南博吉著『保険論』（昭和二十七年一月、三笠書房、経営経済学大系　22）一二〇〜一二三頁。
（注8）印南博吉著『保険経済〔改訂第三版〕』（昭和三十二年五月初版、白桃書房）七二〜七九頁。
（注9）印南博吉、二瓶嘉三、鈴木譲一共著『保険経営論』（昭和三十六年九月、東洋経済新報社、経営学全集　第三十四巻）二一五〜二二九頁。
（注10）印南博吉著『保険の本質』（昭和三十一年三月、白桃書房）四八四〜四九五頁。
（注11）前掲印南著『保険経済〔改訂第三版〕』一六一頁。
（注12）印南博吉稿「保険資本に関する東独学者の見解」『所報』第八号（昭和三十七年五月、生命保険文化研究所）六一〜一〇五頁。
（注13）拙稿「『流通費用としての保険費用』の研究」『保険学雑誌』第三九五号（昭和三十一年十月）五二〜七八頁。なお、同論文は前掲拙著『保険経済学序説』の第六章として収録されている（一一五〜一四三頁）。
（注14）前掲印南、二瓶、鈴木共著『保険経営論』の「第五章　保険資本の性格」三四〜四八頁。

四　保険利潤の諸説とその批判（2）

前節において、印南博吉博士の保険利潤論、とくにその源泉に関する主張と、同博士による拙稿所論への批判を示したが、本節においては、それへの私見、すなわち回答と反批判を中心として論を進めようと思う。まず銀行業・銀行資本の利潤は、これは「利差」であるとすることについてであるが、初期の銀行業は、実は貨幣取扱業務、貨幣流通の純技術的諸操作、貨幣取引業務、貨幣管理業務を本来の業務として行なうかたわら、貨幣貸借業務、貨幣貸付業務を行なっていたのであるが、それが社会経済の発展につれて銀行業が発展し、そのもとに利子うみ資本たる銀行資金が集積せられて、それらが銀行資本となり、それが一定の厖大・著大な額となった時に、二つの業務の主客が転倒せられたのである。従って現在でも銀行資本の利潤は、「供与した信用とひきかえに銀行が取立てる利子と、銀行が預金にたいして支払う利子との差額である。銀行は信用による仲介のほかに、資本家間の決済をおこない、あらゆる形の貨幣預託をおこない、それからも利潤を引きだす」[15]ともいわれ、また銀行の利潤は、一般的にいえば貸すよりも安い利子で借りるところから生ずるとのマルクスの資本論中の言を引きながらも、「銀行の業務については……貨幣取扱資本から伝来した送金、取立、振替その他の業務に対してはその手数料を取り、それがまたその資本の利潤をなすわけであるが……」[16]と指摘されることも可能である。しかるにこの指摘自身がなんらの積極的意味をもたず、おおかたの場合には無視され、ついには埋没・解消せられて、存在をいわれなくなったのは、かかる業務によるかかる利潤が、他のもう一つの業務による利潤との比較においてあまりに小となり、その結果それは大なるものの中に吸収し尽くされ、むしろそれをいわない方がより近代的銀行資本の利潤の本来の型に適い、その本質に則るところとなったからである。それは大なる全面的なものの中に呑み尽くされてしまう一つの点である。大勢の状態の中における付随の局面の問題として、限られて論じらるべき事柄である。かくて近代的銀行資本の利潤は「利差」であるとなるのである。しかしてかかる銀行業における傾向を保険業においても認めることはできないであろうか。

初期の銀行業においては、貨幣を一種の商品として取引していた。だからこそその諸操作は貨幣取扱資本の機能に属し、従ってまたこの貨幣取扱資本は商品取扱資本と相共に商業資本を形成したのであった。現在、保険を商品としてみて、この商品の売買を保険資本が行なう、保険業の業務は商品としての保険の売買であるとの見解が、相当広範囲にまた根強く存在していることを考えるに、保険業の発展段階が、または保険に関する学的意識の発展段階が、初期の銀行業のもの・初期の銀行業の場合ときわめて類似していることが解る。しかし本当はそうではいけないのであって、少なくも生命保険にあっては高度の経済発展を遂げた世界資本主義諸国内での状態としては、近代的銀行業の域に達しつつあり、従って保険資本の利潤を「利差」にあるとしてよい発展段階ではないかと思う。そして損害保険の場合だけに限って、その利潤の源泉を手数料によるものと「利差」によるものとの両者とするのが、現段階では妥当かもしれない。しかしこの損害保険業だとて、社会経済の発展につれてより飛躍的に発展を続けるであろうし、そのもとに集積せられる保険資金も増大・膨脹を続けるであろう。そしてその結果は、銀行資本の場合と同じく、また生命保険資本の場合と同じく、必ずや「利差」による利潤獲得に至ると信ずる。そしてこれをいわしめるさらに追加的現象としては、損害保険業における貨幣取扱業務も、その大規模化による機械化や経営合理化によって、ますます簡単化・単純化され、これに要する資本額を、保険資本総額・保険資金と保険資本の合計額に対して相対的に小とし、従って貨幣取扱業務よりする利潤を、それだけ利子うみ資本・保険資金・保険資本の貸借・貸付業務よりする利潤に比較して小となし、この傾向が進むにつれて、損害保険資本の利潤も「利差」的要素を強めてくることである。

それだけではなくて、しばしば損害保険業の金融性の軽視、それは生命保険資金の長期性に対する損害保険資金の短期性としていわれたが、これも現代では是正されなければならない。たとえば短期的なコールなども考えられるからである。なるほどそれは概して低利ではあろうが、必要に応じて迅速・確実に回収できる大口資金の貸し出しであり、かくのごとき短期の資金活用の方法も発達して、損害保険資金・資本の金融性発揮と増大は一段と高まって、この点からしてもそれの利潤を「利差」たらしめる状況は整っているのである。さればこそこの傾向を察知して、「損害保険事業経営のあり方は、しばしば述べたように、保険料関係の収支、すなわち、営業活動のみによって利益をあげることを目的とせず、資産関係の収益によって利益をあげることを目的とする。換言すれば、資産収益によって保険金以外の費用をまかない、可能なかぎり保険料率を引き下げ、なお、そこに適正な利益をあげることが企業経営の理想である。したがって、一般管理費の配賦にあたっても、できるかぎりこれを投資経費に負担せしめることが基本的な考え方である。[17]」もしこの主張をとるならば、基本的な考え方としても、また企業経営の理想としても、保険資本の利潤の源泉は資産関係の収益であり、資産収益であるべきであるとなる。ところでここでいう資産とは、「損害保険企業の機能的な特殊性の一つとして、金融機関的性格、すなわち資産運用機能が存在する[18]」なる文言から推察されるごとく、筆者のいう保険資金であり保険資本であり、そしてそれは利子うみ資本と同一のものである。業界の実務ならびに理論の研究者からも、すでにかくのごとき主張がなされているというところに注意ありたい。保険資本の利潤において、その源泉を貨幣の純技術的諸操作による業務にあるとすることを、どこまでも本来的、一般的であるとする見解は、もはや反省されるべき時期にきたと思う。

ワルトフリート・シュリーサー氏の論文に少しく触れたいと思う。全体の印象として、この論文は保険利潤に関してはよくまとまったものだと思う。その意味ではまことに勝れている。そしてそれは創造性よりは総合性に特色がある。その要旨は、本章の「二　保険利潤に関する過去の見解」においてその内容を略述した拙論「損害保険と生産性向上」の中の「保険資本と保険利潤」と、きわめて近似していると思われる。それはとにかく、あまりにも典型的なるマルクス経済学の保険利潤論とされるであろう。むしろ筆者は、同氏が、「資本主義下における保険基金の資本的性格」および「保険資本と保険利潤[19]」を論ずる中で、保険基金（Assekuranzfonds）をマルクスが予備基金もしくは保険基金（Reserve- oder Assekuranzfonds）と呼んだことを示し、個別的予備金形成と集団的予備金形成との二種類に保険基金の形成の貨幣形態を区別し、集団的予備基金形成を保険であるとし、「保険は貨幣予備基金を集団的に形成する方法」、「保険は経済的な予備金形成」または「保険は金銭的予備形成の経済化された方法」としたところに興味が引かれる。念のためにここでいう保険基金とは、同氏のいう「……この不変資本は、再生産過程中には、質料的にみれば、それを十に一というような割合で減少させるもろもろの災害や危険にさらされている。……したがって、利潤の一部分、つまり剰余価値――したがってまた（価値の面からみれば）新追加労働のみを表示する剰余生産物――の一部分は『保険基金』として役だつ」との意味の保険基金である。印南博士は、同氏の論文の訳文のあとで、筆者の保険の本質に関する予備貨幣説[20]に批判を加えられているが、筆者のみるところ、同氏のかくのごとき保険の把握の仕方、保険の定義は、予備貨幣説と同じか、あるいはきわめて近似していると思われる。「保険とは、偶然の災害に対する予備貨幣を、社会的形態で蓄積する制度であって、多数の経済主体が結合し、確率計算に基づく公平な分担額の拠出をその方法とする。」この点印南博士はいかに判断され、いかに評価されるのか、その御意見が待ち望まれるところである。

「保険事業における収益の実現は、収入から支出の支弁を経てもたらされる」[21]という点は、まずまずよしとして、「収入保険料は純保険料利潤と付加保険料部分とから成っており、そのいずれの部分も収益の源泉となりうる」[22]とされて、保険業・保険資本の収益・利潤を費差益、死差益、利差益よりなるとしたり、保険収益、運用収益、事業費収益よりなるとしたり[23]、または保険収益、投資収益、経費収益よりなるとする[24]これら印南博士の主張と、同博士の「保険に投下された貨幣資本の利潤は、保険業によって行われる技術的契機から生ずる」[25]との主張とは、明らかに相違している。前者は、保険利潤を保険料の構成より導き出し、後者は、保険利潤を保険資本の果たす貨幣操作の業務より得ているのである。「保険業の利潤は……保険業によって営まれる貨幣操作から生ずるとみるべきである」[26]と。「純保険料の収入と正味保険金の支出との比較から生ずる」[27]、「保険金支払の予定額とその実際額との差から生ずる」[28]ところの保険収益ならびに「保険収益と同様に計算される」[29]事業費収益および運用収益を主要構成要素とし、主要源泉とするとの保険利潤論は、貨幣の純技術的諸操作としての保険業務を行なう保険資本に対し、生産過程で創造された剰余価値・価値の一部が控除されて付与されたもの、または取得されたものとの保険利潤論とは、根本的・本質的に相違している。前者のような利潤は、売買差益説的・不等価交換説的な利潤論とされるのである。保険を価値以上に販売するところの、純と付加の両保険料をそれぞれ高く、そしてその結果総保険料・営業保険料・保険料を高く定めておくことより利潤が獲得せられるのであるとなる。この場合、保険金や事業費の支払が少なくてすんだといってみたところが、保険料が不当に高かったということと、事態はいっこうに変わってはいない。後者のような利潤は、保険料の構成別に発生してくるのではなく、保険料の構成別に分解して理解されるべきでもない。それはよしんば一事業年度の期始と期末における、あるいは一事業年度全体を通じての総収入と総支出、総流入分と総流出分との差額として、一応は達成され実現され、この限りではそのように把握され理解されるかも知れないが、必ず保険収益・死差益、経費あるいは事業収益・費差益などとは内容的に相違するはずである。第一、保険収益・死差益などは、貨幣の純技術的諸操作の結果生じたものではなくて、それは「保険金支払の予定額とその実際額の差から生ずるもの」[30]、「純保険料の収入と正味保険料の支出との比較から生ずる」[31]もの、死差益は「純保険料の中心をなすものは予定死亡率であり、それに基づいて予定された死亡保険金の総額が、実際に支払われる死亡保険金の総額を下回る場合に死差益が計上される」[32]それであり、貨幣の純技術的諸操作としての、貨幣の収納―保管と運用―支払、保険料―保険資金―保険金なる一連の貨幣管理業務よりする利潤とは、明らかに異なっているではないか。かくて印南博士は、二つの異なった保険利潤論を述べて、結局その理論の誤謬をみずから露呈せられているのである。

保険業の収益の源泉、保険事業の利潤、保険企業の経営成果などの表現で示される保険資本の利潤を、保険収益・

死差益、投資収益・運用収益・利差益、経費収益・事業費収益・費差益などを経て実現されるとする理論は、貨幣の純技術的諸操作を保険資本が行ない、この業務遂行の過程で、利潤が分与せられまた取得せられるとする理論とは、決して同じ内容のものではない。時として印南博士は、保険を商品とみる説をも採られているが、これを思えば、保険利潤に関し、相互に異なった二説が併存的に同博士において説かれていることも一応肯ずける。「保険料はこのような保証又はサーヴィスに対する対価たるものであり、商品それ自体の生産費又は製造原価に該当する所の純保険料と、販売費用に該当する附加保険料とから成っている。この費用構成は一般の商品取引企業におけるものと共通である。しかし保険における『商品』は無形のものであり、……」[33]としているし、また保険事業のマーケティングを論ずる場合には、たとえ便法であるとしても、「保険証券を一種の商品と見なし、保険事業は保険証券という商品を販売する事業である」[34]なる見解を是認せられているのである。それはさておき、保険料の構成から保険利潤の源泉を求める説は、商業利潤を論ずる際のその源泉として、商業資本がその商品を価値以上に販売して利潤を得るという不等価交換説、すなわち売買差益説とそっくり同じ間違いを犯しているのである。この説による限り、商業利潤の発生とその額が偶然に帰せしめられてしまうごとく、保険利潤の発生とその額も偶然に帰せしめられてしまうであろう。事実、保険金の支払は偶然性によって左右せられることが多く、そのつど保険利潤の多寡、存否の問題が現われることになる。

保険利潤は、すでに生産過程で創造されていた価値が、等価交換を通じて、保険資本によって取得せられるものであるとしなければならない。いま保険利潤を、企業保険について考察してみよう。ただし、筆者は下記のごとくして定まり、そして保険資本に獲得せられる利潤は、保険業のある発展段階までであり、すなわち保険資金によって保険資本が厖大となり著大となった時には、生命、損害の両保険、すなわち一切の保険業・保険資本の利潤は、「利差」によるものと自説を前置きし、ことの便宜上、それまでの前段階として、しかもそこでは一応「利差」的な利潤を一切度外視して、もっぱら保険資本による貨幣の純技術的諸操作なる保険業務の、総資本への代行過程より保険利潤が生ずるとして論を進めることとする。偶然の災害に対する予備貨幣資本、予備貨幣という文言が気になったならば経済準備資本としても問題は変わらないが、これをI_1とする。この資本を操作するに要する資本をI_2とする。I_1が純保険料にあたるものであり、I_2が付加保険料にあたるものである。I_1とI_2が合していわゆる保険料Iを構成し、これから保険資本Sが導き出されてくるのである。ある一つの保険企業のもとに集められた保険料の総額が、その保険企業の資本をなし、社会的な総保険企業のもとに集められた総保険料が、社会的総保険資本となる。一保険資本においても、社会的総保険資本においても、保険料は不断に入りそして出ていく。貨幣の純技術的諸操作を集積し、短縮し、簡単化しながら、しかも一方偶然の災害に対する予備貨幣、または一定の偶然事実に対する経済準備[35]を節約し、縮小して、ここに再生産過程中にある産業資本の分業的に自立化した一部分として、利潤rを保険資本は受け取るのである。保険資本は、他人資本的保険資金としての利子うみ資本S_1と保険業に投下されている自己資本S_2とより成っているとしている。

(1)　一般的・平均利潤率：$P=\frac{m}{C+V}$

(2)　保険が考えられて、(1)が修正を受けた場合の一般的・平均利潤率：$P'=\frac{m-(I_1+I_2)}{C+V+I_1+I_2}=\frac{m-I}{C+V+I}=\frac{m-S}{C+V+S}$

$=\frac{m-(S_1+S_2)}{C+V+S_1+S_2}$

(3)　保険利潤：$r=(I_1+I_2)\cdot P'=I\cdot P'=S\cdot P'=(S_1+S_2)\cdot P'$

(4)　保険業における自己資本の利潤R：$R=I_2\cdot P'=r-I_1\cdot P'=S_2\cdot P'=r-S_1\cdot P'$

保険利潤は、上記の式のごとく計算されて実現されてこそ、貨幣の技術操作の過程から生ずるとされることができる。ここでは一応貨幣の技術操作を行なう資本は、保険資本の中の自己資本のみとし、それはまた付加保険料によってのみ補塡されると前提し、またもう一つの資本としての保険資金は、他人資本的な保険資金だけで、純保険料のみよりできていると前提している。このような式の配慮を経て達成される保険利潤であってこそ、それは不等価交換的・売買差益的な利潤ではなくなり、すでに社会的総資本の再生産過程の中に正しく位置づけられ、織り込まれ盛り込まれていて、それが経済の循環を経る時に、保険資本によって取り出されて、具体化して、獲得せられるのである。このように考察してこそ、保険資本の利潤は、保険業に特有な貨幣操作を営むことによって生ずるとすることができるのであり、これは保険料の構成に従ってそこに求められるとの理論とは両立しなくなるのである。

(注15) コズルフ・ペルヴーシン編、ソヴェト研究者協会訳『経済学小辞典』(昭和三十五年二月、青木書店)の「銀行」五一〜五二頁。
(注16) 宇野弘蔵著『経済原論』下巻(昭和二十七年三月第一刷発行、岩波書店)二四八〜二四九頁。
(注17) 前掲印南、二瓶、鈴木共著『保険経営論』二五四頁。同書の本部分は、鈴木譲一稿「損害保険経営論」中の一部である。
(注18) 同右書二五二頁。
(注19) 前掲印南稿「保険資本に関する東独学者の見解」六五〜八四頁。
(注20) 前掲拙著『保険経済学序説』の序、二八四頁。拙著『わが国近代保険学の発展』(昭和三十七年三月、慶応通信)一四頁、二五九〜二六〇頁。
(注21・22) 前掲『保険経営論』二五頁。
(注23) 前掲印南著『保険論』一二一〜一二二頁。
(注24) 前掲印南著『保険経済〔改訂第三版〕』七二〜七七頁。
(注25・26) 前掲印南著『保険の本質』四九〇頁。
(注27) 前掲『保険論』一二一頁。
(注28) 前掲『保険経済〔改訂第三版〕』七二頁。
(注29) 前掲『保険論』一二二頁。

（注30）（注28）に同じ。
（注31）（注27）に同じ。
（注32）前掲『保険経営論』二六頁。
（注33）東京海上火災保険企画室編集『損害保険実務講座』第一巻　損害保険総論の印南博吉稿「総説」二七頁（昭和二十九年四月、有斐閣）。
（注34）印南博吉稿「保険業のマーケティング」『マーケティング・ハンドブック』（昭和三十六年十一月、同文館）七九三頁。
（注35）「保険とは一定の偶然事実に対する経済準備の社会的形態であって、多数の経済体が結合し、確率計算に基いて公平な分担を行う経済施設である」（前掲『保険の本質』一頁）。

五　保険利潤の諸説とその批判（3）

保険経済学者の中にあって、筆者の保険経済理論について、保険費用の性格、保険と価値形成の問題、保険資本の性格とその運動形態、保険利潤の性格とその源泉のそれぞれに関し、全面的にこれらを考察の対象として批判と論評をなされた学者は、印南博士に次いでは金子卓治氏であった。筆者は同氏の、拙稿所論への追求を受けることによって、筆者なりにみずからの理論を前進させることができたと思え、厚く謝意を表したい。しかし依然として、各所において同氏とはくい違いをみせている。総体として、同氏の諸理論はきわめて斬新であるが、マルクス経済学の基本的思考からは外れ、基礎的理念を脱する、つまり原則的解釈とは違うところがあると思われるが、それだけに研究対象としての価値は大である。ただただ資本論一辺倒のマルクス経済学者の多い中で、明らかに目立つ存在といえるであろう。ここでは、その中の保険利潤に関するものに焦点をしぼって考察を行ないたい。

同氏は、「保険利潤について」(36)で、保険資本を、産業資本の果たすべき特殊な機能――偶然的損害の塡補という直接生産過程にも流通過程にも関係のない、いわば高次の第三次元で果たされる機能――を分担することを通じて、産業資本によって生み出された剰余価値の分け前にあずかり、利潤を取得するものとした。生産機能を担当せず、剰余価値の分け前に参加するという点では、商人資本あるいは商業資本たる商品取扱資本や貨幣取扱資本と同様である。ところが資本形態はそれが担当する機能の相違と発展に応じて、異なった形態で利潤を取得することになると。

ところで同氏は、印南博士と筆者の保険利潤論を評して、「両氏に共通なことは、保険資本の本来の保険業務と貨幣取扱資本の業務との質的相違、さらには保険業務と結合して行なわれる貸付＝投資業務と、貨幣取扱資本の発展形態としての銀行資本の営む貸付業務との質的な違いが認識されていないということである。このため保険資本の利潤についてもたんに貨幣取扱資本或いは銀行資本からの類推におわり、保険利潤がとる特殊な形態を正しく把握することができず、二つの利潤源のいずれに重点をおくかという点に論議の中心がおかれたにすぎない」として、しかして筆者の「損害保険と生産性向上」における保険利潤に関する所説を、「保険資本と銀行資本の区別は全く解消されているといわねばならない。」保険資本を貨幣取扱資本の範疇に属するとする考えを展開したことの当然の誤った帰結と難じられている。本来の保険業務による収益と、貸付＝投資業務による収益＝利子を合算したものが利潤であり、企業保険の場合は、その利潤は、保険業務による収益と貸付＝投資業務による収益とが分離して併存するという形をとっていたのに対し、生命保険においては、両収益は別の利潤源としてでなく、結合して現われるという点が特徴的である。保険料算定を通じて結合して現われることになる。だが結合したとはいえ、本来の保険業務による収益が死差益、貸付＝投資業務による収益が利差益として区別して取り扱われているごとく、両収益が融合してしまっているわけではない。従って、生命保険資本の場合においても、銀行資本にみられたごとき一体化した結合はみられないのであるとされているが、単に言葉・記述の表現の上からだけいっても、両収益が生命保険資本の場合において、別の利潤源としてでなく、本来の保険業務による収益の中に結合して現われることを特徴としながら、しかも両収益が融合してしまっているわけではないとし、また銀行資本にみられたごとき一体化的結合はみられないと述べられているのは、いささか持って回りすぎである。理解に困難を感じさせる。結局同氏の保険利潤論は、本来の保険業務による収益たる死差益と貸付・投資業務による利差益の二本立て論であり、そして保険資本を貨幣取扱資本とすることに反対して、それを第三次元の資本とすることによって、貨幣操作の業務遂行過程からの保険利潤論を否定することになっていると思える。もしそうだとすれば、筆者の説とも、そして印南博士の説とも相違し、しかしてマルクス経済学の理論とも相違するところの、ある独特の説となることになろう。(37)

直接に保険利潤論には関係ないが、念のために、筆者の見解を記しておこう。付加保険料部分はもちろん、純保険料部分も含めて、保険料＝保険費用が流通費用であり、それが経費・経常費として追加的資本の支出をなしていることは、資本論中にも明記されてあり、またそのように解することが理論的に正しく、そして保険資本は貨幣取扱資本なることも自明の理と思われる。保険費用は、流通費用ではないなにか特殊なものとすべきでなく、特殊な流通費用とすべきであり、保険資本は、貨幣取扱資本ではないなにか特殊なもの、つまり第三次元の資本などとすべきではなく、特殊な貨幣取扱資本とすべきである。これらのことを卒直に認めて、その上で保険利潤論を説くべきだと思うのである。

水島一也氏の「生保資金の性格に関する一考察」(38)においては、生保資金の性格と保険業務を論じながら、保険資本について触れてあり、生命保険経営の本来の保険業務を金融業務のための二次的なものとみなし、保険資本を銀行資本と同様の意味において、その金融資本的性格を論じようとする主張と、拙稿「損害保険と生産性向上」を規定せられて、これに対し、「しかしながらこうした見解は、保険資金の銀行資金に対する特殊性、それを基礎とした保険立法の制限的規定、ならびにその適用が生保資金に与える効果等の考察、更には、生保会社の資産構成の各項目についての分析を通じて裏付けられることなしには妥当性を主張することはできないであろう」[39]と述べられ、さて後日「保険業における保険資金の性格」[40]を記されて、この中で保険資本論、保険資金論および保険利潤論を展開せられている。この二つの論文は、少しく手を加えられて、前者は「第十一章　独占形成期における生保資金」[41]、後者は「第十三章保険資金と保険資本」[42]として、同氏著『近代保険論』[43]に収録せられている。

「保険業における保険資金の性格」、「保険資金と保険資本」において、企業保険としての保険業は、産業資本に対して相対的独立性を保持する特殊な貨幣取扱業として規定されると。このことには筆者は同感である。本来的な貨幣取扱業が、その手許に結集・集積される貨幣を貸付・運用することにより、遂には貸付のために貨幣業務を手段として遂行するという、両取引の一体化的結合において銀行業に転化発展の過程をとるのに対し、保険業のもとに集積される貨幣は、その貨幣操作技術の特殊性によって、保険資金として、保険業の資本循環に独特の働きをなすに止まる。保険取引に前払されて増殖する価値である自己資本としての保険資本は、保険業の本来的な業務たる危険負担業務、すなわち保険取引、貨幣取扱業務の過程から保険収益を抽出し、一方この過程で保険業のもとに集積される保険資金は、これは他人資本の性格を有して、つまり自己資本の前貸しにより遂行される危険負担業務に随伴して現われる他人資本の集積であって、この保険資金は貸付資本ないし利子うみ資本として機能し、この投資・貸付の金融業務から金融収益がもたらされるとする。この両収益は、銀行業におけるような有機的一体性をもって現われるのではなく、後者の前者に対する補足的性格が示されるとして、ここで筆者の「保険経済学の論争点——予備貨幣説への途——」の第六章ならびに『保険経済学序説』の第十一章の六節の「保険利潤論」における主張を批判されているのである。

同氏による筆者の所論への第一の批判は、損害保険業と生命保険業を、保険資本として一括し、両者の相違を無視していう点であると。これは明らかに妥当性を欠くとし、保険業においては、貨幣取扱が本来的業務であるとしながら、ただその利潤源が派生的である貸付業務に求められているが、しかし利潤源を利子収入に求めるために、「貸すよりも安い利子で借りる」という銀行業における預金取引と同様の取引を保険取引として行なう場合に、それが本来的業務であるとされることは論理的破綻ではないだろうか。「銀行業では、前提と帰結、手段と目的との関係において両者の不可分の結びつきが存するが、庭田氏の場合には、前提ないし手段が、帰結ないし目的に対し倒置関係にたつことになる。」損害保険業における利子・配当収入は、量的にも質的にも、保険取引からの収益に対する追加的利潤源となるにすぎなく、生命保険業においては、保険取扱業務に際して徴収される保険料の事前計算の中に、予想される保険資金の運用利率（予定利率）が不可欠の要素として編み込まれていて、したがって保険業務は金融業務をつねに前提として予定し、両者の間には密接な相関関係が存在しているとはされながらも、なおかつ上記のごとき筆者への批判がなされている。そして続いて金子卓治氏の「保険資本について」と「保険利潤について」を論評され、結局、利潤構成において、金融収益が保険収益を上回る事態が現われたとしても、損保業はもちろん生保業でも、あくまで保険取引を主たる任務とし、そこに形成される資金の運用を派生的・付随業務とするべきで、「保険業の利潤源としての金融収益の比重が量的にいかに大であっても、その主要業務はあくまでも保険取引に求められるべき」で、かくて保険業は、「本質的には、主要業務としての貨幣取扱（保険業務）と付随業務としての保険資金投資（金融業務）とを有機的関連のもとに営むものとして存在している。保険資本の循環は、こうした認識を基底に、二つの業務の統一的過程として把握・理解されねばならない」と。同氏の保険利潤論は、貨幣の技術的操作より保険収益を述べられながら、これを保険料の構成に対応させて、死差益や危険差益とかにしなかった点に勝れ、また筆者の保険利潤論の核心点を問題としてくれたことは有難かった。[44] そしてここで、筆者は一つの実例を指摘したい。それは銀行の中にも種類があるということであって、信託銀行のごときは、信託業を兼営するものであって、信託業務と金融業務を行なうところは保険業が保険業務と金融業務を行なっているのと事情は相通ずる。この信託銀行も銀行法に基づき設立された普通銀行であるわけで、財産権の移転その他の処分をなし、他人をして一定の目的に従い、財産の管理または処分をなさしむるものとしての信託を、重要な業務内容としている。それは信託業務にかなりのウェイトを置いているが、しかし現在では銀行業務としての金融業務に重点を置きつつ資金量の潤沢を図りながら、長期信用銀行の性格を強めつつあり、その結果「信託業務がむしろ附随業務となってしまった。」[45]「銀行業務に重点がおかれている。」[46] しかしそれでもその資金量は、わが国では銀行、生命保険に次ぐものである。このような事例も確かにあったのであり[47]、保険においてもこれに類似した傾向、つまり本来的なものと付随的なものとのウェイトの移行を、またはその可能性の存在を無視してはいけないと思う。

同氏の筆者への批判の第二は、保険資金の性格を、銀行資金からの類推によって把握しようとして、銀行業が独占段階において、金融資本の中心的な存在として主体的役割を果たすのと同様な意味で、保険業にも金融資本としての能動的地位を認めるという帰結を導いたと拙稿所論をみてとって、「一見して明らかなように、この主張は銀行資本からの類推論法を基礎にした、公式論的金融資本論の保険資本への適用に外ならない。」保険資金の特質を無視・軽視し、銀行資金との等置で、現実の保険資金投資活動に対する実証的考察の欠如を示すと。同氏は、生保業は、独占資本主義の展開につれて一層の貨幣資本が必要とされる客観的条件のもとにあって、長期資本形成期間としての社会的機能を取得し、これによって金融資本系列に重要な位置づけを与えられるが、その系列内での性格はあくまでも受動的であり、その極限された分野での活動を通じて、金融資本の再生産過程に補完的役割を果たすのであると。保険資金の厖大な集積という事実のみによって、保険資本に金融資本としての性格規定を与えることは誤りである。単に保険業の手許に厖大な貨幣集積がみられるという量的な側面にのみとらわれて、これによって保険資金の本質規定を誤ったのであるとされている。銀行資金は確定債務負担を負い、保険資金は不確定債務負担を負う。保険資金は保険取引の円滑な遂行を保証するべく、安全確実性を第一に、この上に立った高収益の実現を目的として投資・運用されると。しかし金融制覇をなす根本的な第一義要因は、資金量そのものではないだろうか。銀行業においても、その資金量の集積が厖大となった時に金融資本たりえたのであり、保険資金・保険資本も厖大となった時に金融資本となること必然であって、普通銀行・商業銀行が短期・中期貸付に向くのに対し、経済発展と成長につれての長期産業融資の必要から、特に生命保険資金の役割が増大することが予想され、さて「生命保険会社はウォール街金融支配の連鎖の中で、はるかにいっそう重要なものになってきた。[48]」これをいう論文や書物の発見は決して困難ではない。

（注36）　金子卓治稿「保険利潤について」『大阪市立大学創立十周年記念論文集』（大阪市立大学商学部、昭和三十四年十一月、有斐閣）一三〇〜一四〇頁。
（注37）　金子卓治稿「生保資金運用の新動向とその性格――アメリカの場合――」『所報』第七号　第二分冊（昭和三十年九月、生命保険文化研究所）一三六〜一五八頁。この論文において、同氏は生命保険業は、本来の業務である保険取引活動によって集積される貨幣―生保資金を通じて貸付＝投資業務を行なう。そしてこの貨幣集積の基礎となる保険取扱業務と貨幣取扱業務との質的相違が問題であるとしている。
（注38）　水島一也稿「生保資金の性格に関する一考察」『国民経済雑誌』第一〇一巻　第二号（昭和三十五年二月、神戸大学経済経営学会）五四〜七三頁。
（注39）　同右論文七三頁。
（注40）　水島一也稿「保険業における保険資金の性格」『国民経済雑誌』第一〇三巻　第四号（昭和三十七年四月、神戸大学経済経営学会）四〇〜五八頁。
（注41・42）　水島一也稿『近代保険論』（昭和三十六年七月、千倉書房）二〇一〜二二四頁、二五七〜二八八頁。

(注43) 水島稿「生保資金の性格に関する一考察」七二〜七三頁において、拙稿「損害保険と生産性向上」に対する批判のなされている部分は、右注の水島著書に同論文が「独占形成期における生保資金」として収録される際に、けずられている。
(注44) 同右書二七七〜二七八頁。なお同部分は前掲拙著『保険経済学序説』二六八〜二六九頁。
(注45) 高宮晋編『体系　経営学辞典』(昭和三十七年六月、ダイヤモンド社) 二一七頁、「金融機関の経営形態」の「信託会社、信託銀行の経営形態」の項にあり。
(注46) 青山秀夫、都留重人、脇村義太郎編『経済学事典』(昭和二十九年六月、平凡社) 一〇三一頁、「信託銀行」の項にあり。
(注47) 信託銀行において、信託業務にウェイトを置きなおすような意向と努力が現在強まりつつあることは事実であるが、現状においてはまだこのことは困難で、問題が残されている。銀行専業化の方向に進み、逆に預金のウェイトが上昇し、信託業務は縮小の方向をたどっているものも存在しているのである。
(注48) Perlo, V., *The Empire of High Finance*, 1957. p. 79

六　保険利潤の諸説とその批判 (4)

三輪昌男氏編著『農村保険市場論——農協共済の歴史と理論——』(49)は、最近話題になった書物であり、特に三輪氏の執筆された「保険の理論」(50)の部分は、保険経済学者の多大の関心を引いた。同氏はそこで、保険業(資本)は貨幣取扱業(資本)の特殊な・具体的一形態以外のなにものでもなく、個々の資本家の異常な破壊への対応は、保険準備金の形成としてもっぱら行なわれ、これの運動は、蓄蔵貨幣一般のその一部として貨幣取扱資本を自立せしめ、逆にいえば、さしあたり、貨幣取扱資本一般の技術的諸操作のもとで行なわれると。保険資本は、保険料の総和と保険金とを相等しくせしめる技術的契機をめぐって自立する。保険業は貨幣取扱業の一特殊形態なのであるから、「彼の利潤が剰余価値の控除分に他ならぬことも明かである。(51)」ともあれ保険的貨幣技術操作は貸付機能と結合する。貨幣取扱機能が貸付機能と結合する時、それを担当する資本を一般に銀行資本といえば、保険資本は、銀行資本の一亜種、その特殊な一形態であるということができると主張する。

利潤の獲得を軸にして、保険資本の運動も展開される。しかしてその利潤獲得の具体的なメカニズムの把握が必要であるとし、まず保険料の純保険料、危険部分および積立部分なる諸部分からの構成をいい、この保険料を保険金に転形せしめていく過程で、保険資本は危険差益あるいは死差益、利差益、費差益ならびに解約益なる形で利潤を獲得するとする。現実の危険の発生がより少ない場合、貸付資本としての利回りがより高い場合、現実の経費がより少ない場合および解約がより多い場合、利潤はより大となる。かかる保険利潤の源泉論の間違いであることは、筆者すでに本稿においてこれを説いた。

現実の危険の発生が少ない、優良な対象を、より少ない経費で求め、集積された保険料＝貨幣を貸付資本として、より高い利回りで運用することによって、より大きな利潤を獲得する。これでは不等価交換的・売買差益的利潤そのもので、従って確かにそれは利潤を偶然に帰せしめる。しかして貨幣操作の業務を資本によって遂行する過程で、等価交換の原則に則りながら獲得され具体化される利潤とは、それは本質的にその性格を異にしている。ただ同氏は、競争の過程で、危険差益・費差益は、無限にゼロに接近させられて、保険資本の利潤に占める利差益の比重は増大していくとして、筆者のこの点での見解そのものを述べられている。

「予定利子の基礎である予定利率が実際の利回りよりも過小に見積もられているがための所産、すなわち現実の利殖と予定の利殖との差益とはみないで、かくのごとき意味の利差益は、やはり保険料の修正として、危険差益または死差益や費差益とともに、契約者配当として、広く保険契約者全般に返還せられざるべからざるものとして、ここに保険業の利潤は、貸すよりも安い利子で借りるという意味の利差に基づくものであるとするのである」(52)なる筆者の

「保険費用の性格と保険業の利潤について」の主張を同氏は批判され、「じっは『利殖』の差益と『貸すよりも安い利子で借りるという意味の利差』とのあいだには、別に本質的なちがいはない」[53]として、筆者の論法を小手先の細工と難じられているが、筆者は決してそうは思わない。もし保険者と保険契約者との力関係が等しければ、ここでいう利殖的な利潤は、決して長続きしないはずである。なぜかというと、実際よりは高い価格の純保険料（これから危険差益あるいは死差益が生ずる）と付加保険料（これから費差益が生ずる）ならびに実際よりは低い利率（これから利差益が生ずる）で、不等価交換を強いられていることになるからである。しかし筆者のいう「利差」を利潤の源泉とするならば、それはすでに価値計算の中に織り込まれ盛り込まれているもので、これをも含めて一般的・平均利潤率が計算せられてあるのであり、これが保険資本によって実現され取得されることになるのである。

保険資本を、保険業に投下された自己資本と保険資金としての利子うみ資本との合計すなわち結合したものと解するならば、保険業の発展につれて、保険契約がますます増え、その一件当りの額がいよいよ大となり、従って保険資金総額が厖大となり著大となって、自己資本との相対的比率が大きくなれば、遂には自己資本の存在意義は、保険資金の中に埋没せられ、しかして貨幣操作よりえられる利潤が、保険資金の運用よりえられる「利差」の利潤の中に解消していってしまうではないか!? この場合、生命保険資金は長期性を有するからそうなりうるが、損害保険資金は短期的であるからそうならないとすることはできない。たとえば銀行の場合でも、普通銀行である商業銀行は概して短期金融のものであり、これに対し特別銀行はおおむね長期金融という組合せであり、短期金融でもその資金が増大した今日、「利差」のみによってその利潤を得ているからである。

保険業における自己資本と他人資本的な保険資金が、一体となって保険資本を形成するという現象は、次のことよりなり、次のことを意味するのである。近時企業体制の発展は、資本と経営の分離を生ぜしめ、従って自己資本と他人資本の概念は、漸次不明瞭となってきた。自己資本に対する利潤も一定率化して支払われる傾向にあり、これは利子的な性格を強めることであり、しかも他人資本に対する利子の率と、相互に接近し合ってくるのである。かくしてほとんど全く他人資本をもって営まれる典型的な事業としての金融業、そしてその一種である保険業においても、この現象がみられて、ますます保険資本に対する保険利潤は、その形態の上からも、額の上からも、いよいよ「利差」による利子的になるのであり、その結果は、その源泉を「利差」にありとしてもほとんど事実を誤らないことになるのである。利潤の利子化現象によって、一層保険資本の利潤の源泉は、「利差」となってくるのである。

保険業の総収益を決定するものは、結局利子の高さである。そのためには保険資金をできるだけ多く集積しなければならない。保険業がもっているところの保険資金を主成分とするその運用資本の全体の大きさによって、その中の固定化しうる部分の範囲が決定され、さらにいえば保険業のあげる全収益の大きさが、保険業の建物などの立派さを決定するというのが実情に近い。一般的にいえば、平均利潤率は平均利子率より高く、従って自己資本を保険業が保険資金に参加させて貸付運用したからとて、自己資本の利潤を生みだすことはできない。自己資本については、利潤と利子との差額が他の運用資本の部分から補充されねばならない。保険業は、一定の発展段階に達すると、保険資金・保険資本の貸付運用において受け取る利子率よりも、保険料として、預け入れられた利子うみ資本・貨幣資本の所有者・契約者に支払う利子率を、低くしておくことによってその差額を収得する。保険業の自己資本は、必ずしも大きいことは望まれていない。

保険業のもつ運用資本としての保険資金の大きさによって、総利子差額が変動する。だから、保険業はぜがひでも多くの保険契約を獲得しなければならない。原理的にいえば、保険業の自己資本は、その純益金を平均利潤率によって除することにより、逆算的に導き出される。これを資本化といい、資本還元するという。ここに企業の収益還元価値が算定せられる。企業評価の、収益還元価値による方法である。暖簾をはじめ、独占力も資本として算定しうるようになる。保険業の社会的信用とその独占力も、その内部的・外部的条件とみられ、その結果、それらが資本化せられてくる。企業の組織価値なるものが取り上げられるのである。

さて、利子は平均利潤を前提して成立するが、保険業の収める平均利潤は、むしろ利子を前提して成立する。保険業の確定した利潤が、平均利潤と等しくなるように、他人資本と自己資本との配分を適合させて、その自己資本の大きさをきめようとする。保険資本額X、その保険業の利潤y、平均利潤率をPとする。保険業における自己資本X_1と他人資本X_2は次のごとくである。

$$X_1=\frac{y}{P}$$
$$X_2=X-X_1$$

保険業の利潤を、「利差」一本によるものとして、保険資金と自己資本の結合よりなる保険資本を、資本還元して自己資本を逆算すれば、まさにかくのごとくなる。保険業においても、資本なくしてはそれはありえない。一見それが把握し難い場合でも、かくしてその資本を算定することができる。

（注49） 三輪昌男編著『農村保険市場論——農協共済の歴史と理論——』（昭和三十七年六月、御茶の水書房）。
（注50） 同右書三〜五二頁。
（注51） 同右書三三頁。
（注52） 前掲拙稿「保険費用の性格と保険業の利潤について——マルクスの保険理論研究——」八二頁、ならびに前掲拙著『保険経済学序説』八三〜八四頁。
（注53） 前掲三輪編著『農村保険市場論——農協共済の歴史と理論——』四五頁。

第九章　『保険利潤の源泉』論争

一　『保険利潤の源泉』研究の意義

利潤は、賃金、利子、地代と並んで一つの所得類型をなす。所得とは、生産資源の用役に対する報酬として家計に支払われる代価と企業の利潤とを含めたものである。そして社会のすべての生産物の価格が、それぞれの所得としての賃金、利子、地代および利潤とに分けられる過程を分配とするのである。分配の理論（theory of distribution, Verteilungstheorie）は生産物の価格の各部分が、一定の人々あるいは一定の企業に帰着していく機構、すなわちそれぞれの所得として入手せられる過程を明らかにしようとする。所得の理論は、かくて分配論において取り扱われるものとなる。

さて分配は生産に比して、自然的要素と交渉をもつことのより少ない部面である。そしてそれはより社会的である。分配論はこのゆえに、経済学上きわめて重要なる部門を構成するのである。人類と自然との対立があまりにも苛烈であり深刻であった時代においては、生産論が経済学上もっとも中心的なる課題であったが、徐々に人類と自然との対立よりも、人間社会の内部関係の問題が重要となってきた歴史段階においては、分配論が中心的なる意義をもたされてきて、従ってまた利潤論の研究が重視せられるに至るのである。

分配なる現象の理論的把握は、分配要素はいかにして決定されるかの問題であり、そして分配の社会的な、個人の意志より独立している、その意味においては必然的なる性質を明らかにすることである。分配は生産要因の機能そのものによって決定されるものであり、また別になんらか他の勢力によって決定されるものであるともいわれるが、前者は分配要素を生産要因に結合させるものであり、後者は分配の社会的関係・人的関係を主張するところのものである。生産における本来的なる要素に帰属させて所得を把握するものは、たとえば土地、労働力、資本等を絶対的、基礎的、終局的要因と前提して地代、賃金、利子等のそれぞれの帰属、分配を説くのである。物的要素に結合しての理解であるといえる。これに対して分配関係の人間関係であることを認め、続いて地代、賃金、利子等の帰属されるのは単なる物質的な土地、労働力、資本ではなくて、一定の社会的関係を表現するものとしての土地、労働力、資本に対してそれぞれの主体たる地主、労働者、資本家に支払われるとするものがある。この関係は地主、労働者、資本家を階級関係に組織立て、ここに階級的なる分配関係が生ずるとなす。分配は、かかる階級関係として具体的に存在するという。ここでは後者の見解をとる。

利潤についてこれをみれば、まず資本の本質は生産された物であるところの生産手段にあるのではなくて、物そのものの上に結ばれた一定の社会的な生産関係である。生産手段の所有者と労働力の提供者は、資本によって結合され、そこに剰余価値の一定の生産方法が遂行される。資本家はかかる剰余価値を利潤として受け取る。よって資本家の収める利潤は、資本家と労働者の社会関係と対応する。この関係は社会的分配関係であり階級的分配関係である。そしてかかる分配関係は機能的分配理論そのものを成立させはしない。機能的分配理論は物的な帰属現象を固定化するが、正しくはこの物的なる現象の下にある社会関係の理論的把握がなされるべきものである。

分配関係は、階級的な一定の関係として存在し、社会的必然関係である。それは静態としての均衡状態をなす。しかしこの均衡状態も、一定の傾向をもって進行するという意味の歴史的な変化的なるものである。つまり均衡をつくり出し、一定の方向に進まんとする分配関係としての利潤現象は、生産関係の出現、変化、消滅とともに出現し、変化し、消滅するのである。かかるものとしての利潤の理解こそ、歴史的性質を有する。

保険利潤に関する研究の意義は、保険と社会的生産関係との関連を明らかにすることにある。それはまた保険における社会的階級関係を明らかにし、保険をめぐる一定の歴史法則を具体的に明らかにもする。そして保険利潤の変化を追うことによって、保険の全体としての発展傾向を探り出し、現代の経済全体に及ぼされるところのこの傾向を解することができる。保険利潤の問題を通じて、保険の金融資本としての実態を分明にし、そして金融資本そのものの本質と機能を、一段と明確にすることが可能となろう。保険利潤論は、このようなものである限り、人間性を有し、具体性を存し、社会性を保ち、そして歴史性を持つ。分配関係としての所得の一つである保険利潤に生ずる変動は、単にそれが均衡状態に収束されんとするのみならず、全体として一定の傾向的発展をなすものであり、しかもこの同一変動は、分配現象そのものを止揚する内的必然性を醸成していくものなのである。

二　保険利潤の内容（1）

社会各人の所得が形成される場としての企業で、そこにおいて各人の提供する各生産要素の用役が、生産の過程で果たす機能に応じて、その生産成果の支払を受けるとするのが、機能的分配の理論である。これによると生産物の価値あるいは価格の、生産要素への帰属を説くのみであり、そして分配過程を市場での価格あるいは価値の形成過程としてのみ解することとなる。しかし分配理論においては、所有と階級という契機を欠くことは許されず、つまり生産要素の働きによってのみ分配を説明せんとする理論に対して、生産要素の所有に応じて階級を区分し、分配の問題を階級的分配のそれとして、分配が社会の勢力関係によって左右されると主張する理論がある。生産物の価値あるいは価格がそれぞれの生産要素へではなしに、その所有者あるいはその属する社会階級へ帰属する過程を説明せんとするのである。

分配を、価値あるいは価格形成過程として考察する。すなわち分配現象を説明するのに、生産と分配との密接な関係を想定し、分配過程を市場における流通過程での価値あるいは価格形成として把握し、一般に価値あるいは価格成立の法則を追求して、社会各人の所得を生産における機能の価値としてみるのである。しかるに別に、社会勢力の関係の存在を無視せずに、分配は社会的ならびに歴史的契機において行なわれるとする。生産を支配するものは技術的ならびに経済的法則にして、生産法則と分配法則の必ずしも一体でないのを認めて、そこに独占の作用をも入れるのである。つまり資本所有に応じて階級を区分し、問題を階級的分配のそれとして把握して、そして資本の蓄積が階級的分配をいかに変化させていくか、また資本蓄積がいかに分配によって影響されるかを追求せんとするものである。

かかる所得分配に関する二大思潮は、たとえば機能的分配理論においては、社会勢力の関係は経済理論にとっては与件として扱うことによって完全なる無視を避け、また階級的分配理論によったとしても、社会各人の所得がその労働力の量と質によって相違することは当然に認められているから、ここには生産への貢献度による分配への考察が明らかに含まれているのである。いずれにしろ保険利潤を考察するに際しても、この両面からの分析は、そのいずれをも欠くことは正しくないのであって、とくに『保険利潤の源泉』論争に際しては、ただただ保険資本の機能に基づく利潤のみを論じたり、またあまりにそれを過大に評価することは間違いである。まず社会経済すなわち資本主義経済の発展と高度化のうちに、保険資本の機能と、保険資本の社会的または歴史的関係、すなわち階級的関係裡における位置を考察し、そして独占資本ならびに金融資本体制の発生と強化との関連において理解しなければならないのである。保険利潤の内容の変化には、とくに注意すべきである。

㈠　保険利潤における超過利潤の問題　　保険資本家または保険経営者・企業家が、平均利潤以上の利潤を取得した場合、この超過分を超過利潤とよぶ。超過利潤のもっとも典型的なものとしては特別剰余価値の転化形態としてのそれであるが、保険利潤においては、これに類するものとしては、内勤と外務の両者を含めての保険労働者の労働能率を高め、他の保険企業に比して労働強化を達成し、労働日の延長を実施したりして、つまり労務管理の諸方法を改良して、これを獲得するのである。このために保険企業内における事務の機械化を計り、新技術を採用し、新組織の形成を行なったり、それらを保険の販売部面や保険資金の運用部面においても行なって、より一層の超過利潤を求めるのである。新様式の保険や新種の保険の積極的開拓もこれに類する一連の努力である。保険においては、不良契約、悪質契約つまり失効・解約に至る契約や逆選択的な危険度の高い契約を排除して、優良契約の獲得を達成することも、有力なる超過利潤達成の方法である。結局保険企業の経営に際して、不変資本と可変資本の節約を可能とし、優良契約の獲得・確保を実現し、保険資金の有利なる運用を遂行したるときに、特別剰余価値的なる超過利潤が得られるのである。かかる利潤は保険企業間の競争によって消滅し、その存在は経過的である。それは個別保険資本の経済内容の上位にあるものにのみ与えられる。逆に下位のものは平均利潤にすら達しえないのである。

保険利潤の場合には、差額地代に転化される超過利潤はあまり考えられない。また保険の市場価格つまり保険料の偶然的動揺から生ずる超過利潤も実際にはありえない。しかし人為的独占の作用によって、そこに独占価格が発生した時には、独占利潤なる超過利潤が出現してくるのである。自然的独占とは異なるところの人為的独占による資本の自由なる競争が妨げられ、買手すなわち被保険者・保険契約者の保険への欲望と保険料支払能力によって規定される独占価格から生ずる超過利潤がそれである。これはまた保険の独占の存続する限り恒久的な性質をもつ。

これを要するに超過利潤は、すべての保険企業に与えられるといったものでなく、この点あたかも平均利潤以下の利潤がすべての保険企業に与えられるのではないのと共通している。一般的・社会的・平均的な利潤ではなく、個別的な特別なものであるところに、超過利潤の特質があるのである。利潤学説としての新機軸説・動態説・摩擦説や準地代説・不完全競争説ならびに独占説による利潤の説明は、おおかたはこの超過利潤のみを解明しているものである。(1)(2)(3)

㈡　保険利潤の三源泉説について　　解約益の問題を別として考えれば、従来からいわれてきた保険利潤の源泉を死差益または危険差益、費差益、利差益とする見解の間違いであることは、筆者はすでにこれを別稿(4)(本書第八章収録)において論じた。保険収益、事業収益・事業費収益・経費収益、運用収益・投資収益と呼びかえてもこれは同じである。そこで述べられているものは、保険を結局のところ顕在的にか潜在的にかの別はあれ、商品的なものとみての売買差益説的・不等価交換説的な保険利潤の源泉把握である。またそれは機能的分配論的な保険利潤の解明に近い。これでは保険形成要素の価格決定の原理を明らかにする保険価格論の一部にすぎないことになってしまう。そしてそれは明らかに貨幣取扱資本としての保険資本に対する、その保険資本の貨幣の技術的諸操作に対して支払われるところの、生産過程で創造せられた剰余価値の分与せられたものであるとの保険利潤論とは矛盾するのである。(5)

従来の保険利潤論でいう死差益または危険差益、費差益、利差益なるものは、そのまま超過利潤とは認められないと思う。なぜかというと、これらは一般的に、そして平均的な高さにおいてはほとんどの保険企業に認められているものであり、そこには平均利潤以上の超過とか特別とかの意味はない。すぐれて危険度の少ない優良契約を獲得し、費用の節減を達成し、資金運用の高率化を実現した時に、それが行なえた保険企業についてのみ特別剰余価値的な超過利潤が発生するであろう。ここでいう三つの益はむしろ保険における安全性確保のためとはいえ、実際以上に死亡率や危険発生率を高くとらえ、経営費用を多額に見積もり、保険資金の利回りを低く計算して、これを被保険者・保険契約者に強制するものとして、いうなれば独占利潤に準じて考えられる方が妥当であろう。しかしかかる意味での独占利潤は、保険需要が決して旺盛でなく、そして契約者配当なる制度が実施せられている現状では、むしろ存在しえないもの・存在しえなくなるものと考えられる。してみると、そこには特別剰余価値的な超過利潤の問題のみが残ることになる。「保険利潤を構成する要素の内で利子以外のものは全て超過利潤として断定する」(6)との筆者の見解の規定づけは、一面では筆者の意を尽くし、他面ではそれを誤っている。

(注1)　超過利潤の形態を次のように分類する。

(1)　特別剰余価値の転化形態としての超過利潤。a、独占されえない生産要因に基づくもの。b、独占されうる生産要因に基づくもの。

(2)　市場価格の偶然的動揺から生ずるもの。市場価格が生産価格以上につり上げられる結果として生ずる。

(3)　生産価格以上への市場価格のつり上げの結果として生ずるが、独占の作用によるもの。a、人為的独占の作用。b、自然的独占の作用。

別の分類によると、

(1)　平均利潤・市場生産価格の形成に参加する超過利潤。通常の超過利潤。

(2)　平均利潤・市場生産価格を前提としていて、その形成には参加しない超過利潤。

(3)　平均利潤・市場生産価格から独立に生ずる超過利潤。独占利潤。

(注2)　動態説（dynamic theory of profit）。摩擦説（friction theory of profit）。独占説（monopoly theory of profit）。

(注3)　前掲拙著『保険経済学序説』二六三〜二六四頁。

(注4)　拙稿「保険利潤に関する考察」『三田商学研究』第五巻 第六号（昭和三十八年二月、慶応義塾大学商学会）三八〜三九頁。

(注5)　前掲拙著『保険経済学序説』二六四〜二六六頁。

（注6） 笠原長寿稿「保険資本と保険利潤について」『保険学雑誌』第四二一号（昭和三十八年六月、日本保険学会）二九頁。

三 保険利潤の内容（2）

㈢ 解約益　これもまた一種の超過利潤を形成する。解約益は解約の発生より生じて、残存契約の死亡率や危険率の高騰を結果して、これの多額に生ずることは保険企業にとって決して健全なる事態でない。そしてこれは死差益や危険差益の将来における減少を結果して、これらは相互に相殺し合ってしまう。また解約は概して保険契約の獲得に際して無理を強行した場合に生ずるものとして、このことはおそらく費用の高騰をきたして費差益を減少させて、やはり相互の相殺が行なわれるとも考えられるが、(7) 一概にそうとはなし難くなった。すなわち解約は保険の必要を痛感しないもの、つまり死亡率や危険率の低いものが行なう場合もあるが、また一方保険料を支払う余裕の少ないものが、一旦契約したものでありながら解約する。生活ならびに企業活動の内容が悪いもの・良からぬものがかかる事態に至るのであるが、それらは傾向として死亡率や危険率が上昇傾向にあり、道徳的危険もまた大となる。従ってここに解約が生じても、予想ほどには残存契約の死亡率または危険率は増大しない。さらに解約に際しては、その契約獲得に要せられた諸費用は、過去に保険企業に払い込まれて収得せられた保険料の一部によって補塡せられる仕組であるから、それほど費差益を減少させはしないはずである。保険企業が、その契約獲得に狂奔し、まず契約量の増加を第一目標として経営を行なうのは、かかる事情が存するからである。多大に保険契約を集積して多大の解約を発生させる方が、少数優良契約確保主義より高利潤をもたらすのである。ここに解約益なる超過利潤もありうることであろう。

㈣ 保険企業の経営にあたって、内勤または外務保険労働者の労働日の絶対的延長によってもたらされる絶対的剰余価値と、必要労働時間の短縮およびこれに照応する労働日の両構成部分の量的割合の変化から生ずるところの相対的剰余価値より成る保険利潤。(8)

㈤　インフレ利潤　インフレは現代の資本主義経済においては不可避の現象であり、そして保険の長期的性格は運命的である。インフレ下においては、保険企業は一方では被保険者・保険契約者または保険金受取人に対して低落せる貨幣価値で保険金を支払い、他方その保険資金の運用に際しては、できるだけインフレに強い抵抗力のある部面に向けるので、つまりインフレにスライドさせるように努力するので、この両者の相殺に際しては保険企業に有利性が発揮されて、ここに保険利潤を生ずる。しかも保険労働者の賃金上昇率は、原則としてインフレ率より低いから、ここにも保険利潤発生の可能性がある。(9)

㈥　投機利得　保険企業は株式投資をも行ない、株式市場において機関投資家として大なる影響力をもっている。そして株の相場の変動を利用して、その間の差益を得ることがあるが、これが保険利潤の一部を成すことがある。(10)

㈦　自由競争による強大保険企業の弱小保険企業を合併・吸収する際の利潤　不当に安い価格で競争に負けた保険企業を、勝った保険企業が買収して接収したときには、かかる利潤が発生する。(11)

㈧　保険企業がその傘下の異種の企業から徴収する利潤　保険企業が金融上の有力な資本や資金の供給者となって、その支配下に銀行や商企業を成立させ支配して、そこから利潤を獲得するのである。この場合、傘下企業の労働者の賃金が低く定められて、それが傘下企業を媒介して保険企業にもたらされることもある。最近では、保険企業が不動産取引企業や住宅建設企業なる子会社を設立して、そこから利潤を上げているのが多い。

㈨　保険企業が別の保険企業より利潤を獲得する場合　この両者の間にはおのずから強弱・大小による主従関係のごときものが発生し、資金の融通を始め保険販売上の便宜の提供、経営指導、設備の貸借などを通じて、密接な連繋を保ちながら、一方が他方より利潤とおぼしきものを得る。

㈩　危険負担説的利潤　　保険企業の行動の成果に関する予知できない危険、つまり不確実性こそが、保険企業の危険負担の決断によって利潤源泉となるとする。予測可能な危険、従ってその確率に関する知識によって保険として費用化ができる性質のものは、利潤の源泉とはならない。別にまったく保険化が不可能なもの、これが利潤源泉となって、これのないところに利潤はないとする。保険に関して新機軸を敢行する革新的企業者の行動は、つねに一種の賭であり、その予想や期待は失敗の危険にさらされている。革新を行なう保険企業者は、投資の将来につき不確実性をもつ人として把握されるが、ここに危険負担と利潤形成の契機が存在する。このように考察してくると、保険企業における危険負担説的利潤[12]は、実は超過利潤の一種なりとされるのであり、これを一般的・社会的・平均的な保険利潤とすることはできない[13]。

しかしながら、おおよそ経済社会に存在する一切の企業者の革新的な冒険性をもつ賭、すなわち危険負担に対する報償としての企業利潤を観察した場合、企業利潤の大きさは、決して危険の大小と比例してはいない。危険の大なるものにして企業利潤の小なるものがあり、また危険の小なるものにして企業利潤の大なるものがある。損失の危険のもっとも少ないものでありながらきわめて高率の企業利潤をあげる場合も多く、逆に損失の危険のもっとも大なるものでありながらきわめて低率の企業利潤をあげる場合も少なくない。保険企業の利潤、それが超過利潤に類するものであっても、保険企業者の危険負担度とその額は必ずしも平衡するわけではない。

さらにまた、危険負担なる現象を広域に把握して、そもそも保険企業者が保険労働者に賃金を前払いし、保険に必要な諸施設や諸資材を調達して、そして保険企業者自身が保険事業の結果について危険の責任を負うとなしたる場合には、その行為は危険負担説的洞察を含むものといいえよう。そしてたとえば保険企業者が、保険の経常的な販売計画での保険価格予想をなしたる場合には、ここにも危険負担と利潤形成の契機が存在するとして、これら各種各様の危険負担に対しては、なにがしかの保険利潤をえられるとするならば、危険負担説的利潤は、きわめて広く存在するものとなる。必ずしも大がかりな、また深刻なものとしてでない、ごく一般的な経常的危険負担は、保険企業にあまねく存在するものである。

(十一)　植民地や後進国よりもたらされる保険利潤　　国家間の商品流通現象としての貿易が盛んになるにつれて、とくに海上保険および再保険の国際取引が盛んとなり、先進国の保険企業が植民地や後進国のそれを抑えて、その資本力と技術的優位にものをいわせ、保険利潤を獲得する。また火災保険や新種保険、たまには生命保険の部門すら海外進出を行ない、同じく保険利潤を獲得してくる。これらは一種の、国際的な独占利潤であり、従って超過利潤である。(14)

(十二)　創業者利得　　株式会社の設立あるいは増資にあたって生ずる創業者利得は、独占資本の成立、ひいては金融資本の形成の重要な一要因であり、そして最大限利潤獲得のための大なる源泉となる。これは発起人や金融機関に帰属し、また機能資本家の手中に入る。発起人・発起業者は、現物あるいは現金の出資者として、最初の株式所有者・引受け人となり、ここに危険を負担して、そして特別利益である創業者利得を得るのである。金融機関の一種としての保険企業も、かかる利潤を得るものである。(15)

(十三)　雑利潤　　これは保険企業の経営に際し、臨時的性格の利潤を成す。たとえば動産・不動産売買益、諸評価益、土地建物等の賃貸による諸益等がこれに含まれる。

(十四)　国家機関を通じての保険利潤獲得　　国家機関が経済に全面的に干渉し、介入するようになるにつれて、保険企業に対しても、その公共性を口実にして、一面では強力な統制を課しながら、他面では優遇・保護・援助・救済を行なって、その結果そこから一種の保険利潤の生じてくる可能性が現われてきた。たとえば土地、建物、諸施設などを低価で払下げたり貸付けたり、保険とくに新種保険の振興を目的として資金を融通したり免税・減税措置を行なったりする。大災害や悪性インフレ、経済破綻の発生した場合には、国家機関による保険事業の維持や存続が計られ、また企業更生が策せられたりする。中小企業的なものと大企業との間で、国家機関の下で、租税政策と補助政策を通じて、所得の逆再分配が行なわれたりもする。その他もろもろの方法で国家的便宜が提供せられたりして、ここに保険利潤の発生する事態がますます多くなってきた。国家が保険を国営化した場合には、かかる意味での保険利潤は、より直接的に、より強力に、そしてより大規模に追求せられだすのである。

国家の強権で保険の強制が実施された場合には、保険企業は多額の宣伝・広告費を節約でき、外務員費用を減少させ、保険販売に要する諸費用を著しく節減できる。国家の経済政策と関連させて保険の普及を図る場合には、これに類する傾向が現われる。かくて国家機関を通じての保険利潤獲得は、新しい保険利潤追求の一方法となりつつある。

㈤ 本来的利潤

㈥ 中心的利潤

（注7） 前掲拙著『保険経済学序説』二六二〜二六三頁。
（注8） 同右書二七一〜二七二頁。
（注9） 同右書二七五頁。
（注10） 同右書二七二〜二七三頁。
（注11） 同右書二七五頁。
（注12） 利潤学説としての危険負担説 (risk-bearing theory of profit)。
（注13） 前掲拙著『保険経済学序説』二七三〜二七四頁。
（注14） 同右書三九頁。
（注15） 同右書二七二頁。

四　本来的利潤と中心的利潤

〝利差説〟、このような名で呼ばれた筆者の保険利潤論。[16] これは従来いわれた保険利潤の源泉としての利差益をいうものではない。利差益とは一般に保険企業の経営に際し、その安全のために、予定利率を低く定めて、資産運用の利回りが予定利率より高くあった場合に生ずる利潤のことである。これは保険事業と保険学独特の発想に基づくものであって、経済学一般の理論とは接続せず、そこに根源を有しえない。利差説としての保険利潤は、銀行を初めとし、その他の諸金融機関においてもいわれるところのものであり、金融機関に貨幣を預金・預託したものに支払われる利子と、金融機関がその下に集積した資金を貸し出し、貸付けて、そこからあげる利子との差額より成るものをいうのである。低い利子での預金と高い利子での貸付との差額。利差説的利潤と利差益は一見似通ってはいるが、根本的にその経済学的概念は相違している。

筆者の保険利潤の源泉論に対しては、賛否いずれもあるが、その反対論には誤解があり、また筆者の理論展開にもかかる誤解を招く要因があったので、ここにそれを補って、さらに理論の明確を尽くしたいと望むものである。

保険業によって営まれる、つまり保険資本の行なう貨幣操作業務、貨幣取扱業務、つまり保険の技術的操作を保険企業の本来的業務とすることをまず認める。この点に関して筆者が信託銀行の例をとって、信託銀行においては信託業務がむしろ付随業務となって、そこでの銀行業務が本来的業務になりつつあるように、保険においても本来的な貨幣の技術的操作が付随的となり、付随的な資金運用・資金貸付＝投資業務が本来的となると感得せられるような論述[17]については、これを保険企業の業務としてはどこまでも貨幣の技術的操作が本来的であり、資金運用すなわち資金貸付ならびに投資業務は付随的であるとしなければならないと訂正する。

だがしかし、保険利潤の源泉においては、貨幣取扱手数料より成る利潤は、利差説的利潤に中心的利潤の位置をゆずらねばならぬこと明確である。保険企業の経営に際して、利差説的利潤が中心的利潤である。たとえ損害保険の分野においても、その資金量の増大と短期的なコールなども考えられて、いまやますます利差説的利潤にその中心的源泉を求めつつあることも、これまた否定しえない事実である。(18) これに対して、保険利潤総額内において相対的比重の低下しつつある手数料的利潤を、本来的利潤としたければもちろんしても結構であるが、そのようなことになんの意味があろうか？　業務だからこそ本来的と付随的をいう意味がある。だからといって、利潤に本来的と付随的の源泉別を付したとしても、なんら積極的意味がない。そういって語弊があれば、どちらが中心的にして、つまりより多くの利潤を生み出すか・より多くの利潤を形成するかの問題、どちらがより少なく利潤を生み出すか・より少なく利潤を形成するかの問題に比べて、こちらこそはるかに保険資本にとって大なる関心事となるであろうといってよい。そもそも保険資本の各部分の各機能と、保険利潤の各源泉を直結し、それによって現実の保険利潤の構成を把握して本来的と付随的の別を定めることが間違いである。利潤論としては、その源泉上中心的なものこそ、より多額の利潤をもたらすものこそ最大の関心事であり、利潤に本来的も付随的もの別はなく、中心的と補足的・付加的の別があるのみである。そもそも保険資本の機能と保険利潤を直結して把握せんとするところに、保険利潤の問題を解明する上での、機能的分配理論に淵源しての誤謬を犯していると認められる。そしてそれである限り、社会経済すなわち資本主義経済の発展につれての社会的・階級的つまり歴史的社会関係に立脚しての保険利潤論の真の解明はなしえなくなるのである。手数料的保険利潤に拘泥している限り、金融資本としての保険資本の機能の追求に支障をきたすであろう。そこでのまず第一の要因は、利差説的利潤追求の動機だからである。

ことの理解を容易にするため別の一例をあげる。新聞企業における資本は、報道・情報提供を本来的業務とし、新聞に広告を掲示する広告業務を付随的業務とするであろう。しかるにその利潤は、報道・情報提供に際しての手数料的利潤はほとんど皆無にして、もっぱら広告料収入より求められているのである。利潤源泉がかくのごとくであるからといって、新聞企業の業務に転倒も変化も生ずるわけではなくて、むしろ利潤をかくのごとくに求めることによって、それだけ新聞代価・購読料の引下げが可能となって、一層その本来的業務の遂行を容易にする。あたかもかくのごとく、保険企業の本来的業務は保険の技術的貨幣操作であり、付随的業務は資金運用・資金貸付と投資業務でありながら、その利潤源泉としては利差説的利潤が中心的にして、よし手数料的利潤がほとんど皆無になったからといってなんら問題とするには及ばない。むしろかかる事態に達したならば、手数料的利潤分だけ保険料の引下げが可能となって、それだけ保険が経済社会に普及容易となり、ますます保険企業の経営にとって、つまり保険資本にとって好都合となるのである。またこのことは広く社会経済全般にとっても歓迎されるべき事態となるであろう。

保険利潤の構成を分析して、利差説的利潤が手数料的利潤を凌駕するにつれて、一定のある段階を契機として、保険利潤の源泉は利差説的利潤にあると断言しても許されると思う。あまりに比重の相違する場合、小なるものを無視しても事態を誤るものでなく、むしろ大勢を強調してより真実を訴えることになる。ただわが国の保険業界がこの発展段階に到達しているかどうかは別の問題であるが。(19)

保険利潤の源泉に関して、保険資本の技術的貨幣操作機能をいい、そして保険利潤の手数料的源泉を特筆して主張することは、保険資本成立の契機を説明し、保険資本存在の意義を解明する上にきわめて有益であり、また重要である。しかしながら今もっとも求められている問題である保険資本の金融資本的性格を分明にし、保険利潤の実態を明確にする点では、保険資金の経済的機能と保険利潤の利差説的源泉をいかに重視してもすぎるということはないのである。保険資本の成立過程の分析に意を用いるあまり、それをそのまま現代の保険の問題としてしまったところに間違いが生ずるのである。保険利潤の源泉も、時代とともに変転する。その変転の事実と変転の過程の理論的把握こそが、『保険利潤の源泉』論争を終結させるのである。

(注16) 前掲笠原長寿稿「保険資本と保険利潤について」八～九頁。
(注17) 前掲拙稿「保険利潤に関する考察」四七頁。
(注18) 同右稿三五～三六頁。
(注19) 同右稿三四～三六頁。

五　最近の保険利潤論について[20]（1）

従来の、死差益または危険差益、費差益、利差益、ときとして解約益を加えての保険利潤論は、売買差益説的・不等価交換説的な利潤[21]であって、それでは社会的総資本の再生産過程のうちに正しく位置付けられ、織り込まれ、盛り込まれることができず、この見解による限り、保険利潤の発生とその額が偶然に帰せられてしまうのであるとして、かかる見解の否定より始まる『保険利潤の源泉』の追求は、保険利潤は保険の技術的貨幣操作を通じて手数料の形式で保険資本に付与されるとの説を通りながら、保険利潤の二源泉の発見に到達した。すなわち手数料的保険利潤と利差説的保険利潤である。前者は貨幣取扱資本の経済的機能に対して生ずるものであり、後者は利子生み資本としての保険資金の運用つまり貸付や投資なる経済的現象裡に獲得せられるものであるとする。この間保険資本における超過利潤の摘出がなされたのであった。しかしながら筆者はさらに次のごとく主張した。なるほど保険資本の本来的業務は保険の技術的貨幣操作にして、付随的業務は資金運用業務であるとすることは認めても、保険利潤の中心的利潤は利差説的利潤であり、補足あるいは付加的利潤として手数料的利潤を解したのであると。

そもそも利潤について考察するに、いずれがより大なる額・量の利潤となるかが最大の関心事たるべきであり、そのよってきたるところが本来的であるか付随的であるかのごときは、こと利潤論に関する限り論議の主要対象ではない。どこから、いかにして、なにによってより大なる利潤が獲得せられてくるかに際して、この〈より大なる〉こそが問題であろう。保険資本の利潤論は、保険資本の機能論ではない。保険資本の機能論における主要課題・問題点が、そのまま利潤論における主要課題・問題点とはならないのである。それを、両者を是非とも直結してそのまま移行させて、保険利潤を論ぜんとするものは、あたかも分配論における機能的分配理論と同じ種類の間違いをなしているのであるとすることができる。

さらに理論を展開すれば、筆者は保険利潤の二源泉論にも条件を付するものである。保険資金の量が膨脹し、それにつれて利差説的利潤が増大すれば、保険利潤総額内において、手数料的利潤の比重はますます低下するであろう。この現象が一定の段階に達したときには、よしんば手数料的利潤が存続していたとしても、保険利潤は利差説的利潤より成るとし、『保険利潤の源泉』は資金運用にありと断言しても、決して事態を誤らず、むしろ保険利潤をめぐる経済的現象の核心を突き、本質を露呈させるものと信ずるのである。このように思考すれば、筆者の、保険利潤は利差より成り、『保険利潤の源泉』は資金運用に在るとの主張の、おおかたの真意は了解可能であろうと思う。そしてさらに保険利潤論解明の面からしても、保険資本の金融資本としての性格と機能の分析の一段と明確化されることのありうるを知るであろう。保険利潤の内容も構成も、そしてその源泉も、時代の進展につれて変化することを忘れてはならない。

かかる筆者の保険利潤に関する理論とその結論は、生命保険の部面に関する限り、比較的容易に賛成をえられるであろう。しかし損害保険のそこでは、やや事情は違っている。そこでのかかる主張は、可能性の問題を含んでいるからである。現在の損害保険事業の発展段階においては、手数料的利潤は、生命保険事業のそれに比較して、それほど利差説的利潤との比は小さくない。しかし損害保険企業に所属する保険資金の量が、損害保険事業の発展につれてますます大となり、他方短期金融の市場においての資金取引の方途があり、さらに損害保険の長期保険化傾向も生じつつあって、そこでの保険利潤もまた利差説的利潤化・利差説的利潤中心化しつつあるのである。それはかくなるという可能性である。しかしながらまず間違いない、ほとんど確実な、不可避的な、決定的な可能性である。損害保険事業が、今後ますます発展してその契約量の増加による資金量の増加する可能性を認めるかぎりでの。

保険の発展につれて、保険契約数が増加する。この場合の保険料中の付加保険料量の増加部分をAとし、このうちに含まれてあるところの手数料的利潤の含有率をaとする。そして純保険料量の増加部分をBとし、このうちの保険資金として残しおかれる部分の含有率をbとする。さて、保険資金に対する利差説的利潤の発生率をiとする。これらa、b、iは経験的に現実に与えられているであろう。ところで保険料の構成に際し、$\frac{\text{付加保険料部分}}{\text{純保険料部分}} \leqq 1$ であるとすると、そしてこのことは決して無理な条件ではないが、その場合以下のことがいえる。

$aA<ibB$ であるとするならば、保険利潤における利差説的利潤は、ますます、長期的に観察すればするほど、中心的利潤となり、手数料的利潤は保険利潤総額のうちに埋没せられ解消せられ、また利差説的利潤との比較において小となり、ついにはそれは大なるもののうちに吸収し尽くされてしまうことになるであろう。$\frac{\text{利差説的利潤}}{\text{保険利潤総額}}$ はますます1に近づき、$\frac{\text{手数料的利潤}}{\text{保険利潤総額}}$ はますます0に近づくのである。保険事業の発展による保険資金の増大につれて、手数料的保険利潤より利差説的保険利潤へとその主要源泉が変わるにつれて、保険利潤の質的変化が行なわれる。保険利潤

の量より質への転換――まさに弁証法的である。

本稿においてもすでにしばしば触れてきた笠原長寿氏のごく最近の論文「保険資本と保険利潤について」は、得るところ多きものであった。とくに「保険資本は、基本的には貨幣取扱資本の範疇に属する。しかし、現代的課題としては、保険取扱資本と利子生み資本の結合形態である近代保険資本として規定される」[22]との結論を、筆者は全面的に承認する。そして「保険資本を『通常自己資本とよばれる』ものに限定する見解」[23]を名付けての保険資本〝自己資本説〟の批判、「保険資本は価値増殖をなす価値の運動体であるが、それは自己資本のみに限定されるのではなく、保険業者の手中にあって、彼等が自由に処理しうる貨幣資本として把握さるべきものである。……保険資本が本来の使命である価値増殖をなす場合には、それが他人の所有で一時その使用を譲渡されたものであろうと自分自身のものであろうと何の関係もないのである」[24]との主張もまた受け入れよう。その上で筆者は、同氏の保険利潤論には異議がある。

「利子生み資本範疇の成立は、貨幣取扱資本並びにその特殊形態である保険資本に新たな性格を付与することになる。」[25]この新たな性格とは、当然保険資本の金融資本化のことであろう。さればこそ同氏は、「保険資本の利子生み資本的機能が一般化するのは資本主義の高度化した金融資本主義段階であり、且つ長期的資金の動員に有利な条件をもつ生命保険業において特に顕著になる。保険資本が利子生み資本的機能を一般化させる段階においては、保険資本の運動と形態は当然変化してきており、貨幣取扱資本の純粋形態を基礎とした保険資本の性格規定をもってしては、もはや保険資本の現代的性格は説明し得ない」[26]といわれている。保険資本の利子生み資本的機能の〈一般化〉。そして「保険資本が、利子生み資本として機能する形態は、銀行資本の場合と同様に、産業資本家や商業資本家に貸付けたり、株式や公社債等の有価証券や不動産投資に向けられる」[27]と。銀行資本の場合と〈同様〉。〈一般化〉したものが〈同様〉なのである。保険資本の利子生み資本的機能が一般化して、その一般化した保険資本の利子生み資本として機能する形態が、銀行資本の場合と同様になるのであるから、ここで笠原氏においても、保険資本は銀行資本と同一性格と同一機能のものとなってくるはずである。そしてこれは同氏のいう「保険資本の性格と運動形態は当然変化[28]」することであり、これが「保険資本の現代的性格[29]」なのである。「保険資本に新たな性格を付与する[30]」とは、同氏においては、理の当然として、同氏が盛んに反対している保険資本の「銀行資本の亜流[31]」化傾向を意味し、「保険資本は『銀行資本の亜流、一形態[32]』」を認めることになり、「保険資本は銀行資本として規定[33]」することにもなろう。そしてこのことは保険資本における利差説的利潤を、一般化せるものとして認めざるをえなくなる。同氏においては「利子生み資本的機能が一般化[34]」した保険資本は、「銀行資本の場合と同様に、産業資本家や商業資本家に貸付けたり、株式や公社債等の有価証券や不動産投資に向けられる[35]」のであるからである。保険資本―利子生み資本―保険資産の投資・貸付運用―利差説的利潤。

笠原氏は、保険資本の自己資本説を否定する場合には、保険資本の利子生み資本なることを一般的にかつ全面に押し出しておられる。そしてさらに「『自己資本説』に対する筆者の批判の視角は、現代保険資本を金融資本的視点から規定する[36]」、つまり保険資本の金融資本なることをも確認されている。しかるに別の個所での、保険資本の機能ならびに利潤について論ずる際には、その技術的貨幣操作や手数料的利潤に重心を置いて論議せられているところが問題である。すでに保険資本の新たな性格としての現代的性格の解説においては、保険資本の利子生み資本性と金融資本性を明確に指摘せられているのであるから、保険資本の機能と保険利潤の源泉の分析もまた、かかる視角・視点からなされるべきであったとの批判は、同氏もこれを快く受けられるであろう。

保険資本の貨幣取扱資本範疇に属するものとしての把握は、保険資本成立の契機を明らかにする。だからこそ同氏は、これをいう場合に、「純粋な形態での保険資本」[37]と条件を付して論議を展開されているのであろう。そして、「純粋貨幣取扱資本の立場からは複雑化している保険資本の運動は説明できなくなっているのである。生命保険の場合の予定利率概念の導入は生命保険資本の利子生み資本としての性格と機能を典型的に現している」[38]と。つまり保険資本の新しい現代的性格は利子生み資本としてのそれとしながら、「保険資本の機能的目的」[39]の銀行資本の機能的目的との相違を重視するあまり、「保険資本の運動は、銀行資本の如く、『借手と貸手の集積化』を通じてなされるのではなく、あくまでも、特殊な貨幣操作にもとづく『危険の集中と分散』を根底としているのである」[40]との同一論文中の前後において明白なる内容の齟齬・主張の混乱を示されている。

(注20) 前掲拙稿「保険利潤に関する考察」発表以後とする。すなわち昭和三十八年二月以後である。
(注21) 同右稿三八〜四二頁。
(注22) 前掲笠原長寿稿「保険資本と保険利潤について」四〇頁。
(注23・24) 同右稿八頁、二二頁。
(注25) 同右稿二三頁。
(注26・27・28・29) 同右稿二五頁。
(注30・31) 同右稿二三頁、六頁。
(注32・33) 同右稿三一頁。
(注34・35) 同右稿二五頁。
(注36・37) 同右稿二二頁。
(注38) 同右稿二八頁。
(注39) 同右稿三一頁。
(注40) 同右稿三〇頁。

六　最近の保険利潤論について（2）

金子卓治氏のごく最近の論文「保険資本と保険利潤についての再論」[41]に触れておきたい。同氏のこの論文は、保険資本に関する論述が中心であって、保険利潤に関するところが少ないので、十分に真意が把握しがたいのが残念である。「産業資本の分肢形態である諸資本が、それが担当する機能の違いと発展に応じて、異なった形態で利潤を取得する。[42]」まさしくかくのごとく、「保険資本は直接、生産機能にも流通過程機能にも関係なく、産業資本が是非果さなければならない固有の機能を分担する」[43]との意味で「第三次元」[44]資本である保険資本の利潤が、「保険本来の業務よりの利得は、平均利潤に参加するが、いわゆる金融機関的業務による利得—利子は範疇的意味における利潤ではなく、逆に、すでにその高さの決定している社会的平均利潤の一部分または一控除分たるにすぎない、と指摘され、その上で保険利潤が、平均利潤率の形成に参加する所以をとかれている」[45]と笠原氏の説の紹介をされたうえで、「正しく笠原氏が指摘されるとおりである」[46]とそれに賛意を表されているが、ここでぜひ想い起こしていただきたい。それは笠原氏は保険資本第三次元説の否定者なることである。その笠原氏の保険利潤の源泉と構成に関する主張にあっさり賛成せられてしまったのであるなら、どこに保険資本の機能の違いと発展に応ずる異なった形態での保険利潤があるのか!?　どこに第三次元資本に対応する第三次元利潤があるのかということである。同氏の保険利潤論の未完成、あるいは誤謬なる証拠である。

水島一也氏の、やはりごく最近の論文「保険資本・保険資金・保険利潤——シュリーサーの学説に寄せて——」[47]における保険利潤論について。「保険利潤は、本来的な保険業務から実現される保険収益と、保険資金を貸付資金として稼動させることによって取得される金融収益の両者からなる。……　後者が前者に対して、量的にはともかく質的にみて追加的性格をもつものとして把握さるべきこと」[48]と述べられている。同氏のいう保険収益とは手数料的利潤と解してよく、金融収益とは利差説的利潤と捉えてよい。ところで「保険資本が貨幣取扱資本の一種として、平均利潤を実現するとした場合、それが追加的機能として金融活動を行なうことから生ずる収益により、保険利潤の高さが、その分だけ平均利潤を上回る結果が生れることになろう。」[49]そして「しかしながら社会的にみれば、保険の分野に投下される資本が平均利潤以上の利潤を実現する場合、資本の自由な移動を前提すれば、他部門からの資本流入を招くことになる。この流入は、理論的には、金融収益をふくむ保険利潤全体の大きさが、保険業に投下された資本に対する平均利潤と同等のものとなることによって終る。ここにおいて、保険業の自己資本は、保険業務に関しては、金融収益の存在によって、平均利潤率よりも小さな利潤率をあげることになる。保険資本が貨幣取扱資本として、社会的な総利潤からの分け前にあずかる部分（＝保険収益）は、金融収益分だけ減少することになる」[50]と。ここに同氏の保険利潤論の誤謬が発見できるのである。

保険資本の、貨幣取扱資本としての自己資本量をAとする。平均利潤率はすでに与えられているものとしてのiである。平均利子率もまたすでに与えられているものとしてのi'である。保険業における金融業務のない場合の保険利潤は、保険収益すなわち手数料的利潤としてのiAである。しかるに金融業務は当然に存在するから、そのときには保険利潤は、金融収益としての利差説的利潤$i'B$を含めるところの$iA+i'B$となる。Bは保険資金すなわち保険業の他人資本量である。かかる場合には、資本が他部門から流入して、結局保険利潤はiAに落着くことになると。いかにしてそのようになるかというと、$(iA-i'B)+i'B$としてである。以上が水島氏の理論である。

しかしながらここで考察するに、保険資本としての自己資本である貨幣取扱部分は、増加傾向は緩いものであり、それに比して保険資本の他人資本なる保険資金部分は、増加傾向の激しいものである。よって$iA-i'B$はいつかは0になり、さらには逆にマイナスにすらなってしまうであろう。かかる事態を思えば、同氏の保険利潤論は崩壊する。そもそも保険資金を無利子で投資したり貸付けたりするなどは常識ではありえないから、ここからはますます金融収益・利差説的利潤$i'B$が上がってくる。とすると保険利潤の構成$iA+i'B$において$i'B$はつねにわるくても固定、多くは増加傾向にあるから、動きうるのはiAの方であり、それは$iA-i'B$として変化することになるとしている。通常$i'B$はたえず増加傾向にあるのであるから、iAなる保険収益・手数料的利潤と$i'B$なる金融収益・利差説的利潤の差$iA-i'B$はますます縮小せられて、遂には0となる。このときをもって水島氏の保険利潤論は潰える。保険収益から金融収益を引けなくなるからである。引けば0あるいはマイナスとなって、いずれにしろiAの姿は消える。貨幣取扱資本としての保険資本における平均利潤形成の拠点がなくなる。かくて保険利潤は利差説的利潤一本にいよいよ強く絞られてくるのである。$iA-i'B$なる設定はそもそも無理であり、より以上に、資本主義の高度な発展段階に達した現代において、保険資本を自己資本としてのみ、つまり貨幣取扱資本としてのみ把握するのが無謀であった。

かさねていう。保険の発展による保険資金の膨脹につれて、金融収益・利差説的利潤は増大する。これは保険利潤を平均利潤以上にする。そして他部門より資本が、保険業に流入してきて、その結果、もう一つの利潤形態である保険収益・手数料的利潤は減少する。この場合、保険資本間の競争の激化も、この傾向に一役を果たす。この傾向を続けていけば、そして保険資金はたえず膨脹するから続くはずであるが、ついには保険収益・手数料的利潤は0になり、マイナスにまで至ることにもなる。しかし実際には、マイナスに保険資本家・保険企業者がするとは思えないから、せいぜい0にて止まり、0より以後は、保険利潤は平均利潤以上に増えだすのである。このような状態を想像した場合、水島氏主張の保険利潤は、もっぱら金融収益・利差説的利潤のみが存続して、それにのみ限定されてしまうことになる。かくなれば、同氏の保険資本を自己資本としての貨幣取扱資本として把握して、その上での保険収益・手数料的利潤理論は、完全に霧散してしまったことになる。自分で立てた設定をおしすすめることによって、自分でそれを否定するのである。もちろん保険資本・自己資本・貨幣取扱資本に、平均利潤率を掛けての保険利潤算出の理論的基盤も解消してしまったのである。

(注41)　金子卓治稿「保険資本と保険利潤についての再論」『現代資本主義と保険——印南博吉博士還暦記念——』(印南博吉博士還暦記念論文集編集委員会、昭和三十九年七月、保険研究所出版部)。
(注42)　同右稿三一頁。
(注43・44)　同右稿二三頁。
(注45)　同右稿三一〜三二頁。
(注46)　同右稿三二頁。
(注47)　水島一也稿「保険資本・保険資金・保険利潤——シュリーサーの学説に寄せて——」前掲『現代資本主義と保険——印南博吉博士還暦記念——』。
(注48)　同右稿一五九頁。
(注49・50)　同右稿一五五頁。

七　保険利潤論結論

『保険利潤の源泉』論争において、これの正しい解決を困難ならしめた諸点を示せば、次の通りであろう。

1　従来から存在した保険利潤の三（四）源泉説、死差益または危険差益、費差益、利差益、（解約益）等による、理論追求過程での紛糾。

2　保険利潤における超過利潤確認の欠如。

3　保険資本自己資本説に立って、保険資本の現代的構成、性格、機能を把握しかね、ついには保険資本の金融資本化現象を忘れての、その結果の保険利潤解明の失敗。

4　生命保険と損害保険の両分野での、『保険利潤の源泉』についての発展段階の相違による問題解明の困難さ。

5　保険資本の成立・自主化の契機である本来的業務と、現代における保険企業の中心的利潤を、直結して理解せんとした、誤った努力の存在。

生命保険はもちろん損害保険においても、およそ保険企業の経営に際しての利潤は、利差説的利潤が、その絶対量においても、手数料的利潤との相対的比重においても、ますます増大する現実と傾向にあり、これは保険資本の金融資本的性格の強化につれていよいよ促進され、かくて利差説的利潤は、保険利潤において、中心的利潤となって決定的地位を得るに至る。

「この一〇年間（一九〇二年から一九一一年―筆者加筆）にわが国（ロシア―筆者加筆）の保険王たちが、どれだけ発展したか、考えても見たまえ。株式資本にたいする配当金は、一〇年間を通じて平均一〇%をこえている！　悪くない利潤ではないか？　……数百人の従業員が、戸別訪問をおこない、被保険者を組織し、彼らの資産を調査し、計算に骨折って働いた。これらの従業員は、依然としてやはり従業員であった。彼らは、賃金（だれでも知っているように、大多数のものにとっては、家族をどうやら扶養していくのにさえ足りない賃金）以外には、なにひとつうけとらない。彼らは、すこしも資産をつむことができない。もし有力者のだれかが、『仕事』――重役としての――につきでもすれば、彼はそれにたいする報酬として特別に大臣ほどの俸給とボーナスとをおくられる。株主諸君は、彼らが働かなかったかどで富をふやしたのだ。彼らは一〇年間を通じて、利札切りという『労働』で年平均三〇〇万ずつの純益をうけとり、

おまけに三二〇〇万ルーブリという追加資本を蓄積したのである。」（『プラウダ』第一三一号、一九一三年六月九日）(51)

（注51）　マルクス＝レーニン主義研究所訳「資本家の富の増大」『レーニン全集』第十九巻（昭和三十一年十一月、大月書店）二〇五〜二〇七頁。

補注　Steindl, J., *Small and Big Business, Economic Problems of the Size of Firms*, 1947. p. 44「企業の大集団につき考察するに、危険は、これら企業の平均利潤率によって十分に示される。」「一企業では危険と利潤性とは異なった事柄のごとくであるが、企業の大集団においては、両者はその集団の平均利潤率として表わされる。」

第十章　保険資本と保険資金
——保険の金融理論——

一　保険料の分析

保険料・保険費用は商品の価値を形成しない。従ってそれは価値構成説または生産費説の主張のごとく商品の価値→価格の過程を通じては回収されないで、価値分解説の主張に従って剰余価値からの控除によってまかなわれるのである。よって保険料・保険費用は流通費用として性格づけられる。すなわちそれは剰余価値からの控除部分としての流通費用である。ここでいう流通費用とは、資本としての商品が流通の過程で必要とする費用のことで、流通過程とは直接的生産過程以外のところにあることはもちろんである。

保険料・保険費用は純粋の流通費用としての狭義のそれ（その主体は売買費用）ではないとするのが適正であり、結局狭義の流通費用と広義の流通費用なる概念の中間に位するとするのが一応妥当であろう。そして流通過程に延長せられたる生産過程なる思考方法を逆用して、生産過程に延長せられたる流通過程なる思考方法に則って、生産過程における諸資本に付せられたる保険のための保険料・保険費用をも流通費用と解するのである。そのためにはそこでの保険料・保険費用が商品の生産に直接的に参加していないことが確認されているのである。しかも現実の個別資本の循環においては、資本が流通過程にあろうと生産過程にあろうと、それに生ずるいかなる攪乱も、それが偶然の災害によって生起されたものであってももちろん、個別資本全体の総循環・総過程に波及されていくという現実に立脚して、一切の保険料・保険費用を流通費用として把握することが可能となる。資本の生産過程中のいかなる部分、予備期間、自然期間、休息期間、労働期間のいずれの期間における資本に対する保険料・保険費用であっても、それは流通費用なのであり、また資本の運送中（移動中）、保管中（停止中）そして生産活動中のどの時期においても、およそその支出にして経済的合理性がある限り、保険料・保険費用は流通費用として、しかも剰余価値からの控除部分と性格を規定するのが正しいのである。流通費用が生産資本と流通資本との中間物として現われるという現象からする特徴は、保険料・保険費用の場合においてもまた明らかに認めることが可能である。(1)

「保険料（率）の高低は、他の事情にして一定ならば、商品の価格の高低（同順）（高低の順―筆者加筆）に直結する」(2)といった論理こそ、誤りも甚だしいものである。まず一財の価格は、マーシァル流の理論(3)では、需要曲線と供給曲線の交差点なる均衡価格において定まるとされている。この場合一物一価の法則(4)が作用して、およそ同一種類の財の同一単位量の価格は相等しいとなるのである。いま保険料が高くなったとすると、ここではそれだけ商品の価格が高まるわけである。商品の価格が高まれば、その商品の需要は減退して、そのままでは売れ残りがでるはずであるが、実際には価格が下落して、そこでまた新たな均衡価格が達成されるのである。かかる事態においてはその財を生産する産業の利潤率が低下して、それが社会的平均利潤率を下回るようになり、かくてはその産業から資本が避退して、結局財の供給量が減じ、よって価格が高まり、利潤率がまた社会的平均利潤率に復帰して、そこにおいて均衡価格が再び確保されることになる。この一連の現象を通観すれば、保険料の高まりは価格の高まりによってでなくて、利潤の減少によって相殺されることがわかる。保険料の高まりが価格の高まりに直結するのは、需要過多か供給過少の変則的経済事情下か、しからずんば独占状態のすでに発生している経済体制下のみである。「保険料が高くなればそれだけ商品の価格は高くなる」[5]ということは明らかに間違いであり、同様に「保険料が安くなれば、それだけ商品価格も安くなる」[6]というのも間違いであって、かかる誤れる理論に立って、保険料・保険費用が商品の価値・価格を形成するとするのは絶対に正論とは認められない。むしろ上述の理論追求のうちに、保険料・保険費用が剰余価値・利潤からの控除なることが一段と分明となるであろう。[7]

総じて、近代経済学的立場に立って、保険料が商品の価値を、そして価格を形成するとする見解においては、供給側の貨幣による価格計算の視点からのみこれを論ずるものが多い。そしてその場合でもたとえば原材料費が商品の価値を形成するのと、保険料が価値を形成するのとの相違に考え及んでいないことが多い。原材料費はそれが支出されなければ商品の価値は形成されず、従って確実に商品の価値に体化されるのであるが、保険料が支出されなくても商品の生産、商品の価値形成が可能なのはいかなるゆえであろうか。商品生産に際し、投下されるすべての資本部分におけるあらゆる種類の危険にして保険化可能なものに対する保険料、偶然の災害にして保険化可能なるすべてのものに対する保険料が、もれなく支出されている企業は稀であろう。してみると保険料は商品の価値↓価格を形成するはずなのに、どうして各個別資本・企業はそれをことごとくは支出しないのであろうか？　資本のうちに保険の付せられない部分がままあるのはどうしてか。また偶然の災害による損害発生の危険にして保険に付せられていない種類がえてしてあるのはどうしてか？[8]　それは結局かくすることによって利潤の減少が防ぎうるからであり、あるいはまた商品の原価の高騰を止めうるからである。前者であるならば、保険料が利潤部分から支出されていることになり、後者であるならば、保険料が商品の価値や価格を必ず形成しているといったわけではないとの証明となろう。とにかく原材料費や家屋・機械設備の消耗部分が商品の価値または価格を形成するのと、保険料の場合との相違に思い至るべきである。そうすれば保険料・保険費用が商品の価値・価格を形成しないとの理論の正当性が確認できるはずである。保険を付けていなくても一応商品生産は可能である。しかるにたとえば原材料や工場家屋・機械設備または労働力なくしては、絶対不可能である。そして投下資本一億円の企業が一億円のオール・リスク担保の保険に入っていると は限らない。同様に百億円の場合にも百億円のオール・リスク担保の保険に入っていることは請け合えない。保険料支出には恣意性・任意性がある。かかる事態は、保険料が商品の価値を形成するのではなくて、価値の分解したものであることを意味するのである。

保険はすぐれて事前的制度であるとして、「現実の企業は、販売過程はおろか、生産過程に入るに先き立って、当該経済活動が採算に乗るか否か収支関係を money term で事前的に計算し、それが採算に合うと見て、はじめて、当該経済活動に着手するのである。これが現実の有りの姿である。要するに、money term は生産の当初から事前的に出てくる。(9)」「日常の現実においてわれわれが目にふれ耳にきく価格、生きて働いている価格の大抵は事前的価格である。このゆえ、価格の一種である保険料の分析に事前的視角をもってするのは理の当然であって、こうしてこそ始めて現実の生きた保険料の分析が可能になる。事後的立場から保険料を見る場合には、たかだか、死んだ保険料の骨しか拾えない(10)」と。これはまことに誤解も甚だしい文言である。筆者はすでに「利潤と保険(11)」なる論文においてこの問題に答えている。「保険料についてこれをみれば、危険の大なる事業においては、これに投ぜられたる資本は、その運用によって将来取得せられるであろう利潤より、その大なる危険より投ぜられたる資本を保護すべき保険料をえなければならぬことになる。しかるに現実は、みずからの資本を投ずる場合であれ、貸付資本、かつまた各様の手段を通じて他人の資本を呼び寄せ、集積してこれを投ずる場合であれ、前もってかかる資本を大なる危険より保護する手段としての保険料の支出が絶対に必要となるのである。しかしてかかる保険料は回収されなければならないものであり、かくて保険料は生産物すなわち商品の価値を形成するものとして理解されるに至るのである。保険料は企業の計算において確たるその位置を占め、その前払の手続の反復のうちに、生産費の一種と認められるようになる。[12]」経済学に存する思考方法としての長期平均概念が、現実の企業の生産活動に際し、一定固定的貨幣数量としての保険料の支出をして、事前的立場に立っての商品価格の一コストたらしめるのである。

事前と事後の問題は、ことの本質を変えるものではない。ある企業が原材料を掛で購入した場合、その代金を商品生産の完了後すなわち事後的に支払った場合、事前と事後で商品の価値ならびに価格形成を決したならば、この場合は原材料費は商品の価値ならびに価格を形成しないこととなる。またある企業が偶然の災害によって資本の一部に損害が生じた場合、たまたま保険に付していてその填補がなされたとすれば、もちろん事前的立場に立てばかかる保険料は商品の価値ならびに価格を形成しているのであるから、偶然の災害による損害填補も生産的に処理されたことになる。しかるにたまたま保険に付していなくて、その填補が他の方法、たとえば企業内に留保される利益としての積立金、しかもそれを秘密積立金と公開積立金もしくは明示積立金に分けた後者の、さらにそれが法定積立金と任意積立金に分けられ、このまた後者のうちの損失填補積立金や自家保険積立金にて損害填補がなされた場合、これは明らかに事後的処理であり、しかも利益によるそれであって、従って商品の価値ならびに価格を形成せず、よって不生産的に処理されたことになる。いうまでもなく企業経営における利益概念は、それは価値的には収益から費用を控除した差額部分なのである。企業内に留保される利益が処分済利益剰余金と未処分利益剰余金とから成るとすると、前者を積立金といい、この積立金は利益準備金と任意積立金または任意準備金とに分かれ、さらにこの後者は、外部との契約によりその使途を指定されるものと、別途積立金のようになんら特定の使途を指定されないもの、そしてさらに経営政策の上から特定の目的または予想される損失にその使途を指定されるものとに分けられるが、この最後のものに損失塡補積立金や自家保険積立金が存するのである。これは利益の一部にして、しかも任意の積立あるいは準備によるものである。これをもって偶然の災害による損害塡補をなした場合、それは商品の価値ならびに価格を形成するとするのかどうか？　偶然の災害による損害塡補という一つの終局目的に対し、保険料支出と積立金活用との二つの方法によって、商品の価値ならびに価格形成における結論に相違があってはならぬはずである。ようするに保険料または積立金が商品の価値ならびに価格を形成するかどうかは問題の本義からそれているのであって、その方法または名目はどうであれ、偶然の災害による損害を塡補することが商品の価値ならびに価格を形成するかどうかにかかっているのである。もし形成するというなら、損害が価値ならびに価格を生み出すことになるのである。

商品の価値形成過程と価値循環過程を混同してはならない。「保険と価値形成という場合には、それは社会的生産物の側から保険が問題とされているのである。保険料なる貨幣が問題ではなく、なぜ保険料として一定の額のものがあるかが問題なのである。保険料なる貨幣がいかに動くかではなく、保険料として一定金額のものが社会的生産において定められてしかしてあるのはなぜかである。保険料なる一定金額の貨幣が社会的生産に働きかけるのではなく、社会的生産の遂行において保険料なる一定形態と一定金額に定められたものがあり、それが商品の価値形成において、社会的価値を増大せしめるように機能しているかどうかということが問題とされるのである。商品の生産を遂行し完成するに際して、その過程で、保険料なる一定の額と形をとらせるあるものが存在し、これあるがゆえに、保険料なる貨幣が、はじめて登場してくるのである。」(13)

「建造中保険」(14)については、いまだ生産実働の開始に至らぬさきの、たとえば機械を備え付けるときとか工場建設中の時期こそは、流通過程の生産過程に延長せられたものとみるべきであり、そこでの保険・建造中保険の保険料・

保険費用は流通費用として解すべきが正しい。「利潤の全然見込めない企業であってもその資本体系を物理的異常災害から保全せんとして現に保険を成約し保険料を支出しているのが現実である」[15]との提言に対しては、理論が本末転倒していると評しえよう。保険料・保険費用が流通費用として機能しているから商品の価値ならびに価格を形成せず、従ってそれは剰余価値・利潤から控除されなければならなくなるのであり、それが投下資本から支出されているように思えるのは、この間に、本論文の次節以下でさらに触れるところの利潤の費用化と費用の資本化現象が介在するからである。保険料・保険費用がどこから出ようと、偶然の災害による損害塡補なる出来事が商品の価値ならびに価格を形成せざる限り、それらが形成するはずはないのである。

(注1) 前掲拙著『保険経済学序説』の「第六章『流通費用としての保険費用』の研究」(一一五～一四三頁)を参照せられたい。
(注2) 谷山新良稿「C・I・F・の経済学的分析——間接保険(料)の研究——」『所報』第八号(昭和三十七年五月、生命保険文化研究所)二三三頁。
(注3) Marshall, A., *Principles of Economics*, ninth《variorum》ed. 1961. Book V, General Relations of Demand, Supply and Value, Chapter III, "Equilibrium of Normal Demand Supply". pp. 355～367
(注4) 一物一価の法則・無差別の法則(law of indifference, Gesetz der Preiseinheit)または代替の法則(law of substitution)。
(注5・6) 谷山新良著『保険の性格と構造』大阪府立大学経済研究叢書第八冊(昭和三十七年三月、大阪府立大学経済学部)二二四頁。
(注7) 前掲拙著『保険経済学序説』の第四章、第五章、第九章、第十章、第十一章。
(注8) 佐波宣平稿「保険料と価格形成」『経済論叢』第九十一巻 第五号(昭和三十八年五月、京都大学経済学会)五四頁では、あたかもすべての企業において、すべての投入項目が保険に付けられているのが当然であるかのごとく記されているが、それこそ現実は必ずしもそうではあるまい。たとえば、わが国におけるすべての企業のすべての投下資本は、地震の危険を感じているであろうが、いまだ地震保険は開始されていないではないか。

（注9）　佐波宣平稿「保険の巨視的事前的分析——保険料と価格形成——」『所報』第七号（第一分冊）（昭和三十六年三月、生命保険文化研究所）九六頁。
（注10）　同右稿九五〜九六頁。
（注11）　拙稿「利潤と保険」『保険学雑誌』第四〇九号（昭和三十五年三月、日本保険学会）。
（注12）　同右論文は一部訂正の上、本書第三章に収録されている。引用個所はその二節の「労働価値説より生産費説への価値論、利潤理論の変化過程と保険」にあり。
（注13）　前掲拙著『保険経済学序説』二三九頁。
（注14）　前掲佐波宣平稿「保険の巨視的事前的分析——保険料と価格形成——」九四〜九六頁。
（注15）　同右稿九六頁。
補注　「保険料は、保険用役の限界生産力に対する支払い」（能勢信子著『社会会計論』《昭和三十六年十二月、白桃書房》六二頁）、「保険会社の用役給付は保険保護の供与である」(Gutenberg, E., *Grundlagen der Betriebswirtschaftslehre*, Erster Band, Die Produktion, zweite Auflage, 1956. S. 1)、「もし一定の規模の地震が規則的に三ヵ月毎に起こるとしたら、それによる破壊は多分おそらく生産費の一要素として取り扱われる」(Pigou, A. C., *Income, An Introduction to Economics*, 1949. p. 4)。これらの見解をとれば、一応保険の生産性ということも認めえよう。

二　保険資本の分析（1）

偶然の災害による資本の破壊は、明らかに資本の喪失であり、価値回収の不可能を意味する。従ってそれは剰余価値からの控除をもって補塡せられるのである。しかしこのようなものも、資本家全体によってそれが負担され、その負担が年々の保険料として経常的支出に転化されると、資本家の計算では回収しうべき費用として取り扱われるのである。保険料・保険費用は、商品生産に際して労働過程を通らないから商品の価値・価格を形成しないのであり、よってその性格は流通費用と規定せられる。

費用価格（Kostpreis）という概念を基礎にして利潤、利潤率、生産価格などの概念が成立するが、ここに剰余価値→利潤の平均化、均等化の結果である平均利潤は、それがむしろあらかじめ存在する前提であるように思われてきて、費用価格とともに商品の価値ならびに価格を構成する要素であるようにみえてくるのである。かくして価値構成論・価格構成論すなわち生産費説の現実的な根拠がここに与えられて、これとまったく同様に保険料・保険費用が商品の価値・価格を形成すると思われてくるのである。

資本家にとって実際に要した費用、現実的費用そのもの、資本家は現実にそれで生産上消費された生産諸要素を再購入しなければならないという観念から生まれるところの費用価格の概念には流通費用が含まれるから、保険料・保険費用もまた含まれる。この費用は現実には資本家によって、生産過程の諸要素と一様に、資本として投ぜられたものとみなされるが、それは本来資本として流通し、回収されるものではない。後に説く保険資本の成立によって、初めてこの保険料・保険費用も資本として投ぜられ、資本として利潤とともに回収されることになる。保険資本の成立以前においては、各個別資本ごとに偶然的に決まり、量的にもなんら統一的な基準をもたないところの偶然の災害による損害塡補の費用を、一般的に規定することはできないから、そこではまだ資本として保険料・保険費用を扱うわけにはいかないのである。ようするに費用価格の概念は、商品の生産に要する資本の投下を商人資本的に表現するものであり、これによって剰余価値は利潤の形態を与えられる。剰余価値の利潤化現象。これに続く利潤の費用化現象。

資本家にとって保険料・保険費用は、あたかも資本として投ぜられたものとみなされながら、それは決して資本として流通し、資本として回収されるものでなく、それは剰余価値から差し引かれるものにすぎない。より厳密にいえば、剰余価値が利潤として分配せられた後に、その利潤から差し引かれるのである。産業資本家としては、これを資本として、剰余価値をこれに対して利潤として分配するわけにはいかない。しかるに資本の流通過程が、商業資本（そのうちには保険資本も含まれる）なる独立の企業資本（そのうちには保険企業資本も含まれる）によって分担されることになると、この流通費用（そのうちには保険費用も含まれる）も最初から資本として投ぜられ、資本としてそれに対する利潤とともに回収されることになる。各産業資本において、当然種々雑多な条件のもとに、個別的な相違を示すであろう流通費用としての偶然の災害による損害塡補の費用に一般的規準を与えて一般的に規定することが達成せられて、そこで初めて保険料・保険費用の概念が登場し、保険費用の保険資本化現象が完成するのである。種々なる産業資本の流通過程を多かれ少なかれ集合して引き受けるところの商業資本にして初めて流通費用も資本化しうる合理的基礎を与えられ、一般的に規定することができ、そしてそれと同時に商業利潤として特殊の規定が必要とされるのとまったく同様に、保険資本は種々なる産業資本の偶然の災害による損害塡補の過程を多かれ少なかれ集合して引き受け、そして初めて、かかる保険費用も資本化しうる合理的基礎が与えられ、一般的に規定することができる。そしてそれと同時に保険利潤として特殊の規定が必要とされるに至るのである。費用価格の出現によって、生産過程も流通過程化して、それから譲渡利潤説や売買差額説なる利潤学説が成立してくる。費用価格という概念を契機として、剰余価値→利潤、利潤→流通費用としての保険費用、保険費用→保険資本、保険資本→保険利潤なる一連の現実認識と理論思考が可能となる。さて保険費用は資本価値として流通するものではない。それは剰余価値の一部分から支払われることになる。しかし資本価値を費用化してみる個々の資本の回転にとっては、剰余価値が単にその費用を超過する価値部分とみなされるために、その間の区別は無視され、前貸資本の回収とみなされるのであるとなる。流通費用の一種としての追加的資本たる保険料・保険費用の、保険資本への独立・自立と、そこでの保険利潤の発生。流通費用としての保険費用を資本化せしめる費用価格の性格と形態、空費としての保険費用を費用価格たらしめるところに、費用価格の費用価格たる性格がある。保険業者は、種々なる生産業者の偶然の災害による損害塡補の業務を引き受けることによって、かかる業務に要する費用を節約しつつ、生産業者の追加的貨幣資本を分担することになる。

利潤の全然見込めない企業であっても保険料を支出しているとの問題提起[16]には、費用価格の概念をもってすれば十分に答えうる。商品の販売価格は、流通費用としての保険料・保険費用をもそのうちに含めた費用価格を割らない限り、投下資本価値の補塡を妨げず、資本の再生産を可能とするのである。費用価格は商品の販売価格の最低限であって、利潤が少しも見込めなくても、商品が費用価格で販売されるのであるならば、そこでは保険料の支出はなされうるのである。

生産過程における生産費用に対して流通費用が問題となる。この流通費用は、偶然の災害による損害塡補に向けられる費用と、同じく偶然の災害による損害塡補に関する業務遂行に要せられる費用との二部分より成るのである。この二つの流通費用のうちの前者が俗にいわれる危険負担部分にして純保険料となるものであり、後者が同じく俗にいわれる事業費としての付加保険料部分となるものを指すのである。「保険料自体は流通費用ではないのであって、流通費用としての保険費用とは、保険料─保険基金を管理するための費用のことでなければならない[17]」とは、あまりに基本的にして大なる間違いであるといわなければならない。

生産過程の生産資本と流通過程の流通資本とを両極として、その中間に流通費用としての保険費用が現われて、いわば両者を連結するものとなっている。流通費用としての保険費用は、いわば生産資本と流通資本との内面的対立を外面的に解消することに役立つのである。そしてこのことから、流通費用としての保険費用は、純粋の商品の売買が商業資本によって行なわれるとともに、産業資本と商業資本とのいわば中間にある資本として、同様に資本家的に分担経営されるものと考えられてくるのである。産業資本に代位する保険資本によって、偶然の災害による損害塡補＝保険機能が行なわれるわけである。産業資本家自身が行なっていたことが、自立・独立化して保険資本家により分業せられたわけである。保険資本は商業資本の一種としての貨幣取扱資本の亜種として性格付けられるであろう。

流通費用が資本化せられて自立・独立したものは、その流通費用であったときの性格に基づいて、それぞれ生産資本の亜種や商品取扱資本の亜種ならびに貨幣取扱資本の亜種となる。流通費用そのものが、生産資本と流通資本への資本の分割に際しての中間物として現われたものであるから、従って流通費用の資本化して自立・独立したそれぞれの資本もまた、生産資本と商品取扱資本ならびに貨幣取扱資本の相互の性格を混合させているきわめて交錯的なものとして在ることになるのである。これを保険資本についていえば、貨幣取扱資本としての要素のほかに、特殊な業務としての危険測定や損害査定はいわずもがな、統計業務や通信業務の一部を果たし、保管業や運輸業とも密接に関係し、生産資本や商品取扱資本とも入り組んで、しかるがゆえに純粋の貨幣取扱資本としてよりはその亜種として認めるのこそ妥当である。偶然の災害による損害塡補に備えるための貨幣に関係し、そしてまたこのための貨幣操作業務を担当するという点で、つまりいずれにしても貨幣に関するある種の機能＝保険機能を全産業資本に代わって遂行するという点では、貨幣取扱資本そのものであることに間違いはないのであるが。

さて保険資本を第三次元の資本と認める説[18]は、最近のわが国ならびに海外の保険研究者間においてはいささか支持者を失った感があるが[19]、逆に筆者はその評価を高めつつある。貨幣取扱資本の亜種というのを第三次元の資本と表現することは、第三次元という文言の良いかどうかは別として、確かに一理あるところである。しかしながらこの説の主張者である金子氏が、保険費用を流通費用として確認しなかったところにやはり誤謬がある。なぜかというと、生産的な個別資本の周期的再生産・総循環の過程に現われる生産資本、流通資本そして流通費用が資本化して、社会的分業によって、それぞれ資本主義的生産形態の近代的基本形態としての産業資本、産業資本の派生形態としての商品取扱資本、貨幣取扱資本ならびにそれぞれの亜種としての資本に自立・独立するのである。従って生産資本でもなく、流通資本としての商品資本でも貨幣資本でもなく、さらにまた流通費用でもないものとして保険料・保険費用を考えたのなら、そもそも個別資本の循環過程に保険料・保険費用が現われて位置付けられるところがない。ゆえにそれが自立・独立化する基盤が存しえないことになり、従って第三次元の資本としての保険資本の登場しうる余地も必然性もないわけである。やはりこの場合、どうしても保険料・保険費用は流通費用として認めなければ一切の論理が成り立たなくなるのである。まことに金子氏は着眼は良かったのであるが、その主張する理論には厳密性が欠けていたと評されても致し方あるまい。保険資本は、専門的に分担することによって、偶然の災害による損害塡補に向けられる費用の節約・縮減と、同じく偶然の災害による損害塡補に関する業務遂行に要せられる費用の節約・縮減を達成するのである。

（注16） 前掲佐波宣平稿「保険の巨視的事前的分析——保険料と価格形成——」九六頁。
（注17） 金子卓治稿「保険と価値形成の問題について」『経済学雑誌』第三十七巻 第一号（大阪商科大学経済研究会）二四頁。
（注18） 金子卓治稿「保険資本について」『経営研究』第四十号（昭和三十四年二月、大阪市立大学商学部）における同氏の主張。
（注19） 印南博吉稿「第二回社会主義国国際保険会議に出席して」『共済と保険』通巻第七十四号（昭和四十年七月、共済保険研究会）二六頁。前掲印南、二瓶、鈴木共著『保険経営論』の印南稿「第五章 保険資本の性格」四四頁。
前掲笠原長寿稿「保険資本と保険利潤について」九〜一一頁。

三　保険資金の分析

貸付資本（Leihkapital）＝利子生み資本を構成する貨幣

(1) 本来的な貸付資本家の貨幣資本

(2) 資本の循環過程から解放される一時的な遊休・失業貨幣資本

1 購買手段および支払手段の準備金＝準備貨幣資本＝蓄蔵貨幣の第一形態＝休息貨幣（現存貨幣の保有動機を基準にした区分での）

a 国内的流通のための

b 国際的流通のための

2 固定資本の減価償却基金＝蓄蔵貨幣の第二形態＝休息貨幣

3 新たに蓄積された未投下貨幣資本＝将来の追加資本＝蓄蔵貨幣の第二形態＝休息貨幣

4 遊離貨幣資本＝資本の循環過程から解放される一時的な遊休・失業貨幣資本＝蓄蔵貨幣の第二形態＝休息貨幣

a 資本の流通期間ならびに生産期間の短縮＝資本の回転速度の増大

b 資本の各諸要素の価格下落

c 再生産過程の縮小＝操業の短縮

d 商業信用および諸債務間の相互的決済を可能ならしめる諸設備ならびに制度の発達

e　流通期間が労働期間よりも長くて、しかも後者の単純な倍数をなさない場合
f　労働期間が流通期間よりも長い場合
5　貨幣準備金としての蓄蔵貨幣＝流通貨幣量の増減を調節し、調整するための本来的準備金＝資本の循環過程の攪乱を調整するために、不時の・偶然的支出のための準備金＝蓄蔵貨幣の第二形態＝予備貨幣（現存貨幣の保有動機を基準にした区分での）
a　商品の生産および販売に必要な平均的な時間以上の時間がかかった場合の準備として
b　販売が不成功に終わった場合の準備として
c　必要とする諸商品の価格が騰貴した場合の準備として
d　支払期日以前に商品が販売されなかった場合の準備として
e　商品の販売と無関係に信用に基づいて購買を行なった場合にも最後の支払を行なうことができるための準備として
6　偶然の災害による資本の損害塡補に向けられる準備金（＝予備貨幣）→損害保険
7　労働者・従業員の死亡・老廃・傷病・失業ならびに多子等による生活破綻に対する保障のための準備金（企業負担部分）（＝予備貨幣）→（職場保障としての）生命保険・社会保険
(3)　資本制生産および流通のもとにおいて形成される蓄蔵貨幣ではなく、従って第一形態・第二形態のいずれにも属しない蓄蔵貨幣
1　資本家の個人的消費に当てられるもの（剰余価値の一部）と労働者の個人的消費に当てられるもの（賃金）について

a　日常的消費に予定された準備金＝入手されてから漸次的にのみ消費支出される貨幣所得＝休息貨幣

b　結婚・住宅・教育等のために備える貯蓄された貨幣＝休息貨幣

c　偶然の災害による家庭生活物財の損害塡補に向けられる所得＝予備貨幣→損害保険

d　死亡・老廃・傷病・失業ならびに多子等による生活破綻に対する保障のための準備金（個人負担部分）＝予備貨幣→生命保険・社会保険

(4)　保有それ自身が目的で保有されているもの、あるいは消極的に保有するよりほかに仕方がないから保有せられる貨幣＝保蔵貨幣（現存貨幣の保有動機を基準にした区分での）

1　消極的保蔵

a　使用の意思がないために貨幣が保蔵されることがある

b　使用の能力がないために貨幣が保蔵されることがある

2　積極的保蔵＝所有欲・権勢欲・特定の経済的利益期待等のために保蔵それ自身が積極的に意図される場合＝独立的な致富形態としての蓄蔵貨幣

補注　Hilferding, R., *Das Finanzkapital, Eine Studie über die jüngste Entwicklung des Kapitalismus*, 1920. p. 112 ここでヒルファーディングは Reserve (Schatz) と記し、予備金または予備貨幣が蓄蔵貨幣の一種であると明示している。

四　保険資本の分析　(2)

流通費用としての保険費用は、偶然の災害による損害塡補に向けられる費用と、同じく偶然の災害による損害塡補に関する業務遂行に要せられる費用との二部分より成る。そして保険資本が自立・独立化した場合には、たとえそれが亜種のものであろうとも、貨幣取扱資本の一種としてその性格を規定することができる。ところで商業資本（Handelskapital）の一種としての貨幣取扱資本(Gelthandlungskapital)と並んで別の一種をなす商品取扱資本(Warenhandlungskapital）が自立・独立化したのは、商品から貨幣へ、貨幣から商品へという運動過程にある流通資本全体が特殊的資本の一機能として固定化されたからであった。それは商品の買入れに要する資本と、商品を購入から販売に導く労力や資材に要せられる資本とよりなっている。独立の流通担当者である商品取扱業者（Warenhändler）が貨幣資本を商品取扱業者としての立場から前貸しすることによって、商品生産を担当する業者の追加貨幣資本をみずからの資本をもって代行するということになる。あたかも銀行から貸付資本を融通せられたのと同じ関係が両者間に成立する。産業資本家にとっては、商品資本として投ぜられる資本が、もし資本として投ぜられていなければ貸付資本として利子を分与せられうるように利用することが可能なのであって、よってそれらの関係からして産業資本の再生産過程における流通部面の内部で機能する商品資本以外のなにものでもない商品取扱資本にも一定の利潤が分与せられる必然性が生ずるのである。商品取扱資本は産業資本における商品資本部分を節約・縮減しながら利潤をえる。商品取扱資本は、貨幣の貸付ではなく資本の投下であるから、利子でなくて利潤を獲得する。商品取扱資本にとっては、商品の買入れに投ぜられる資本ならびに商品の売買に要する労力や資材に投ぜられる資本もともに、単に産業資本家に貸付けるものとしてではなく、一つの特殊な投資に属する営業として自立・独立化された資本となるのである。商品資本が商品取扱資本において一つの独立した種類の資本の態容をとるのは、単純に商品取扱業者が貨幣資本を前貸しするからではなくて、その貨幣資本の前貸しには特殊な規定が要せられているからである。すなわち商品資本が商品取扱資本として自立・独立して機能するならば、そこには社会的資本のより小さい部分が貨幣資本として流通部面に拘束されていることをみいだすのである。

㈠　分業の結果として、もっぱら買いと売りとに従事する資本＝商品取扱資本は、産業資本家がかれの業務の流通＝商業的部分を全部自分で営まねばならぬ場合のそれよりも、小さいということ。

㈡　商品取扱業者がもっぱらこの業務に従事するのであるから、産業資本家にとってかれの商品がより早く貨幣に転化されるのみでなく、商品資本自体がその変態を、産業資本家の手中でこれをなす場合よりも、より早くなし遂げるということ。

㈢　総商品取扱資本を産業資本に対する比率においてみれば、商品取扱資本の一回転は、一生産部面における多数の資本の回転のみでなく、相異なる諸生産部面における一群の資本の回転をもあらわしうるということ。

商業資本の別の一種である貨幣取扱資本として自立・独立化するのは、流通過程において貨幣が遂行する技術的運動にすぎないとするならば、そこでは単純な金庫業者（Kassierer）としての貨幣取扱業者がその現実的存在形態たるにすぎなくなってくる。しかしそれでは貨幣取扱資本が、資本主義的生産様式の基礎の上に生ずる資本としてよりは、むしろ単純な商品流通を基礎とした商人資本ないし金貸資本と結び付いた資本、先進資本主義的な資本として把握されてしまうことになる。資本主義的な貨幣取扱業務を現実の存在形態に即して考察しようとすれば、貨幣資本の一般的管理者としてのそれを論じなければならなくなるであろう。産業資本の内部から展開するものとしては、資本の流通過程にある貨幣をそのものとして扱おうとすれば、それは必ず貨幣資本の処理の問題とならざるをえないからである。さればこそ単純な金庫業としての貨幣取扱業が、「貸付と借入の機能、および信用の取扱が、貨幣取扱業の他の諸機能と結びつくようになると、貨幣取扱業は完全に発達したものとなる」[(20)]と。貨幣の借入と貸付＝利子生み資本の管理。信用機構の成立に伴う貸付資本の独立化の方がより根本的な問題であり、貨幣の技術的取扱という点は常にそれに付随してなされるにすぎないと考えられる。

上記のような、貨幣取扱資本の典型としての近代的銀行資本に関する理論が、そのまま貨幣取扱資本としての保険資本に適応されるとは筆者もまた思ってはいない。だからこそ保険資本を貨幣取扱資本の亜種と規定した。だからといって保険資本を貨幣の純技術的諸操作＝偶然の災害による損害塡補に関する業務遂行に要せられる資本のみに限定しては考えていない。わが国の保険業法第三条には、「保険事業ハ資本又ハ基金（……）ノ総額三千万円以上ノ株式会社又ハ相互会社ニ非ザレバ之ヲ営ムコトヲ得ズ」[21]と定められているが、これに関しては「元来、保険会社では生産会社と異なり事業資本をほとんど必要としないから、資本金は事業経営という面だけからいえば少額でも差しつかえないはずである。したがって保険業法が三千万円以上と定めたのは、資本金を事業資本としてではなく、被保険者に対する担保基金とみた結果であるというべきであろう。」[22]ここでいう事業経営という面からの資本金・事業資本は、偶然の災害による損害塡補に関する業務遂行に要せられる労力と資材としての資本のことであるのは間違いなく、また「保険金支払能力を担保能力ということがある。資本金と積立金の充実によって支払能力は増強される。……アメリカにおいては支払能力の確保のため州政府は新設会社の免許にあたって最低財産基準を設け、また既存会社については検査を行なっている。」[23]つまり保険資本にも、偶然の災害による損害塡補に向けられる資本部分もまた包含されているのであり、これの存在こそ近代的保険資本誕生の契機である。近代的保険資本とは保険資金の利子生み資本としての機能を開始して、ひいては金融資本にまで成長したものをいうのである。保険会社創立の当初に必要とされたところの、偶然の災害による損害塡補に向けられる資本部分は、その後保険資金の増大と膨脹につれて、徐々にそのうちに吸収されて埋没されながら、その存在意義を薄れさせていった。かかる事態に至る以前では、保険資本には確かに二つの部分があったであろうことがうかがえるし、以後においては保険資金の利子生み資本化現象を認めなければなるまい。保険資本を貨幣取扱資本とし、近代的保険資本を論ずるからには、自己資本としての保険資本のうちには偶然の災害による損害塡補に向けられる資本部分が存在して、それが保険業の発展と近代化につれて、他人のものとしての保険資金・他人資本としての保険資本のうちに溶けこんで、両者が渾然一体化して区別がつけ難く、また区別をつける必要も意義も解消してしまうことを認めなければならなくなる。保険資本は自立・独立化することによって、偶然の災害による損害塡補に向けられる資本部分を節約し、偶然の災害による損害塡補に関する業務遂行に要せられる資本部分を節約し、総保険資本を産業資本に対する比率においてみれば、一産業資本部面における多数の流通費用としての保険費用の回転のみでなく、相異なる諸産業部面における一群の流通費用としての保険費用の回転をもあらわしうるということになる。かくて保険資本には、利子でないところの利潤が支払われるのである。

貨幣取扱資本としての保険資本において、その基本的存在形態としては二つの資本部分があったことを否定することはできない。そしてそれの発展的ならびに近代的存在形態としては、偶然の災害による損害塡補に向けられる資本部分と保険資金部分とは渾然一体化して分離不可能であり、ひいては保険資本における自己資本とそして他人資本とせられる保険資金との両者の分離的認識もまた不可能となって、このような事態においては、自己資本としての保険資本はその純益金を平均利潤率によって除することにより、いわゆる資本化・資本還元方式をもって逆算的に導き出す以外には、つまり企業の収益還元価値方式による以外には、これを把握することができなくなるのである。(24)

流通費用としての保険費用が偶然の災害による損害塡補に向けられる費用とそれに関する業務遂行に要せられる費用との二部分よりなるのとまったく同様に、費用の資本化せられたる保険資本においては、その初期的にしてまた発足当初の形態においては、偶然の災害による損害塡補に向けられる資本とそれに関する業務遂行に要せられる資本との二部分より組成せられるのである。それは資本主義的生産様式の基礎上に生じた資本であり、単なる金庫業的な資本ではないのである。そして偶然の災害による損害塡補に向けられる資本部分は、保険業が発展して、また近代的な形態になるに従って、保険資金の増大化に応じてそのうちにその姿を没していくのである。ここにおいて保険資金の利子生み資本化への基盤も確立されたとみるべきである。

金融機関の自己資本すなわち貨幣取扱資本には、保証資金（Garantiemittel）と呼ばれる部分の存することは自明の事柄である。それが銀行の場合には「債務を保証するため」[25]にのみ自己資本が持たれたとすらいわれたこともあった。その部分が「預金のような確定債務」[26]の場合であっても、保険業のような「不確定債務」[27]の場合であっても、銀行業でも保険業でもそこに外部から持ち込まれた貨幣に対する保証手段が必要であることは同様であって、そのために自己資本の一部が保証資金としての機能を果たすのであり、保険業においては、それが偶然の災害による損害塡補に向けられる資本・自己資本として存在している。しかるにこれを近時とりたてていわなくなってきたのは、保険資金量の増大につれて、かかる資本部分存在の意義が薄れ、それがまた保険資金量との比較において目立たなくなってきたからである。しかもこの部分は厳然として存在している理である。結局貨幣取扱資本としての保険資本において、その自己資本を「保険経営資本」[28]としてのみ理解するのは正しくない。しかもかかる理解の仕方を強いる事情は、保険の自己資本にして保険経営資本以外の部分である保証資金＝偶然の災害による損害塡補に向けられる資本部分の、保険資金内における埋没現象が存在するからである。かほどまでに事態が進んだ場合には、第二の現象としての保険資本の自己資本を収益還元価値算出する方式案出をも是認すべきであろう。

「保険資本の形態で自立化する予備資本は、貨幣資本ではあっても貨幣取扱資本ではない。保険という特殊の技術的操作に投下された資本こそが、貨幣取扱資本――特殊な性格のそれであるけれども――というべきである。」[29]「保険業は、機能資本家の危険に対処するための予備資本（いわば保険的予備資本）――……――の技術的操作を行なっために資本を投下するのであり、これが保険資本に他ならない。保険業が扱う予備資本が、保険資本として自立化するのではないのである。[30]」「『保険資金』の自立化と保険資本の自立化[31]」として、両者の混同を避ける見解こそは大いなる間違いである。この見解の根底には、保険料・保険費用を流通費用として把握することが忘れられ、ましてそれが偶然の災害による損害塡補に向けられる費用とそれに関する業務遂行に要せられる費用との二部分があることが忘れられ、そして費用の資本化現象により、保険資本が自立・独立化して、偶然の災害による損害塡補に向けられる資本とそれに関する業務遂行に要せられる資本との二部分があり、しかして前者の債務保証的な資本が保険業の発達につれての保険資金量の増大傾向裡にあって、保険資金中に埋没せられてしまって渾然一体化してしまったという事実を失念していることがうかがえる。そして保険資金と保険資本・保険自己資本の分立的自立化を説いて、後者を保険経営資本としてのみ把握された水島一也氏にして、「自己資本が主として担保資本の性格をもつ[32]」なる文言は、きわめて不可解なるものとなるのである。

ここに水島氏の所説について結論を述べれば、同氏は保険資本・自己資本と保険資金の分立的自立化の主張を持続する限り、保険資本の利潤が金融収益・利差説的利潤にも源泉をもつとする理論展開の契機を失うことになり、また金融業としての保険業に不可避な保険資本・自己資本の債務保証資金・担保資本的性格なる要素の付随を説明する理論展開の契機をもまた失うことになるのである。保険資金という経済上の概念が確立されるためには、そのうちにもろもろの要素を溶解させて一団とするほど、実はそれが大きくなっていなければならない。かかる場合においては、それの運用によってあがる金融収益・利差説的利潤に、保険利潤論の焦点を移して論ずることの自然さは、きわめて容易に認められることと思う。

保険資本の圧倒的主要部分は、建物、設備などに固定化し、また労働賃金として支払われる。もちろんこの部分は利子生み資本としては運動しない。けれどもこれらの資本部分がどれだけ必要であるから、保険資本の自己資本がこれだけなければならないというような関係は存しない。むしろ保険企業がもつところの運用資本＝保険資金の全体の大きさによって、そのうちの建物、設備などに固定化しうる部分――労働賃金部分を別とすれば――の範囲が決定されるといえる。さらにいえば保険企業のあげる収益の大きさが、保険企業の建物などの豪華さを決定するというのが実情に近いであろう。そして保険企業の安全さは、その自己資本の大きさによって保証されるよりも、その保険資金量の大きさによって保証される傾向が強まるにつれて、保険資本の債務保証の役割は急速に減退して、ここに保険資金という一本化された概念が登場するに至ったのである。

保険企業における利潤・純収益は、保険資本における自己資本の大きさとは別に決まる関係にある。それは保険企業における保険資金・運用資本の大きさが保険利潤の金融収益・利差説的利潤の大きさを決定して、それに基づいて保険利潤の大きさが変わるからである。ここに至ってむしろ、この純収益の大きさが、かえって各保険企業の持ちうる自己資本の大きさを制約する要因として作用してくると考えられるに至る。保険企業の利潤は与えられたものである。利潤が高まれば保険企業はその自己資本を増加するであろう。ここでいう自己資本とは保険経営資本のことであり、これは利潤量が大きくなるにつれて、それを資本還元することによって計測せられる。保険資本における自己資本とは、ここに至って利潤請求権の累積されたもの――擬制資本（独占力や暖簾価格をも含めて）――と認めて、まず大過なきものと思われる。保険資本における自己資本としての建物、設備、労働賃金等＝偶然の災害による損害填補に関する業務遂行に要せられる資本、債務保証資金＝偶然の災害による損害填補に向けられる資本、保険資金＝保険運用資本。これら三者の渾然一体化現象。

保険資本自己資本説を、筆者も先に主張したことがあるが[33]、これは明らかに考えが浅かった。原基的形態としては、保険資本は偶然の災害による損害塡補に向けられる資本とそれに関する業務遂行に要せられる資本より成り、次いで保険経営資本と保険資金より成るとなって、ここに「保険取扱資本と利子生み資本の結合形態である近代保険資本」[34]に至り、「運動体としての保険資本は所有形態の如何にかかわらず、保険業者の手元において機能する貨幣資本の総体である。」[35]「保険資本は価値増殖をなす価値の運動体であるが、それは、自己資本のみに限定されるのではなく、保険業者の手中にあって、彼等が自由に処理しうる貨幣資本として把握さるべきである」[36]等々と、終始一貫した保険資本の性格分析を行なった笠原長寿氏の見解は見事であった。ただそれでいながら同氏が、近代保険資本を保険取扱資本と利子生み資本の結合形態(結合なる文言に注意)と規定し、保険業者の手元において機能する貨幣資本(貨幣資本なる文言に注意)の総体といわれながら、しかも保険利潤については「保険利潤は、保険の技術的操作にもとづく収益と利子生み資本としての機能にもとづく利子との合成体」[37]として、資本の面においては二つの部分を結合して総体的に把えながら、利潤の面においては保険資本の機能的差別に基づく二つの部分に分離して把えるのは矛盾ではなかろうか!?　結局同氏が、資本の利潤による還元的把握に思い至らなかったからと推測されるのであるが、保険利潤を利差説的利潤一本に絞って把握してこそ、同氏の絶えず主張される保険資本の金融資本への生成が円滑に理論体系化され、以下の文言が生きてくるであろう。「帝国主義下の保険は、保険の固有機能(危険保障)の単なる手段から金融寡頭支配のための資本蓄積の道具へと変化してきた」[38]と。

貨幣取扱資本としての保険資本が、自己資本としての保険経営資本のみに限って把握されては、保険業者はさしあたり産業資本家または商品取扱資本家の金庫業者か流通代理人にしかすぎなくなるであろう。そして産業資本そのものを基礎に、その流通費用部分が独立化するという観点が埋没されてしまう。商品取扱資本に対し貨幣取扱資本を流通資本の自立化として説くとすると、貨幣取扱資本は貸付資本の一面として展開されざるをえなくなるが、かかる貨幣取扱資本としての典型の銀行資本とは確かに保険資本は相違して、だからこそそれを貨幣取扱資本の亜種として規定した。保険資本は偶然の災害による損害塡補にかかわって生誕し発達したものであり、全産業資本に代わって危険負担をなすものであり、そのためにみずからの資本をさし向けながら、しかも資金の蓄積につれてそれを利子生み資本化し、さてその中に危険負担の機能を果たす資本、そしてそれは偶然の災害による損害塡補に向けられる資本を吸収させていって、近代化を達成してきた資本なのである。だからこそそれは産業資本の転化形態として展開される必然性をもち、単に産業資本の偶然の災害による損害塡補に関する業務遂行に要せられる費用のみでなく、偶然の災害による損害塡補に向けられる費用そのものの節約と縮減を達成するのである。

「生命保険会社の金融活動は、主としてその責任準備金の運用によって行なわれる。その総資本中に占める比率は九〇%に近く、普通銀行における総資本に対する外来資本の比率よりも高い。[39]」そしてアメリカの生命保険会社は「戦後会社拡張の長期資金の半分以上を供給し、株式社債の半分以上を供給し、株式社債の大所有者として金融寡頭支配の中枢に位する。[40]」これらの事情についてはとくに『最高の金融帝国――アメリカ独占資本の構造と機能――』[41]に詳細に説いているV・パーロの見解があることを代表として記しておこう。少なくも生命保険資本をして金融資本とする規定はきわめて一般的であると思われる。

とくにわが国とドイツにみられる銀行の兼営主義なるものがある。この兼営主義に基づく銀行経営において、金融資本が成立するのであり、そこでの事情とそして論理は、そっくり保険資本の金融資本としての成立にもあてはまり、それは生命保険資本のみならず、損害保険資本においてもほとんど適用してあやまたないものである。兼営主義の銀行経営においては、自己資本の果たすべき役割が長期預金によって肩代りされるのが普通である。自己資本と同じような意味で、長期資本の役割を果たしているのが長期預金である。そして配当を伴う資本金よりは、支払利子を伴う預金の方が割安であるから、他の条件を一定とすれば、銀行の利鞘はそれだけ多くなることになり、またコストのかからない資金を運用することが可能となって、利益を増加させることができるようになる。よって銀行資本における自己資本と総預金との比率を向上させることが銀行経営においては主眼とされるのである。

まさにかくのごとく、保険経営においても、とくに生命保険会社においては自己資本が総資本に対する比率において普通銀行の場合よりも小であり、従って他人資本・外来資本の総資本に対する比率において普通銀行における場合よりも大である事情も考察されて、保険資本の自己資本の果たすべき役割が長期的性格をもつところの保険料の集積による保険資金によって肩代りされている事態が発生している。保険資金を運用することによって、保険業の利鞘はそれだけ大となり、利益を増加させることができ、よって保険資本における自己資本と総保険資金との比率を向上させること、つまり大口にして良質の保険契約を大量に獲得することが保険経営において主眼とされるのである。

わが国やドイツなどのような資本主義の後進性を急速にとり戻さんとする要望ならびに戦後経済の急速なる復興再建の要請の強いところでは、設備資金その他の長期資金に対する需要が厖大であるのに対し、資本蓄積の貧弱や資本市場の未発達などの事情のために、普通銀行としても商業銀行主義の枠内に止まることができないのは当然のことであって、商業金融ばかりでなく、設備資金その他の長期資金をも貸し出している。これと同じ要請が生命保険企業に対しても当然なされていて、しかもこの要請の強さに応じ、そして損害保険企業における保険資金蓄積量の増大にも応じて、多かれ少なかれ損害保険企業にもかかる傾向の現われるであろうことは、理論的には推断可能である。そもそも保険資金は毎年連続的に、良質であればさらによいが、大口契約ならびに大量の契約が獲得されれば、年間平均的にとらえられる保険資金の量は、これまた毎年連続的に多額たらしめることができるのであって、短期的金融機関としての商業銀行が程度の相違こそあれ兼営主義の経営を採用しているのと同じように、損害保険経営においてもある程度までの長期固定的設備資金の提供は可能なのであって、要はかかる資金の需要度がいかに強いか、供給可能な保険資金がどれだけあるかの両要因にかかるのであって、すべての種類の銀行を一体に把握してその金融資本たることを論ずるのに準じて、生命保険と損害保険とを同じく一体に把握してその金融資本たることを論じても、あながち無理ではなかろう。なるほど保険資金の長期性の有無は、保険資本を金融資本として把握するのに重要な要件であろうが、近時における生命保険と損害保険の機能的接近ならびに損害保険の長期保険化などの傾向は、上記の理論に対する有利な条件の登場であろう。いずれにしろ生命保険資本の金融資本性は、わが国やドイツなどの経済情勢下の国においては否定することは不可能である。損害保険資本については未だ問題はあろうが。しかしこれとても理論的には金融資本への道を指向しているのである。

兼営銀行形態の確立は、金融資本成立の指標である。(42) 資本構成高度化を推進するためには、新技術を実現するための固定資本部分の充実にまたなければならない。そのためには他人の所有する資本をも利用しなければならず、ここに長期投資への利用の必要が加速度的に増加するのである。そして新たな機関貯蓄としての保険会社に集中された長期資金が注目を浴びるに至る。生命保険は貯蓄動員という面だけでなく、機関投資としての面においても、たとえば工業金融としての基礎産業への投資運用部面において重要視されてきた。元来生命保険は中途解約の不利という形で半強制節約的性格をそれ自身にもっているが、さらに団体保険の登場は、企業内部を一括した集団契約による新たな強制節約の形態として、急速に普及し、機関貯蓄といわれるところの根拠をなすこの貯蓄形態の経済的強制性格が、さらに課税優遇という国家的措置によって、政策的強制性格にまで高められ、資本動員力を一段と強化したのである。このようにして形成せられた保険資金は、有利にして安全なる投資対象を求め、それが独占的産業資本との結合を達成して、ここに金融資本が発生することになる。それは基礎産業・重要産業における資本との、そして独占企業・大企業との、さらに高利潤つまり有利・安全なる企業との保険資本の一体化なのである。保険資本においては、それが金融資本となる基本的条件は十分に備わっている。

金融独占から出発して産業独占の支配権を獲得して金融資本となるものと、産業独占から出発して金融独占の支配権を獲得して金融資本となるものとの二形態が考えられるが、いずれもともに金融資本として定義づけられる。ところでイギリスやアメリカのごとき先進資本主義国においては、企業の集中と大規模化が著しく高まって、独占利潤を源泉とする内部留保が増大し、企業の自己金融力[43]が充実して、産業資本の金融機関に対する依存度が低下し、その結果、金融機関による産業資本支配は起こりえないかあるいは著しく後退するとの説がある。金融資本成立のための、産業資本側における他人資本・外来資本需要要因の過少あるいは減退をいうのである。しかしこのような見解は一面的である。

先進資本主義国において、また最近の資本主義期においては、新産業の急速な発達をめぐって独占企業間に激しい寡占競争が展開されている。ここに著しい社内蓄積にもかかわらず、なお外部資金の利用へと産業資本をして駆りたてる要因がある。寡占競争下の投資実行の必要に対しては、まず先行的に金融機関による融資を利用し、その信用返済は事後に形成される積立金によって行なうという、一段と高次化した中間金融の展開がみられるようになった[44]。自己金融は中間金融の利用を契機としながら、金融機関と高次な関係において結合し、ここに産業資本と金融機関との融合に新たな形態がうち出されて、新金融資本が誕生することとなる。ターム・ローン（term loan）として急速に増加してきた産業への立替金融・産業貸付が自己蓄積力が強いアメリカやイギリスの企業に必然化してきたのである。それは金融機関からの融資における、期限一ヵ年以上十年未満の貸付で賦払返済を原則とする仕組であって、工業部門や大企業になるほどその利用度は高いという傾向が明らかとなっている。かかる貸付利用によって企業の資金操作を著しく緩和し、その結果としてさらに一段と社内留保の形成を促進するのである。

銀行のターム・ローンはさらに保険会社の期限十年以上の長期貸付とかけつながれるという信用連鎖の新しい体系へと展開していく。自己金融過程に対する銀行の中間金融、さらにそれに連繫する保険の長期金融という一連の体系は、投資金融の新たな展開であり、現代の成長構造の重要な資金的条件を形成するものである。保険会社がアメリカやイギリスにおいて、社債の直接引受けにおいて著しく重要な役割を演じていることは、単に保険会社の単独行為としてではなく、銀行のターム・ローンと連繫したものとしての借入金の処理形態を代表しているものとして注意すべきである。社債は安全性を有するもっとも長期的な他人資本をなすものである。社債の償還期限は固定資産の減価償却期間と同一あるいはそれ以上であることが望ましいとされている。銀行、保険、年金基金等々は密接な連繫によって機能し、金融支配内部での相対的力関係の変化を表わしていて、それらが金融資本たることには相違はない。相対的力関係において、保険は強化の道をたどっている。保険資本は、後進性の強い国ではもちろん、先進国においてもまた金融資本である。保険資金の安全確実性や保守性[45]をもって、保険資本をして金融資本類似の性格とだけ規定するのは誤りである。[46]

(注20) 資本論辞典編集委員会『資本論辞典』(昭和三十六年六月、青木書店)の中の「信用・信用制度 Kredit, Kreditwesen, Kreditsystem」(三宅義夫稿)二九三頁。

(注21) 「保険業法(昭和十四年三月二十九日、法四一)」の「第三条〔事業主体の制限〕……。」昭和十年代における三千万円の『資本論』第三部 上(長谷部文雄訳、昭和二十八年、青木書店)四五五頁。

(注22) 高窪喜八郎、朝川伸夫編『学説判例総覧 保険法』(昭和三十七年六月、中央大学出版部)一二四頁。貨幣価値を考えれば、おのずから保険会社の資本金の量とその機能が推測せられる。

(注23) 大林良一、水沢謙三編『保険辞典』(昭和三十七年四月、有斐閣)の「担保能力〔英〕security, solvency」三八〇頁。

(注24) 前掲拙稿「保険利潤に関する考察」(同論文は本書　第八章として収録) 五四頁。

(注25) 渡辺佐平著『金融論』(岩波全書一九八、昭和二十九年十一月、岩波書店) 一三六頁。

(注26・27) 前掲水島一也著『近代保険論』二八七頁。

(注28) 同右書二七六頁。

(注29) 前掲水島一也稿「保険資本・保険資金・保険利潤――シュリーサーの学説に寄せて――」一五三頁。

(注30・31) 同右稿一五〇頁。

(注32) 同右稿一五五頁。

(注33) 前掲拙著『保険経済学序説』二六六頁、二七七頁。

(注34・35) 前掲笠原長寿稿「保険資本と保険利潤について」四〇頁。

(注36) 笠原長寿稿「生命保険資本の競争と独占――戦前における考察――」『明大商学論叢』第四六巻　第四・五・六号(創立六十年記念論文集、昭和三十七年十一月、明治大学商学研究所) 一五九頁。

(注37) 前掲笠原長寿稿「保険資本と保険利潤について」四〇頁。

(注38) 笠原長寿稿「保険資本の金融資本的性格に関する一考察――水島・フェシン両氏の所説を中心として――」『所報』第九号(昭和三十六年六月、生命保険文化研究所) 一〇一頁。

(注39) 高木暢哉著『再生産と信用』(昭和三十二年十二月、有斐閣) 二七五頁。

(注40) 川口弘・川合一郎編『金融論講座』3　現代資本主義と金融 (昭和四十年三月、有斐閣) の金田重喜稿「第七章　金融資本の変貌」一九四頁。

(注41) Perlo, V., *The Empire of High Finance, The Structure and Operation of Monopoly in the United States,* 1957. pp. 79〜84

(注42) Whale, P. B., *Joint Stock Banking in Germany,* 1930. pp. 20〜21

(注43) 「自己金融とは、経営がみずからの剰余(超過利潤のこと――筆者加筆) から調達した資本にして、利潤からの金融をいう。」(Prion, W., *Die Selbstfinanzierung der Unternehmung,* 1931. S. 2〜3)

(注44) „Selbstfinanzierung in entgegengesetzter Richtung" 資金を蓄積してから経営目的への投下=自己金融なのでなく、

実は予備金融、そして投下、そのあとで蓄積し、それをもって返済するといった手順の逆である（Theisinger, K., *Selbstfinanzierung, in „Leistungswirtschaft"*, 1942. S. 244)。

（注45） 前掲水島一也著『近代保険論』の第十二・十三章。

（注46） 水島一也稿「保険資本の性格について——笠原氏の批判に答えて——」『国民経済雑誌』第一〇九巻 第一号（昭和三十九年一月）四一頁。

五　保険利潤の分析

今かりに一年間に前貸しされる産業資本の総額を二〇〇単位とし、その構成を次の通りとする。

$$100c+100v=200$$

剰余価値率を一〇〇パーセントとすると、生産物は次の通りである。

$$100c+100v+100m=300$$

利潤率は次の通り。

$$\frac{100m}{100c+100v}=50\%$$

産業資本のほかに保険資本が加わることになり、それが偶然の災害による損害塡補に向けられる資本部分h_1とそれに関する業務遂行に要せられる資本部分h_2とに分けられて、その構成が次の通りであったとする。この場合生産物は次の通りとなる。

$$100c+100v+100m+8h_1+2h_2=310$$

利潤率は次の通り。

$$\frac{100m}{100c+100v+8h_1+2h_2}\doteqdot 47.6\%$$

さて保険が普及して、ますます多くの保険資本が投下されてくるとする。すなわち保険資金が増大し、そして保険経営資本がその割には多くはないがしかも増大してくるとする。その場合の構成を次の通りとする。

$$100c+100v+100m+16h_1+3h_2=319$$

利潤率は次の通り。

$$\frac{100m}{100c+100v+16h_1+3h_2}\doteqdot 45.7\%$$

保険資金の一部$6h_1$[(47)]が利子生み資本化して運用せられるようになるとして、ただしそれが商品生産企業にのみ向けられたとすると、その構成を次の通りとして、生産物を計算する。$6h_1$は年間平均的にとらえられている。

$$100c+3c+100v+3v+100m+3m+10h_1+3h_2=322$$

利潤率は次の通り。

$$\frac{100m+3m}{100c+3c+100v+3v+10h_1+3h_2}\doteqdot 46\%$$

さらに保険業が発展して、まず$45h_1'$の量の貨幣が運用に向けられるとする。もちろん商品生産企業にのみ向けられて、その量は年間平均的にとらえられているのである。そして$45h_1''$が偶然の災害による損害塡補をなすべく保険金として放出されるとし、これもまた年間平均的にとらえられた量である。$45h_1'+45h_1''=90h_1$[(48)]が偶然の災害による損害塡補に向けられる資本量ということになる。これは保険資金とも呼べるものである。もちろんかかる事態では保険経営資本も若干多量に必要とされて $10h_2$ とする。

$$100c+\left(\frac{45}{2}h_1'\right)c+100v+\left(\frac{45}{2}h_1'\right)v+100m+\left(\frac{45}{2}h_1'\right)m+45h_1''+10h_2=422.5$$

$$100c+100v+100m+90h_1+10h_2+\left(\frac{45}{2}h_1'\right)m=422.5$$

利潤率は次のごとし。

$$\frac{100m+\left(\frac{45}{2}h_1'\right)m}{100c+\left(\frac{45}{2}h_1'\right)c+100v+\left(\frac{45}{2}h_1'\right)v+45h_1''+10h_2}\fallingdotseq 40.8\%$$

$$\frac{100m+\left(\frac{45}{2}h_1'\right)m}{100c+100v+90h_1+10h_2}\fallingdotseq 40.8\%$$

保険資本の利潤は、上記の例においては次のごとくに定まる。そのうちから、他人資本ならびにそれに準じて考えられるものへの利子部分を控除し、その残部を平均利潤率（この場合は四〇・八%）にて除して、逆算的に保険資本の自己資本を算出する。その量はもちろん $10h_2$ よりは大となるはずである。

$$(90h_1+10h_2)\times\frac{40.8}{100}=40.8$$

（注47） この段階では保険資金にして運用にまわされる分は少なく、むしろ債務保証の必要からいっても、多くの資本を手許に止めおく必要が強いのである。

（注48） 保険資金は年初においては全額または全額に近い量が運用にまわされ、年末においては、そこから保険金が支払いしつ

くされて皆無か皆無に等しい量しか残っていないはずである。よって保険資金の半分、この場合$45h_1'$の量としてこれをおさえるのはまことに意味のあることである。年間平均的にとらえるというのはこのことである。

補注　Hilferding, R., *Das Finanzkapital, Eine Studie über die jüngste Entwicklung des Kapitalismus*, zweite Auflage, 1920. Versicherung, Versicherung in sich (S. 200), Versicherungsgeschäft (S. 203), Versicherungsgeschäfte (S. 204), Selbstversicherung (S. 205), Assekuranzgeschäft (S. 402)

庭田 範秋（にわた　のりあき）
慶應義塾大学名誉教授（経済学博士、商学博士）
1927年東京生まれ。1950年慶應義塾大学経済学部（旧制）卒業、1966年慶應義塾大学商学部教授、1993年名誉教授。日本年金学会代表幹事、東京都厚生年金受給者協会会長、東京都年金受給者協会会長、東京社会保険協会理事、年金融資福祉サービス協会理事長、年金総合研究センター理事長などを歴任。
主要著書に、『保険経済学序説』（慶應義塾大学出版会、1960）、『社会保障の基本理論』（慶應義塾大学出版会、1964）、『保険経営論』（有斐閣、1970）、『社会保障論』（有斐閣、1973）、『損害保険の経済分析』（千倉書房、1979）、『社会保障の課題と財政』（千倉書房、1982）、『生活設計と生活保障』（東洋経済新報社、1986）、『新種保険論』（慶應義塾大学出版会、1988）、『新世紀の保険―問題への果敢な挑戦は最善の保険改革』（監修、慶應義塾大学出版会、2002）、『社会保障と日本の前途』（有斐閣、2005）、『社会保障の失意と希望』（成文堂、2006）、『社会保障の破壊と再築』（成文堂、2007）、他多数。

保険理論の展開

2010年3月31日　復刻版第1刷発行

著　者 ―――― 庭田範秋
発行者 ―――― 慶應義塾保険学会
制　作 ―――― 慶應義塾大学出版会株式会社
〒108-8346　東京都港区三田2-19-30
TEL〔編集部〕03-3451-0931
〔営業部〕03-3451-3584〈ご注文〉
〃　03-3451-6926
FAX〔営業部〕03-3451-3122
振替　00190-8-155497
http://www.keio-up.co.jp/
装　丁 ―――― 鈴木　衛
印刷・製本 ―― 萩原印刷株式会社

Printed in Japan　ISBN978-4-7664-1510-0